Das
Dritte Reich

Herrschaftsstruktur und Geschichte

Vorträge aus dem Institut für Zeitgeschichte
Herausgegeben von
Martin Broszat und Horst Möller

W0226837

VERLAG C.H.BECK MÜNCHEN

CIP-Kurztitelaufnahme der Deutschen Bibliothek

Das Dritte Reich: Herrschaftsstruktur u. Geschichte;
Vortr. aus d. Inst. für Zeitgeschichte / hrsg. von
Martin Broszat u. Horst Möller. – München: Beck,
1983.
   (Beck'sche Schwarze Reihe; Bd. 280)
   ISBN 3 406 09280 2
NE: Broszat, Martin [Hrsg.]; GT

ISBN 3 406 09280 2

Einbandentwurf von Rudolf Huber-Wilkoff, München
Umschlagbild: Aufmarsch des Reichsarbeitsdienstes.
Parteitag der NSDAP 1934 in Nürnberg
(Foto aus: Faschismus. Neue Gesellschaft für Bildende Kunst).
© C. H. Beck'sche Verlagsbuchhandlung (Oscar Beck), München 1983
Gesamtherstellung: C. H. Beck'sche Buchdruckerei, Nördlingen
Printed in Germany

Inhalt

Vorwort

Die folgenden Beiträge gehen zurück auf eine Vorlesungsreihe von Mitarbeitern des Instituts für Zeitgeschichte, die während des Wintersemesters 1982/83 im Rahmen des Studium generale im Auditorium maximum der Ludwig-Maximilians-Universität München veranstaltet wurde. Diese Vorträge richteten sich an ein zeitgeschichtlich interessiertes Publikum, aber nicht an wissenschaftliche Experten. Die Autoren haben versucht, dem Rechnung zu tragen, sich dabei aber je nach Thema und persönlicher Auffassung unterschiedlicher Methoden bedient. Obwohl Mitarbeiter desselben Forschungsinstituts, sind sie doch nicht auf eine bestimmte Richtung der Zeitgeschichtsforschung festgelegt. An den sich daraus ergebenden Unterschieden in Fragestellung und Interpretation auch bei dieser Veröffentlichung festzuhalten, gebot schon das Ziel, die Pluralität wissenschaftlicher Beschäftigung mit dem Nationalsozialismus widerzuspiegeln. Beibehalten wurden auch die Vortragsform und der Verzicht auf wissenschaftliche Annotationen. Eine kleine Auswahl von Spezialliteratur zu jedem Beitrag und eine Liste wichtiger allgemeiner Literatur ermöglichen dem Leser gleichwohl die weitere Vertiefung in den Gegenstand.

Die Planung des Ganzen war an die Grenzen gebunden, die sich aus dem Charakter der Vortragsreihe ergaben. Es konnte nur darum gehen, zentrale Kapitel der Geschichte des Dritten Reiches vorzustellen, Vollständigkeit war nicht angestrebt und nicht erreichbar. Darin mag aber auch ein Vorteil liegen: Statt einer umfangreichen Gesamtdarstellung bieten die Beiträge eine konzentrierte Erörterung wesentlicher Elemente der Geschichte und Struktur der NS-Diktatur und ihrer wissenschaftlichen Interpretation.

München, im März 1983   *Die Herausgeber*

Horst Möller

Das Ende der Weimarer Demokratie und die nationalsozialistische Revolution von 1933

„Warum habt ihr Hitler nicht verhindert?" Immer wieder stellen jüngere Generationen diese bohrende Frage an ihre Eltern, an die Zeitgenossen von 1933. Immer wieder bleiben auch noch so umsichtige Antworten unbefriedigend. Und in der Tat: Die Frage nach den Ursachen für das Scheitern der Demokratie in Deutschland und der Etablierung der nationalsozialistischen Diktatur bleibt eine zentrale, wenn nicht gar die Kardinalfrage der deutschen Zeitgeschichte im 20. Jahrhundert. Doch handelt es sich nicht nur um eine Frage an die Forschung, es handelt sich auch um eine eminent politische Frage, eine Aufgabe für die politische Bildung in der Gegenwart: Scheitern der Demokratie, Etablierung, Aufstieg und Niederlage der NS-Diktatur und schließlich die Demokratiegründung in Westdeutschland bilden eine Trias, ein politisches Lehrstück für die Nachgeborenen.

In den letzten Jahrzehnten haben intensive Forschungen unsere Kenntnis über die Auflösung der Weimarer Republik und die sogenannte NS-Machtergreifung ungemein bereichert. Diese Untersuchungen haben gezeigt: einfache Antworten, die der Nichtfachmann von den Historikern häufig erwartet, führen in die Irre. Die Gründe für die Auflösung der Demokratie sind vielfältig, ein komplexes Ursachenbündel muß entwirrt werden. Jedes tiefere Eindringen demonstriert schnell, daß keiner der Gründe, die man als Belastungsfaktoren für die Weimarer Republik ansehen kann, allein ausreichend ist, um ihr Scheitern zu erklären.

Wann scheiterte die Weimarer Republik? Schon diese Frage läßt verschiedene Antworten zu. So ist es möglich, das Ende der Weimarer Demokratie auf den 27. März 1930 zu datieren. Damals wurde die Regierung der Großen Koalition des sozialdemokratischen Reichskanzlers Hermann Müller gestürzt. Seitdem, vom 30. März 1930 bis zum 30. Mai 1932, bestand ein toleriertes Minderheitskabinett des der Zentrumspartei angehörenden Reichskanzlers Heinrich Brüning. Dieses Kabinett war nicht mehr nach den Regeln der parlamentarischen Demokratie gebildet, sondern ein vom Reichspräsidenten abhängiges Präsidialkabinett, aber immerhin handelte es sich um eine Regierung, die vom Reichstag toleriert wurde und toleriert werden wollte. Für ihre Existenz war die Zusammenarbeit mit großen Teilen des Reichstags unerläßlich. Diese parlamentarische Rückbindung galt nicht mehr für das vom 1. Juni 1932 bis zum 2. Dezember 1932 im Amt befindliche Präsidialkabinett von Papen, und es galt ebensowenig für das folgende Kabinett des Generals von Schleicher, das vom 3. Dezember 1932 bis zum 30. Januar 1933 amtierte. Je nach Beurteilungskriterium ist es also möglich, das Ende der Weimarer Republik auf den März 1930 oder aber auch auf den Mai 1932 zu datieren. Andererseits wurde mit Adolf Hitler am 30. Januar 1933 der Führer der mit Abstand stärksten Fraktion des Reichstags zum Reichskanzler ernannt. Die NSDAP hatte damals 196 von 584 Sitzen, die zweitstärkste Fraktion, die SPD, hatte hingegen nur 121 Mandate. Es erscheint paradox, aber die Bildung der Regierung Hitler entsprach eher parlamentarischen Usancen als die Bildung der vorangegangenen Kabinette von Papen und von Schleicher. Trotzdem resultiert hieraus die dritte Möglichkeit, das Ende der Weimarer Republik zu datieren, da zweifellos Hitlers Ernennung der erste entscheidende Schritt zur Etablierung der NS-Diktatur gewesen ist, bekämpfte die NSDAP doch offen die parlamentarische Demokratie. Aber es besteht noch eine vierte Möglichkeit, das Ende der Weimarer Republik zu datieren, und zwar auf den 24. März 1933. Damals beschloß der Deutsche Reichstag das Gesetz zur Behebung der Not von Volk und Staat, das sogenannte Ermächtigungsgesetz, mit dem die Weimarer Verfassung faktisch außer Kraft gesetzt wurde.

Wie immer man die verschiedenen Antworten auf die Frage nach dem Ende der Weimarer Republik beurteilen mag, eines zeigen diese Stationen zweifelsfrei: die Auflösung der Republik ist ein langwieriger Prozeß gewesen. Allerdings würde es in die Irre führen, diesen Prozeß erst mit dem Ende der Regierung Hermann Müller im März 1930 beginnen zu lassen. Vielmehr hat die neuere Forschung immer wieder gezeigt, daß schon vor dem Bruch der Großen Koalition eine krisenhafte Zuspitzung sich abzuzeichnen begann. Die Erklärung der Staats- und Verfassungskrise allein aus der seit 1929 einsetzenden, in Deutschland aber erst verzögert wirksam werdenden Wirtschaftskrise ist nicht stichhaltig. Vielmehr ist festzustellen: Die Wirtschaftskrise verschärfte 1930/31 auch die Verfassungskrise, ist aber nicht deren erste Ursache gewesen. Notwendig ist es, auch die problematische Verfassungsentwicklung der zwanziger Jahre in die Interpretation einzubeziehen. Und dann zeigt sich, daß selbst die stabilste Phase der Republik zwischen 1924 und 1929, die sogenannten „Goldenen Zwanziger Jahre", unter dem Aspekt der verfassungsgeschichtlichen und politischen Entwicklung keineswegs eine Zeit wirklicher Konsolidierung war.

Allerdings müssen wir uns darüber im klaren sein, daß diese Interpretationsrichtung nicht die einzig mögliche ist. Vielmehr haben wir uns angewöhnt, die Weimarer Republik ausschließlich unter dem Aspekt ihres Scheiterns zu sehen. Es wäre aber möglich, die Republik auch anders zu beurteilen, nämlich von der Frage her, was sie in verfassungspolitischer, in gesellschaftlicher, in außenpolitischer, in wirtschaftspolitischer Beziehung geleistet hat. Und bei einer solchen Frage zeigt sich: die Bilanz der Weimarer Republik kann sich durchaus sehen lassen. Einige Stichworte verdeutlichen das: Die fundamentale Leistung des Weimarer Staates ist zweifellos gewesen, daß es gelang, nach dem verlorenen Weltkrieg die Reichseinheit zu bewahren. Darüber hinaus aber vollbrachte der Weimarer Staat eine ganze Reihe konstruktiver Leistungen. So setzten die drei Weimarer Koalitionsparteien – Sozialdemokraten, Zentrumspartei und Deutsche Demokratische Partei – gegen erhebliche Widerstände eine demokratische Verfassungs- und Staatsordnung durch und führten ein demokratisches Wahlrecht unter Einschluß des Frauen-Wahlrechts ein, das die aufgrund der Land-

Stadt-Wanderung zunehmend ungerechte Wahlkreiseinteilung auf Reichsebene beseitigte und die unmittelbar vor Kriegsende unter massivem innen- und kriegspolitischem Druck erreichte Beseitigung des preußischen Drei-Klassen-Wahlrechts definitiv bestätigte. Diese drei Parteien konnten außerdem auf eine Reihe sozialpolitischer Maßnahmen verweisen, so etwa auf den 8-Stunden-Tag und das Betriebsrätegesetz vom 18. 1. 1920. In verfassungsrechtlicher Hinsicht gelang es der Weimarer Koalition, eine Demokratie zu begründen, in der die Grundrechte des einzelnen und sein Anteil an der politischen Willensbildung geregelt waren. Wie viel schon diese oft verspottete ‚formale‘ Seite der umkämpften Weimarer Demokratie wert war, demonstrierten die Nationalsozialisten. Als sie die Macht in Händen hielten, gaben sie auf rechtsstaatliche Form nichts mehr. Viele derjenigen, die die ,,bloß formale Demokratie‘‘ von Weimar verspottet hatten und mit dem Schlachtruf durch die Lande zogen, ,,Demokratie das ist nicht viel, Sozialismus ist das Ziel‘‘, wurden Opfer ihrer Illusionen. Schließlich war es dem Weimarer Staat gelungen, einen Großteil der bei Kriegsende etwa 10 Millionen Soldaten wieder in die Gesellschaft einzugliedern. Nach intensiven Vorarbeiten des Reichskanzlers Heinrich Brüning war es schließlich möglich, eine definitive Lösung des Reparationsproblems zu erreichen. Die wirtschaftliche Hypothek des verlorenen Krieges, die die Weimarer Republik unverschuldet übernehmen mußte, wurde auf diese Weise zu einem nicht unerheblichen Teil abgetragen.

Diese wenigen Stichworte demonstrieren: Der Weimarer Staat hatte Erfolge aufzuweisen, die zwar in der Bevölkerung nicht als glänzend empfunden worden sind, Erfolge aber, die sich tatsächlich sehen lassen können, wenn man bedenkt, gegen welche Hemmnisse sie ertrotzt wurden.

Eine solche Forschungsperspektive ist jedoch nicht unser Thema. Hier geht es um die umgekehrte Fragestellung. Ich versuche die Frage nach dem Ende der Demokratie unter drei Aspekten zu beantworten:

1. Welche Belastungsfaktoren für die Weimarer Demokratie sieht die heutige Forschung als entscheidend an?

2. Wie war es mit der Stabilität der Weimarer Demokratie tatsächlich bestellt?

3. Welchen Charakter hatte die aufsteigende nationalsozialistische Bewegung? Wie war es möglich, daß sie dem Weimarer Staat so schnell den Todesstoß versetzte?

I.

,,Versailles und Moskau": das war die Antwort, die der ehemalige preußische Ministerpräsident Otto Braun auf die Frage nach den Ursachen für das Scheitern der Weimarer Republik gegeben hat. Die Forschung hat längst klargestellt, daß eine solche Antwort zu schlicht ist, daß sie der Komplexität, von der oben die Rede war, nicht gerecht wird. Trotzdem ist unbestreitbar, daß die beiden Stichworte schwerwiegende Belastungen der Weimarer Republik bezeichnen. Das Stichwort Versailles meinte die außenpolitischen Belastungsfaktoren – meinte die Folgen, die der Friedensvertrag von Versailles für das Deutsche Reich gehabt hat – ein Friedensvertrag, der in allen Kreisen der Bevölkerung und bei allen politischen Parteien als Diktat angesehen worden ist und dessen bevorstehende Annahme im Juni 1919 zum Rücktritt des Kabinetts Scheidemann und damit zur ersten Regierungskrise der neuen Republik geführt hatte. Außenpolitischer Revisionismus wurde zum beherrschenden Thema der deutschen Innenpolitik der zwanziger Jahre, keine der Weimarer Parteien – auch nicht USPD und KPD – wich vom Ziel einer Revision des Friedensvertrages ab. Die nationalsozialistische Außenpolitik wurde deshalb zumindest bis 1938 keineswegs als singulär empfunden. ,,Moskau" meinte die Bedrohung durch den Bolschewismus. Allerdings war diese Bedrohung in den zwanziger Jahren nicht außenpolitischer, nicht militärischer Art, sondern resultierte aus der innenpolitischen Feindschaft der Kommunistischen Partei gegen den Weimarer Staat.

Der Versailler Friedensvertrag hatte eine dreifache Wirkung:

Der *erste* Effekt war psychologischer Natur. Er belastete Deutschland mit dem Odium der Kriegsschuld.

Der *zweite* Faktor war territorialer Art: Durch den Friedensvertrag von Versailles erlitt das Deutsche Reich beträchtliche territoriale Einbußen. Ostpreußen wurde vom Reich durch den polnischen Korridor getrennt und Danzig zum Freistaat unter Völkerbundshoheit erklärt, Elsaß-Lothringen kam wieder zu Frankreich; in Oberschlesien wurden Gebiete zu Polen geschlagen, deren Bevölkerung mehrheitlich für das Verbleiben beim Deutschen Reich gestimmt hatte.

Die *dritte* Auswirkung war ökonomischer Art: Durch den Gebietsverlust gingen wichtige Industriegebiete dem Reich verloren, das Saarland wurde, zumindest bis 1935, vom Reich abgespalten und dem französischen Wirtschaftsgebiet eingegliedert, die am 11. 1. 1923 erfolgende Besetzung des Ruhrgebietes durch Franzosen und Belgier wirkte sich ebenfalls negativ auf die wirtschaftliche Entwicklung aus. Die schon erwähnten Reparationsleistungen belasteten die deutsche Wirtschaft zusätzlich.

Die Weimarer Republik war aus der Kriegsniederlage geboren. Sie wurde in weiten Kreisen der Bevölkerung mit dieser Niederlage identifiziert. Sie trug die Verantwortung für die Folgen eines Krieges, den sie nicht verursacht hatte. Mit der Kriegsniederlage aber war ein Wechsel des Regierungssystems und der Staatsform verbunden, und dieser Wechsel des Regierungssystems widersprach in seinen Grundzügen den bis 1918 üblichen Formen der politischen Entscheidungsbildung: Neben den außenpolitischen trat ein innenpolitischer Revisionismus der Rechtsparteien, die Monarchie und Konstitutionalismus wiederherstellen wollten und buchstäblich reaktionäre politische Zielsetzungen hatten.

Im parlamentarischen Regierungssystem kommt den politischen Parteien eine zentrale Rolle für die politische Willens- und Entscheidungsbildung zu. Die Weimarer Parteien aber, die sich in modifizierter Form aus dem bis 1918 etablierten Parteiensystem entwickelt hatten, konnten nur auf mangelhafte Parlamentarismuserfahrung zurückgreifen. Sie waren Parteien, deren Struktur sich in einem konstitutionellen Regierungssystem herausgebildet hatte und die durch striktes Gegenüber von Parlament und Regierung geprägt waren. Die stärkste Partei, die SPD, litt unter dem dauernden

Konflikt zwischen programmatischem Anspruch und Pragmatismus, der Kurs der Partei oszillierte zwischen beiden. Strikter Klassencharakter, enge Interessenpolitik und mangelnde Fähigkeit zum politischen Kompromiß charakterisierten die meisten deutschen Parteien der zwanziger Jahre. Diese Probleme, mit denen die großen Parteien zu kämpfen hatten, wurden verschärft durch die Zersplitterung des Parteiensystems infolge des Verhältniswahlrechts. Die mangelnde Systemkonformität im Sinne des Parlamentarismus führte dazu, daß die politischen Parteien ihre Aufgabe im Reichstag nur zeitweise und dann unvollkommen wahrgenommen haben. Von dieser generellen Einschätzung auszunehmen ist lediglich die Zentrumspartei, deren Stärke und Integrationskraft aus ihrer konfessionellen Ausrichtung erwuchs, doch war diese zugleich ihr größter Mangel, da die Partei als Sprachrohr und Medium des politischen Katholizismus auf den katholischen Bevölkerungsteil beschränkt blieb.

Aufgrund dieser Konstellation des Parteiensystems kann es nicht überraschen, daß sich alle Parteien und alle Bevölkerungsgruppen gegenüber der Republik mehr oder weniger reserviert verhielten. Ihre Vorbehalte resultierten aus den tatsächlichen Problemen nach dem Ende des Krieges, sie resultierten aber auch aus der Unzufriedenheit mit dem Kompromißcharakter der Weimarer Verfassung. Diese Unzufriedenheit ging mit unterschiedlicher Intensität von links bis rechts. Die einen sahen in der Revolution von 1918/19 und in der Weimarer Verfassung die Wurzel allen Übels. Sie wollten den 1918 untergegangenen Staat restaurieren. Den anderen ging die Revolution von 1918/19 nicht weit genug. Sie hatten auf Sozialisierung und auf eine Räteverfassung gehofft und lehnten die Weimarer Republik als halbherzig ab. Sogar die Parteien der Mitte – Sozialdemokraten, Zentrum und Deutsche Demokraten – waren voller Vorbehalte gegenüber der neuen, von ihnen geschaffenen und getragenen Republik. In den Parteien spiegelte sich die Stimmung der Bevölkerung wider. Die wirtschaftlichen Belastungen, von denen die Rede war, führten zu massiven gesellschaftlichen Umschichtungen; so hatte die Inflation von 1922/23 eine Verarmung weiter Schichten des ehemaligen Mittelstandes und schließlich die ökonomische Proletarisierung eines Teils dieser Schicht zur Folge.

Die ökonomischen Probleme der Republik verschärften sich durch ihre psychologischen Auswirkungen. Die Forderung nach Reparationen, die die Siegermächte gemäß Art. 231, 232 und 235 des Vertrages von Versailles erhoben und die sich allein für die Jahre 1919 bis April 1921 in Sach- und Geldwert auf ungefähr 20 Milliarden Goldmark belief, war nicht die einzige ökonomische Hypothek von Weimar. Da sich die wirtschaftlichen Möglichkeiten des Reiches während der Versailler Verhandlungen noch nicht abschätzen ließen, blieb die endgültige Höhe der geforderten Reparationen einstweilen offen. Aus diesem Grund, und wegen der faktischen Unmöglichkeit, die jeweils festgesetzten Summen auch zu bezahlen, wurden in einer Reihe internationaler Verhandlungen durch Einsetzung einer Reparationskommission und eines Reparationsagenten bis zum sogenannten Hoover-Moratorium, mit dem 1931 die Zahlungen sistiert wurden, immer wieder Anläufe zu einer definitiven Regelung unternommen. Der zum 1. 9. 1929 rückwirkend in Kraft tretende Young-Plan intendierte eine endgültige Lösung. Das Deutsche Reich sollte 37 Jahresraten in Höhe von 2,5 Milliarden Reichsmark – in den ersten Jahren zum Teil als Sachlieferungen – und danach bis zum Jahre 1988 nochmals jährlich 22 Raten von jeweils 1,65 Milliarden Reichsmark – zum Schluß in etwas geringerer Höhe – zahlen.

In der Tat bedeutete eine solche Forderung eine ungeheure wirtschaftliche Belastung, und um ihre Akzeptierung brach jeweils schärfster, mit Diffamierungen und Drohungen geführter, innenpolitischer Streit aus. Aber was ist tatsächlich bezahlt worden? Bis zum 30. 6. 1931 zahlte das Deutsche Reich nach eigener Berechnung insgesamt 53,15 Milliarden Reichsmark an Reparationen, sowie 14,5 Milliarden Reichsmark sonstige besatzungs- und abrüstungsbedingte Kosten. Die Konferenz von Lausanne im Juni/ Juli 1932 brachte das faktische Ende der Reparationszahlungen.

Dieser Erfolg war aufgrund der entscheidenden Vorarbeit des Reichskanzlers Brüning möglich geworden. Sein Nachfolger von Papen konnte dieses Verhandlungsergebnis unberechtigterweise für sich in Anspruch nehmen. Hat einerseits der Staat von Weimar schließlich eine der schwerwiegendsten wirtschaftlichen Hypotheken selbst abtragen können – obwohl sich die Wirkung dieses Erfolgs erst nach 1933 zeigte – so ist andererseits zu bedenken, daß zwar die geforderten Reparationen eine ungeheure wirtschaftliche Last gewesen wären, wenn sie gezahlt worden wären. Die tatsächlich erbrachten Leistungen waren jedoch kein ausschlaggebender Grund für die wirtschaftlichen Probleme der Republik. Vielmehr traten die Reparationen zu einer Reihe anderer wirtschaftlicher Schwierigkeiten in den zwanziger Jahren hinzu und verschärften diese; vor allem aber erwies sich die politische Wirkung des Reparationsproblems als sehr viel nachhaltiger und negativer als die materiell-ökonomische.

Die mit der Inflation 1922/23 einsetzende auch politisch folgenreiche Vermögensumschichtung wurde in ihrer wirtschaftlichen und gesellschaftlichen Wirkung noch in den Schatten gestellt durch die Folgen der Weltwirtschaftskrise seit 1929/30. ,,Panik im Mittelstand" (Theodor Geiger) zählte zu den Konsequenzen. Das bekannteste Ergebnis dieser wirtschaftlichen Krise ist die extreme Arbeitslosenzahl, die im Monat Februar 1932 einen erschreckenden Höhepunkt erreichte: Damals blieben 6,128 Millionen Menschen ohne Arbeit. Das waren etwa ein Drittel der deutschen Arbeitnehmer. Bedenkt man, daß diese Arbeitslosigkeit noch durch Kurzarbeit verschärft wurde und außerdem auch die Familien der Arbeitslosen unmittelbar in Mitleidenschaft gezogen wurden, dann wird das fatale Ausmaß erkennbar, die psychologisch und politisch grundstürzende Verunsicherung der deutschen Bevölkerung verständlich. Zahlreiche Firmenzusammenbrüche und die Bankenkrise von 1931 demonstrierten, daß die Auswirkungen der Weltwirtschaftskrise in Deutschland sehr viel schärfer waren als anderswo. Der Schein wirtschaftlicher Blüte seit Mitte der zwanziger Jahre hatte getrogen. Diese wirtschaftliche Blüte war nicht zuletzt mit amerikanischen Krediten erkauft, sie waren kurzfristig gegeben, aber für langfristige Investitionen angelegt worden. Als diese Kredite aufgrund der amerikanischen Wirtschaftskrise und des schwindenden ausländischen Vertrauens in die politische und wirtschaftliche Stabilität des Deutschen Reiches abgezogen wurden, brach ein großer Teil der deutschen Wirtschaft zusammen.

Die hier nur kurz genannten Belastungsfaktoren stehen im Wechselverhältnis mit dem institutionellen Rahmen der Weimarer Verfassung. Eine Verfassung – so viel ist zweifelsfrei – reicht allein nicht aus, eine fundamentale Staats- und Gesellschaftskrise zu meistern. Doch von dieser prinzipiellen Unmöglichkeit einmal abgesehen, hatte die Weimarer Verfassung doch ihrerseits so gravierende Mängel, daß sie die Krise eher verschärfte, jedenfalls war die Verfassung nicht dazu geeignet, ihr wenigstens einen verfassungsrechtlichen Damm entgegenzustellen. Allerdings ist zu bedenken, daß die Weimarer Verfassung keineswegs so unvollkommen gewesen ist, daß sie nicht in politischen Normalzeiten hätte recht gut funktionieren können. Die Weimarer Verfassung hätte – auch das muß bedacht werden – sogar in der Krise der Republik ab 1929/30 noch funktionieren können. Der Staat Hitlers war keineswegs zwangsläufig. Allein schon die verhängnisvolle Personenkonstellation, die sich in der Wahl des kaiserlichen Generalfeldmarschalls von Hindenburg 1925 und 1932 zum Reichspräsidenten zeigte, verweist auf die Alternativen: Mit Sicherheit ist davon auszugehen, daß ein Reichspräsident Friedrich Ebert oder der 1925 unterlegene Gegenkandidat, der Zentrumspolitiker Wilhelm Marx, weder von Papen noch von Schleicher noch Hitler zum Reichskanzler ernannt hätte. Die Rolle der Persönlichkeiten am Ende der Weimarer Republik, die Theodor Eschenburg vor Jahren dargestellt hat, ist so bedeutsam, daß dieses individuelle Element in Entscheidungssituationen ausschlaggebendes Gewicht erlangen konnte.

Verhängnisvoll ist vor allem die unausgewogene Mischung repräsentativer und plebiszitärer Elemente in der Weimarer Verfassungsordnung gewesen. Die Weimarer Verfassung bot, neben ihrer im Vordergrund stehenden repräsentativen Ausrichtung, eine präsidentielle Reserveverfassung, wie Karl-Dietrich Bracher diese Doppelbödigkeit genannt hat. Der Dualismus der Verfassung resultierte vor allem daraus, daß Reichspräsident und Reichstag durch Volkswahl legitimiert waren und daß die Reichsregierung sich in einer Zwitterstellung befand. Sie wurde vom Reichspräsidenten ernannt, war aber in ihrer Amtsführung auf das Vertrauen des Reichstags angewiesen. Dieser Dualismus verschärfte sich dadurch, daß nicht nur die Reichsregierung vom Reichspräsidenten abhängig war, sondern partiell sogar der Reichstag. Maßgebend für diese verfassungsrechtliche Schwächung des Reichstags war die in den Beratungen der Nationalversammlung und in der öffentlichen Diskussion der Staatsrechtslehrer immer wieder durchschlagende Furcht vor einem „Parlamentsabsolutismus". In der auf die Verfassungsväter, insbesondere auf Hugo Preuß wirkenden Lehre vom „echten" und „unechten" Parlamentarismus, die der Jurist Robert Redslob in einem 1918 veröffentlichten Werk vertreten hatte, findet sich die These, der Parlamentarismus sei nur funktionsfähig, wenn das Parlament ein starkes Gegengewicht in Form eines Präsidenten erhalte.

Der Artikel 54 der Weimarer Verfassung bestimmte konsequent im Sinne des parlamentarischen Regierungssystems, Reichskanzler und Reichsminister bedürften zu ihrer Amtsführung des Vertrauens des Reichstags. Der Rücktritt der Minister konnte durch Vertrauensentzug erzwungen werden. Gemäß Art. 53 wurden der Reichskanzler und auf seinen Vorschlag die Reichsminister vom Reichspräsidenten ernannt und entlassen. Eine Voraussetzung der Ernennung oder Entlassung wurde jedoch nicht genannt, trotzdem standen sie nicht im willkürlichen Belieben des Reichspräsidenten, da Artikel 54 die Amtsführung der Reichsregierung an eine zustimmende Reichstagsmehrheit band. Entscheidend aber war, daß nur die Amtsführung und nicht auch der Amtsantritt an das Vertrauen des Reichstags gebunden wurde. Verfuhr der Reichspräsident konsequent im Sinne der Weimarer Verfassung, durfte er nur eine Persönlichkeit zum Kanzler ernennen, für die zumindest die Vermutung sprach, daß sie das Vertrauen des Reichstags erhalten würde. Die Ernennung des Reichskanzlers von Papen wich insofern bereits vom Geist der Verfassung ab, als von vornherein klar war, daß er nicht eine Mehrheit des Reichstages für seine Amtsführung gewinnen würde: Eine von ihm vorgelegte Notverordnung wurde am 12. September 1932 mit 512 gegen 42 Stimmen abgelehnt. Die im Zusammenhang mit dieser vernichtenden parlamentarischen Niederlage des autoritär-konservativen Reichskanzlers herbeigeführte Reichstagsauflösung verstieß zweifelsfrei gegen den Sinn der Weimarer Verfassung, wurde doch auf diesem Wege das Recht des Reichstags auf Aufhebung von Notverordnungen umgangen (Art. 48 Abs. 3).

Der im Art. 53 und 54 sich zeigende Dualismus, der darin lag, daß die Amtsführung auf den Reichstag und der Amtsantritt auf den Reichspräsidenten angewiesen war, verschärfte sich durch Art. 25 der Weimarer Verfassung: Aufgrund dieses Artikels konnte der Reichspräsident den Reichstag auflösen. Die dort vorgesehene Einschränkung, daß er dies nur einmal aus dem gleichen Anlaß tun könne, erwies sich nicht als wirkliches Hindernis. Schließlich war es eine Frage der Formulierungsfähigkeit, ob man den gleichen Tatbestand auch gleich ausdrückte. In der Schlußkrise der Republik jedenfalls zeigte sich, daß aufgrund des Art. 25 der Reichstag in Abhängigkeit vom Reichspräsidenten geriet, weil die entscheidende Waffe des Mißtrauensvotums gegenüber der Reichsregierung durch Zusammenspiel von Reichspräsident und Reichsregierung mittels Parlamentsauflösung unwirksam gemacht werden konnte.

Die Kombination der Artikel 25 und 53 mit dem Artikel 48 der Weimarer Verfassung war dann für die Schlußkrise der Republik verfassungsrechtlich bestimmend. Absatz 2 des Art. 48 erlaubte es, daß die Reichsregierung mit Zustimmung des Reichspräsidenten zeitweise auch legislative Kompetenzen wahrnahm. Die im Absatz 3 vorgesehene Sicherung, daß der Reichstag von diesen Maßnahmen unverzüglich in Kenntnis gesetzt werden mußte, und sie jederzeit wieder außer Kraft setzen konnte, erwies sich demgegenüber als wirkungslos, denn mit Hilfe der Auflösungsbefugnis des Art. 25 konnte auch diese Kompetenz des Reichstags ebenso wie die Möglichkeit zum Regierungssturz für längere Zeiträume ausgesetzt werden. Mit anderen Worten: die Kombination verschiedener Verfassungsartikel ermöglichte es, die schon erwähnte präsidiale Reserveverfassung auf Kosten des parlamentarischen Systems zu praktizieren und den Reichstag sowohl in seiner legislativen wie seiner kontrollierenden Funktion zeitweise außer Gefecht zu setzen.

Die Möglichkeit, eine solche Reserveverfassung zu praktizieren, erlaubte es andererseits den Parteien, sich schon 1930 beim Ende der Großen Koalition dem Kompromißzwang zu entziehen. Der mühsame Weg über parlamentarische Entscheidungsbildung und Kompromiß wurde verlassen. In das Machtvakuum, das spätestens seit 1930 Parteien und Reichstag durch Nichtwahrnahme ihrer Kompetenzen ließen, drangen notwendig andere Verfassungsorgane ein.

Ein Blick auf die Gesetzgebungsarbeit des Reichstags seit 1930 verdeutlicht diese Kompetenzabstinenz. Im Jahre 1930 beschloß der Deutsche Reichstag noch 98 Gesetze auf ordnungsgemäßem Wege. 1931 waren es noch 34, 1932 aber nur noch 5. Demgegenüber stieg die Zahl der Notverordnungen aufgrund reichspräsidentieller Ermächtigung stark an. 1930 wurden nur fünf präsidiale Notverordnungen erlassen, 1931 schon 44, 1932 bereits 60. Auch die Zahl der Sitzungstage des Reichstags verdeutlicht diese Selbstausschaltung: 1930 trat der Reichstag noch an 94 Tagen zusammen, 1931 nur noch an 41, und 1932 schließlich fanden lediglich 13 Sitzungstage des Reichstags statt. Der Reichstag hat, daran besteht kein Zweifel, die ihm von der Verfassung zugewiesene Aufgabe nur noch sehr unvollkommen gelöst.

II.

Allerdings zeigte sich schon lange vorher, auf wie schwachen Füßen das demokratische System der Weimarer Republik stand. Bereits zu Zeiten des Reichspräsidenten Ebert bis 1925 wurde ein erheblicher Teil der Gesetze und Verordnungen mit Gesetzeskraft nicht auf normalem parlamentarischem Weg beschlossen. Das Regieren mit Notverordnungen und Ermächtigungsgesetzen hatte eine verhängnisvolle Tradition schon im ersten Jahrfünft der Republik. Auch für diesen Zeitraum muß konstatiert werden, daß der Reichstag seine Aufgabe nur unvollkommen erfüllte. Vom Inkrafttreten der Weimarer Verfassung 1919 bis zum 31. 12. 1924 erließ die Reichsregierung, in Zusammenwirken mit dem Reichspräsidenten, aufgrund des Art. 48 Abs. 2 nicht weniger als 73 Verordnungen mit Gesetzeskraft.

Aber dies war nur ein Indiz für die Instabilität der Republik. Schon die Schlußabstimmung über das Weimarer Verfassungswerk in der Nationalversammlung am 31. Juli 1919 ist der erste parlamentarische Beleg dafür. Die Verfassung wurde mit 262 Ja-Stimmen der drei Regierungsparteien SPD, Zentrum und DDP angenommen. Dagegen stimmten 75 Abgeordnete, einer enthielt sich der Stimme. Doch dieses Ergebnis hat einen Schönheitsfehler. Bei diesem für die Weimarer Republik fundamentalen Beschluß blieben 67 Abgeordnete der Abstimmung fern, weil sie mit dem Verfassungswerk nicht einverstanden gewesen sind. Die Koalition verfügte damals über 329 Sitze in der Nationalversammlung.

Die Republik von Weimar war von ihrem Anfang bis zu ihrem Ende von Krisen geschüttelt. Die wirtschaftlichen und sozialen Folgen des verlorenen Krieges ließen sich durch Illusionen über ihre tatsächlichen Ursachen nicht beseitigen. Die Deutschen der zwanziger Jahre lebten mit ständigen Krisen: Streiks der Ruhrarbeiter und Kapp-Putsch im Frühjahr 1920, Besetzung des Ruhrgebiets durch Frankreich und galoppierende Inflation 1922/23, innenpolitische Krise mit Ausnahmezustand in Bayern, Sachsen und Thüringen 1923, ständige politische Kämpfe um die verschiedenen Reparationsabkommen – Dawes-Plan 1924, Young-Plan 1929/30 –, permanente Diffamierung der verfassungstreuen Republikaner in SPD, Zentrum und DDP als ,,Novemberverbrecher", Erfüllungspolitiker oder Vaterlandsverräter durch Deutschnationale und andere rechtskonservative Gruppen. Seit 1930 wirkte sich die Weltwirtschaftskrise in stärkstem Maße auch auf das Deutsche Reich aus, immer neue Regierungskrisen, schließlich eine fundamentale, sich ständig verschärfende Staats- und Gesellschaftskrise erschütterten das Reich. Die Weimarer Republik kam nicht zur Ruhe, in den nur 14 Jahren ihres Bestehens gab es kaum ein Jahr ohne krisenhafte Zuspitzungen, und auch die vergleichsweise stabile Zwischenphase von 1924 bis 1929 war in politischer und gesellschaftlicher Hinsicht keine Zeit der Konsolidierung.

Schon 1925 nach dem Tode Friedrich Eberts war es nicht mehr möglich, einen entschiedenen Republikaner zum Reichspräsidenten zu wählen. Von Ende 1923 bis Frühjahr 1930 amtierten immerhin sieben Kabinette, das langlebigste unter ihnen – die 1928 bis 1930 regierende Große Koalition aus SPD, Zentrum, DDP und DVP – war tatsächlich eine der schwächsten Weimarer Regierungen: Die Regierung Hermann Müller war immer wieder bedroht von der Desavouierung der eigenen Minister durch die Reichstagsfraktionen der Koalitionsparteien, insbesondere der SPD, ständig bedroht auch durch das Auseinanderdriften der beiden Flügelparteien SPD und DVP, die bis zu seinem Tod im Oktober 1929 in erster Linie durch die stärkste politische Persönlichkeit der Regierung, den Außenminister Gustav Stresemann, zusammengehalten wurde. Die – keineswegs verfassungskonformen – Intrigen des Reichspräsidenten und seiner Umgebung gegen die sozialdemokratische Regierungsbeteiligung seit Frühjahr 1929 untergruben die Autorität der Regierung zusätzlich. Und schließlich kann man die Tatsache, daß 1925 und 1926 bzw. 1927/28 Regierungen unter Einschluß der Deutschnationalen Volkspartei, die die Verfassung von Beginn an abgelehnt hatte, gebildet wurden, nicht als Indiz für Stabilität deuten, stand doch die übergroße Mehrheit dieser Partei keineswegs auf dem Boden der Weimarer Verfassung. Einer der entscheidenden Gründe für das Scheitern der Weimarer Republik war schließlich, daß die Weimarer Demokratie von ihrem Beginn an eine Demokratie ohne Demokraten, genauer: eine Demokratie ohne eine Mehrheit von Demokraten und Republikanern gewesen ist. Schon die erste Reichstagswahl, die auf der Grundlage der neuen Verfassung am 6. Juni 1920 stattfand, war symbolisch für die Chancen der Demokratie knapp eineinhalb Jahre nach der Wahl zur konstituierenden Nationalversammlung der Republik. Bei dieser ersten Wahl im Jahre 1919 hatten es die drei demokratisch-republikanischen Parteien gemeinsam auf 76,2% der Stimmen gebracht, ein verheißungsvoller Anfang für die Demokratie. 1920 hingegen errangen SPD, Zentrum, DDP insgesamt nur noch 43,6% der Stimmen, während der gesamten Weimarer Zeit erzielten sie bei keiner Reichstagswahl mehr die absolute Mehrheit.

Noch symptomatischer ist es, daß diese drei Parteien bei den Reichspräsidentenwahlen 1925 und 1932 in dem ehemaligen kaiserlichen Feldmarschall – der sich indes bis Frühjahr 1929 bemüht hatte, sein Amt verfassungsgemäß zu führen – das letzte Bollwerk der Demokratie sahen und 1932 wohl auch sehen mußten, so gering tatsächlich die Chancen waren, mit Hindenburg die Weimarer Demokratie zu retten. Denn 1932 hieß der Gegenkandidat Adolf Hitler und er erreichte am 10. April 1932 im zweiten Wahlgang immerhin 13,41 Millionen Stimmen, während Hindenburg 19,359 Millionen und der KPD-Kandidat Thälmann 3,7 Millionen Wähler hatten. 1932 gab es in der Tat für republiktreue Demokraten zu Hindenburg keine Alternative, 1925 hingegen hätte er für Demokraten und Republikaner keine Alternative zu Wilhelm Marx sein dürfen. So schrieb Theodor Wolff am 27. April 1925 im ,,Berliner Tageblatt": ,,Die gestrige Wahl war eine Intelligenzprüfung. Ungefähr die Hälfte des deutschen Volkes ist in dieser Prüfung durchgefallen."

Dieser neue Reichspräsident war von Hause aus Monarchist, er galt eher als Symbol für den 1918/19 untergegangenen Staat als für die neue Republik. Dieser neue Reichspräsident hatte nur wenige Jahre vor seiner Wahl, 1919, wider besseres Wissen zu den Urhebern der Dolchstoß-Legende gehört, die die Innenpolitik der Weimarer Republik vergiftete: Der Rückschlag für die Demokratie in Deutschland konnte kaum deutlicher demonstriert werden als mit der Wahl von 1925. Hindenburg erhielt bei dieser Wahl 14,655 Millionen Wähler. Sein stärkster Gegenkandidat, der Zentrumspolitiker Wilhelm Marx, brachte es im zweiten Wahlgang auf 13,751 Millionen Stimmen. Die 1,93 Millionen Stimmen, welche die Kommunisten für ihren aussichtslosen Zählkandidaten Ernst Thälmann abgaben, hätten gereicht, einen Demokraten in dieses, wie sich seit 1930 zeigte, einflußreichste politische Amt der Republik zu wählen. ,,Jede Stimme für Thälmann ist eine Stimme für Hindenburg", so hieß es zutreffend in dem Wahlaufruf, mit dem die SPD im zweiten Wahlgang für Wilhelm Marx warb, den auch die linksliberale DDP unterstützte. Marx war der Kandidat der drei Parteien der Weimarer Koalition, die 1919 die Demokratie begründet hatten. Die Bayerische Volkspartei, die sich anfangs ebenfalls für Marx ausgesprochen hatte, unterstützte schließlich Hindenburg und damit den protestantischen Monarchisten. Auch sie erwies der Demokratie einen Bärendienst.

Kein Zweifel also, mit der Stabilität der Weimarer Republik war es nicht weit her. Ja man kann sagen, die Revolution von 1918/19 hat während der gesamten zwanziger und frühen dreißiger Jahre nicht zu einer Etablierung der Demokratie und zur allgemeinen Anerkennung der 1918/19 eingeführten Staats- und Verfassungsordnung geführt. Die Revolution wurde 1918/19 begonnen, aber sie wurde damals nicht abgeschlossen. Im Bewußtsein der Mehrheit der Bevölkerung war, wie die Wahlergebnisse zeigen, die neue Ordnung nicht als legal akzeptiert worden. Schon 1919 hatte Ernst Troeltsch die hellsichtige Frage gestellt, wieviel Zeit nötig sei, bis eine neue Rechtsordnung als legitim empfunden werde. Und der Soziologe Theodor Geiger hatte konstatiert: ,,Unter dem Aspekt des positiven Rechts sind die Träger der Revolution solange Verbrecher, als es ihnen noch nicht gelang, die neue Machtlage zu legalisieren. Von da an wird der Verfechter des ancien régime zum Verbrecher". Tatsächlich hat es während der Weimarer Zeit die Mehrheit der Bevölkerung durchaus als legitim angesehen, daß Politiker die durch die Revolution abgelöste Verfassungsordnung verteidigten und die neue Verfassungsordnung nicht akzeptierten: in weiten Kreisen hingegen galten die Gründer der neuen Demokratie als ,,Novemberverbrecher". Kein Zweifel, jede neue Rechtsordnung, zumal wenn sie durch eine Revolution etabliert wird, braucht Zeit, damit sie im Bewußtsein der Bevölkerung Wurzeln schlägt, und diese Zeit hatte die Weimarer Republik nicht.

Jede Revolution, wie legitimiert sie immer sein mag, verunsichert das Rechtsempfinden, verunsichert den politischen Bezugsrahmen des Denkens und Handelns der Betroffenen. Gelingt es einer Revolution nicht, ihre konstruktiven Elemente in der Mehrheit der Bevölkerung durchzusetzen, dann gewinnen die jeder Revolution innewohnenden destruktiven Züge um so größeres Gewicht. Die Unsicherheit über Verfassung und Recht wächst, ihre Normativität wird ständig in Zweifel gezogen. Unter diesem Aspekt ist die Geschichte von 1918/19, das Selbstverständnis der Revolutionäre, die publizistische, wissenschaftliche, vor allem aber die mentale Rezeption in der Bevölkerung ein Prozeß, der den

Beginn der Republik und ihr Ende in einen revolutionsgeschichtlichen Bedingungszusammenhang stellt, einen Zusammenhang, der mehrdimensionaler ist als die Interpretation der NS-Machtergreifung als Antwort auf die bolschewistische Revolution von 1917 und die deutsche Revolution von 1918/19 (Ernst Nolte).

III.

Die tatsächliche Beendigung der 1918 begonnenen Revolution hätte zumindest die dauerhafte Anerkennung der Staats- und Verfassungsordnung zur Konsequenz haben müssen. Tatsächlich aber wurde während der gesamten Weimarer Republik kein bejahender Grundkonsens über die neue Ordnung von Staat und Gesellschaft erreicht. Die Unzufriedenheit der Linken und die Demagogie der Rechten, wie es Ernst Troeltsch ausgedrückt hat, konnten ihre Wirkung nur tun, weil auch die politische Mitte, auch die drei Weimarer Parteien die neue Republik oft nur halbherzig verteidigten, so groß die Verdienste von Sozialdemokraten, Zentrumspolitikern und Deutschen Demokraten um den Staat von Weimar auch waren.

Unter diesem Aspekt rückt die fundamentale Instabilität, die die Weimarer Republik von Beginn prägte, in ein neues Licht. Mutlosen Demokraten standen extremistische Feinde der Demokratie gegenüber, Feinde, die die Republikaner nicht als politische Gegner bekämpfen, sondern als Feinde physisch vernichten wollten. Diese Einschätzung gilt sowohl für die KPD als auch für große Teile der DNVP und andere Gruppen der extremen Rechten, gilt vor allem für die NSDAP. Das politische Klima der Weimarer Republik wurde zunehmend durch politische Feindschaften bestimmt.

Konzentrierte sich die Weimarer Politik nicht auf die Bewältigung aktueller Krisen oder auf Regierungskrisen, so diskutierte sie ständig Reformkonzepte. Auch diese Reformkonzepte sind ein Indiz für die Instabilität der Republik. Neben den Überlegungen zu einer Reichsreform, neben den Vorschlägen zur Lösung des Preußenproblems standen ab 1930/31 zunehmend Versuche, die Krise der Republik mit Hilfe halbautoritärer bzw. seit 1932 autoritärer Staatsvorstellungen zu meistern. Nicht wenige Politiker auch außerhalb des radikalen Lagers haben die Krise als einen Motor benutzt, um eine autoritär-ständische bzw. konstitutionalistische Rückbildung der Staats- und Gesellschaftsverfassung durchzusetzen. Bis in die Reihen der Weimarer Parteien hinein war das Bewußtsein verbreitet, so wie bisher könne es politisch nicht weitergehen. Am Ende der Republik gab ihr kaum jemand eine Chance. Seit dem Ende der Großen Koalition im März 1930 ging es kaum noch darum, die verfassungsrechtliche Grundstruktur des Weimarer Staates zu erhalten. Vielmehr lautete die Kernfrage: Wie kann die Republik reformiert werden bzw. was ist von ihr erhaltenswürdig und erhaltensfähig?

Diese Konstellation bietet einen Schlüssel zum Verständnis des nationalsozialistischen Erfolgs, der meist übersehen wird: Der nationalsozialistische Ansturm auf die Republik, der von einem sich zunehmend ausweitenden Massenanhang getragen wurde, zählte für viele Zeitgenossen zu den zahlreichen Alternativen, die die nur zu offensichtlichen Funktionsmängel der Weimarer Demokratie provozierten. So wie die Republik selbst war auch ihr spätestes Produkt, die NSDAP, aus der Krise geboren und versprach Krisenlösungen. Die Krisenlösungskapazität des Weimarer Staates aber wurde zunehmend geringer, die seit 1930 sich faktisch vollziehende Stärkung des Reichspräsidenten auf Kosten eines zunehmend kompromißunfähigen und damit handlungsunfähigen Reichstags machte aus dem Weimarer ‚Semi-Parlamentarismus‘ (Karl Dietrich Bracher) bereits seit 1930 ein präsidentielles Regierungssystem. Dieser Verfassungswandel wurde bis in die Parteien der Mitte hinein begrüßt, die Sozialdemokraten – nahezu die einzige große demokratische Partei, die diese Verlagerung der politischen Macht auf den Reichspräsidenten strikt ablehnte – konnten gegen diesen stillen Verfassungswandel keinen Damm mehr bilden, zumal sie sich 1930 – auch durch eigene Schuld – aus der Regierung katapultieren ließen.

Unter denjenigen politischen Gruppierungen, die seit 1930 einen Weg aus der Krise zu weisen versuchten, waren aber die restaurativen, die im politischen Sinne reaktionären Parteien keineswegs die stärksten – bloße Restauration der konstitutionellen Monarchie und der sie tragenden Gesellschaftsverfassung hatte während der Weimarer Zeit nie eine wirkliche Chance. So sehr diese gegenrevolutionäre Politik nach Art von Papens oder Hugenbergs auch zum Untergang der Demokratie beitrug, sie war lediglich destruktiv. In der latent fortbestehenden revolutionären Verunsicherung seit 1919 lagen die größten Chancen bei einer politischen ‚Bewegung', die sich bereits durch diese Bezeichnung vom ungeliebten Weimarer Parteienstaat abzuheben suchte. Diese ‚Bewegung' des Nationalsozialismus versprach statt pluralistischer Interessen und Parteienzerklüftung Integration, sie stiftete neue integrierende Identifikationsmuster für die Einheit eines aus der sinnstiftenden „Burgfriedenspolitik" und ihren Illusionen 1918 jäh herausgerissenen und dadurch buchstäblich zerrissenen Volkes. Eine solche Feststellung besagt keineswegs, daß diese Art Sinnstiftung positiv zu bewerten ist, zumal sie von Ressentiments, Feindbildern, Klischees nur so wimmelte, sie besagt lediglich: weite Kreise der Bevölkerung haben in dieser historischen Konstellation das ideologische Angebot des Nationalsozialismus als positiv empfunden. Und dies gilt vor allem für die damals junge Generation, die die Weimarer Republik zu keinem Zeitpunkt zu fesseln vermochte.

In ein schlichtes Links-Rechts-Schema ist die NSDAP nicht einzuordnen. Der Aufstieg des Nationalsozialismus bedeutete in formaler wie auch in inhaltlicher Hinsicht, trotz vieler Anachronismen, trotz vieler reaktionärer Vorstellungen, den Sieg des Neuen über das Alte.

Der Nationalsozialismus versprach die Zukunft, sein revolutionärer Charakter liegt nicht zuletzt darin, daß er eine Zukunftsperspektive suggerierte – eine Zukunftsperspektive, die die Revolutionäre von 1918/19 nicht versprechen konnten. Schon 1931 hatte Hans Freyer sein Buch „Revolution von rechts" mit den Sätzen eingeleitet: „Eine neue Front formiert sich auf den Schlachtfeldern der bürgerlichen Gesellschaft: die Revolution von rechts. Mit der magnetischen Kraft, die dem Losungswort der Zukunft innewohnt, ehe es ausgesprochen wird, zieht sie aus allen Lagern die

28

härtesten, die wachsten, die gegenwärtigsten Menschen in ihre Reihen. Noch sammelt sie nur, aber sie wird schlagen. Sie wird die alten Parteien, ihre festgefahrenen Programme und ihre verstaubten Ideologien übergreifen." Diese ‚Konservativen Revolutionäre‘ nach Art Freyers waren nicht identisch mit den Nationalsozialisten – dazu waren erstere zu intellektuell und zu elitär – aber ihre Feindbilder wie ihre Aufbruchstimmung waren verwandt. Vor allem aber bereiteten die ‚Konservativen Revolutionäre‘ intellektuell den Boden dafür, das Zukunftspathos des Nationalsozialismus ohne Freiheitspathos zu verwirklichen, Freiheitspathos zeichnete hingegen die ‚klassischen Revolutionen‘ von 1789 bis 1918 aus – gleich ob es realisiert wurde oder nicht. Darin lag das Charakteristikum rechter Revolutionäre und der Nationalsozialisten, darin unterschieden sie sich von den linken Revolutionären, deren menschen- und naturrechtliches Selbstverständnis dem Begriff der Revolution bis heute einen ethischen Anspruch vermittelte – so wenig dieser auch für die praktische Politik bestimmend wurde. Daß dem Nationalsozialismus diese ethische Komponente fehlte, daß er zu jeder Barbarei willens war, schließlich in Ideologie und Praxis eine Diktatur von nicht gekannter Brutalität realisierte, das hat damals wie heute viele Historiker daran gehindert, den Begriff Revolution auf die Nationalsozialisten anzuwenden.

Tatsächlich aber ist der Nationalsozialismus, ist die sogenannte NS-Machtergreifung revolutionär gewesen. Dies gilt für Intention, Verlauf und Wirkung. ,,Die Geschichte des Nationalsozialismus sei die Geschichte seiner Unterschätzung gewesen", hat Karl Dietrich Bracher vor einigen Jahren konstatiert. Zu dieser Unterschätzung des Nationalsozialismus gehört bis heute auch die Leugnung seines revolutionären Charakters, der sich bereits während der Machtergreifung zeigte. Folgende Gesichtspunkte sind für die Anwendung des historisch-soziologischen Revolutionsbegriffs – der ein Formalbegriff und kein Wertbegriff ist – auf die NS-Machtergreifung maßgebend:

Die NS-Machtergreifung zerstörte das bis dahin gültige Rechts- und Verfassungssystem. Aber zu gleicher Zeit baute sie Zug um Zug mit den destruktiven Akten eine der Zielsetzung nach totalitäre Diktatur auf, sie schuf Ämter und Organisationen, die die Durchsetzung der totalitären Ziele bewirken sollten, mit Hilfe eines Stellenschubs brachte sie eine neue NS-Herrschaftselite in die entscheidenden Führungsstellen und löste damit in einem erheblichen Ausmaß die Weimarer Führungsschicht und auch die Reste der alten, aus dem Kaiserreich überkommenen Machteliten ab.

Der allmählichen Auflösung und Desintegration des Weimarer Verfassungs- und Gesellschaftssystems korrelierte der Aufstieg des Nationalsozialismus. Ohne diese zunehmende Instabilität und Desintegration von Staat und Gesellschaft der Weimarer Republik wäre der Nationalsozialismus undenkbar. Die Ideologisierung, Polarisierung und Politisierung aller gesellschaftlichen Sektoren, die jede Revolution charakterisieren, sind auch für den Nationalsozialismus kennzeichnend gewesen. Das gilt, soweit die Machtmittel der Partei bzw. der Untergliederungen reichten, auch schon für die ausgehenden zwanziger und beginnenden dreißiger Jahre. Die politische Polarisierung, die Freund-Feind-Alternative Carl Schmitts, mit der die ideologische Legitimation zur physischen Vernichtung der Andersdenkenden gegeben wurde, kennzeichnete schon das politische Klima der zwanziger Jahre, die NSDAP hat hier auf eine unvorstellbare Weise verschärfend gewirkt.

Alle Revolutionen sind gekennzeichnet durch einen dramatischen Kampf um Herrschaftspositionen. Solch ein Kampf charakterisiert auch die NS-Machtergreifung: Er beginnt mit dem Tauziehen um die einflußreichen Ministerämter, wurde fortgeführt durch die Ausbootung der ehemaligen Koalitionspartner der Deutschnationalen und einiger Konservativer, und erreichte seinen Höhepunkt in der allmählichen Entmachtung der Verfassungsorgane, die die Weimarer Republik trugen. Nach dem erfolgreichen Umsturz versucht jede Revolution, die Entwicklung von relativ ungeplanten Aktionen, auch solchen radikaler Revolutionäre von unten, in eine geplante Veränderung des Herrschafts- und Gesellschaftssystems zu überführen. Auch dieses Charakteristikum gilt für die NS-Machtergreifung. Im Unterschied zum anfänglichen radikalen Bruch in der Umsturzphase, dominiert nach dem erfolgreichen Umsturz der geplante Aufbau eines ideologischen Alternativsystems, dominiert langfristiger Wandel.

Historisch-soziologische Revolutionsmodelle sind durch formale Definitionskriterien bestimmt, nicht durch inhaltliche Prämissen. Dieses Mißverständnis macht es so schwierig, den Begriff Revolution auf die NS-Machtergreifung anzuwenden. Anders als der Laie häufig meint, handelt es sich dabei nicht um Begriffsspielerei. Tatsächlich begreift man ein historisches Phänomen nur, wenn man ihm den angemessenen Begriff gibt. Die korrekte Einordnung eines historischen Phänomens aber ist auf solche Begriffe angewiesen. Es handelt sich bei dieser Diskussion also um einen unverzichtbaren Teil des historischen Erkenntnisprozesses.

Die Frage aber, ob die NS-Machtergreifung eine Revolution gewesen ist, hat noch eine andere Dimension, nämlich eine juristische. Revolutionen sind immer illegal, setzen sie doch bestehendes Recht außer Kraft. Eine Außerkraftsetzung bestehenden Rechts ist dann revolutionär, wenn sie sich nicht in legalen Formen, nämlich den verfassungsmäßigen Beratungsprozeduren, vollzieht. Unter diesem Gesichtspunkt hat man immer wieder die Meinung vertreten, die NS-Machtergreifung sei legal erfolgt, und gerade diese Legalität habe die Machtübernahme durch die Nationalsozialisten erleichtert. Nun ist es keine Frage, daß die Legalitätstaktik, die Hitler schon am Ende der Weimarer Republik verfolgt hatte und mit der er beim Leipziger Reichswehrprozeß am 25. September 1930 propagandistischen Erfolg erzielte, die Etablierung der Diktatur erleichtert hat. Wenn man auch nicht von Legalität der Machtergreifung sprechen kann, so kann man doch, wie es Josef Isensee ausgedrückt hat, von einem „Legalitätseffekt" der NS-Machtergreifung sprechen. Diese politische Wirkung der Legalitätstaktik ist unbestreitbar. Bestreitbar aber ist, daß die NS-Machtergreifung legal im Sinne der Weimarer Verfassungsordnung erfolgt und aufgrund dieser vermeintlichen Legalität keine Revolution gewesen sei. Tatsächlich aber ist die Etablierung der NS-Diktatur durch eine ganze Reihe von Gesetzesverstößen gekennzeichnet. Nach der noch legal erfolgenden Ernennung Hitlers zum Reichskanzler brachte bereits die Reichstagsbrandverordnung vom 28. Februar

1933 den ersten schweren Gesetzesverstoß. Auf der Grundlage dieser Notverordnung wurde bald darauf das rechtsstaatliche Prinzip des „nulla poena sine lege" außer Kraft gesetzt. Seither war es möglich, Straftaten nach Gesetzen zu ahnden und ein Strafmaß nach Gesetzen zu verhängen, die zum Zeitpunkt der Tat nicht bestanden. Eine ganze Reihe von Grundrechten wurde durch die Reichstagsbrandverordnung außer Kraft gesetzt. Bis zum 5. März 1933 – dem Tag, an dem die letzte, vergleichsweise freie Reichstagswahl stattfand, bestimmte Straßenterror die Szene. Die Wirkung, die dieser Terror auf das Wahlergebnis hatte, ist schwer abzuschätzen. Genau bestimmbar hingegen ist der Verfassungsverstoß, der nach dem Zusammentreten des Reichstages durch die NS-Machthaber begangen wurde. 81 KPD-Abgeordnete und einige SPD-Abgeordnete wurden verhaftet. Sie wurden an der Ausübung ihres Mandats gehindert: Diese Verhaftung verstieß gegen das durch die Verfassung garantierte Immunitätsrecht der Reichstagsabgeordneten. Damit aber war die Versammlung, die am 23. März 1933 das sogenannte Ermächtigungsgesetz verabschiedete, nicht legal im Sinne der Weimarer Verfassung zusammengesetzt.

Gemäß Art. 5 des Ermächtigungsgesetzes mußte dieses außer Kraft treten, wenn die gegenwärtige Reichsregierung durch eine andere abgelöst wurde. Das Ausscheiden des wichtigsten Koalitionspartners Hugenberg wäre ein solcher Grund für die Außerkraftsetzung des Ermächtigungsgesetzes gewesen. Aber es gibt eine ganze Reihe noch schwerwiegenderer Verstöße, die belegen, daß das Ermächtigungsgesetz, das nicht legal zustande gekommen ist, auch nicht legal angewandt wurde. Gemäß dem Wortlaut des Gesetzes durften die von der Regierung erlassenen Reichsgesetze nicht die Einrichtung des Reichstags oder des Reichsrats als solche zum Gegenstand haben. Die Rechte des Reichspräsidenten mußten unberührt bleiben. Tatsächlich aber ist der Reichsrat am 14. 2. 1934 aufgehoben worden und damit das Ermächtigungsgesetz auch formell gebrochen worden. Dem Sinn nach war allerdings die Institution des Reichsrats bereits seit Frühjahr 1933 durch Auflösung der Länder entwertet worden. Der Reichsrat hatte dann keine der Weimarer Verfassung entsprechende Funktion mehr.

Nach dem Tode Hindenburgs wurde am 2. August 1934 das Reichspräsidentenamt mit dem des Reichskanzlers zusammengelegt. Diese Einführung eines neuen Amtes des ,,Führers und Reichskanzlers" bedeutete eine zumindest höchst fragwürdige Auslegung des Ermächtigungsgesetzes, legte es doch ausdrücklich die Sicherung der Kompetenzen des Reichspräsidenten fest. Eine solche Kompetenzwahrung für den Reichspräsidenten aber konnte nur sinnvoll sein, wenn er als selbständiges Verfassungsorgan bestehenblieb. Gerade das aber setzt die Nennung der Verfassungsorgane im Art. 2 des Ermächtigungsgesetzes voraus.

Kein Zweifel also, die wichtigsten Stationen in der Etablierung der NS-Diktatur sind nicht legal, sondern revolutionär. Daß sich die NS-Machthaber immer wieder den Anstrich der Legalität zu geben verstanden, besagt tatsächlich nicht, daß es sich um legale Akte handelte, so wenig wie die späteren Plebiszite zugunsten des Regimes besagten, daß 99% der Bevölkerung hinter der NSDAP-Führung standen.

Zwischen dem 30. Januar 1933 und dem 2. August 1934 wurden alle wesentlichen Verordnungen erlassen, die die NS-Diktatur etabliert haben. Dazu gehörte die sogenannte Gleichschaltung der Länder am 31. März und 7. April 1933, gehörte das sogenannte Gesetz zur Wiederherstellung des Berufsbeamtentums, mit dessen Hilfe Juden und politische Gegner von Beamtenstellen ausgeschlossen werden konnten, gehörte schließlich die Auflösung der Gewerkschaften am 2. Mai sowie im Juni und Juli die Selbstauflösung aller Parteien mit Ausnahme der NSDAP. Das Gesetz gegen die Neubildung von Parteien am 14. Juli 1933 besiegelte den Ein-Parteien-Staat. Die Bildung einer Reihe neuer Ämter, die Verquickung von Partei- und Staatsämtern, der Versuch schließlich, die gesamte Bevölkerung in Organisationen der NSDAP zu erfassen, die Etablierung eines Terror-Regimes mit Gestapo und Sondergerichten, wie dem Volksgerichtshof, der am 24. April 1934 gebildet wurde: das waren nur einige der Stationen bei der Etablierung der Diktatur. Von nicht zu übersehender Bedeutung war die Beseitigung einer potentiellen Parteiopposition um den SA-Führer Ernst Röhm am 30. Juni 1934, mit dem eine mögliche Revolution von unten

(Martin Broszat), eine Radikalisierung und ungeplante revolutionäre Akte verhindert wurden. Mit dieser Ausschaltung der SA versicherte sich die NS-Führung definitiv der Mitarbeit der Reichswehr, die in Röhms Parteiarmee eine Konkurrenz erblickt hatte. Auch solch innerparteilicher Machtkampf mit der blutigen Ausrottung wirklicher oder vermeintlicher Gegner findet sich in dieser oder ähnlicher Form in den meisten Revolutionen.

Bei der NS-Revolution handelt es sich also um einen langgestreckten Prozeß mit einer ganzen Reihe einzelner revolutionärer Höhepunkte, die diktaturbegründende Wirkung hatten. Dieser Prozeß dauerte vom 30. Januar 1933 bis zum 2. August 1934.

Mit der festen Etablierung der NS-Diktatur, die gerade in den Anfangsjahren des Regimes aufgrund tatsächlicher oder scheinbarer wirtschaftlicher, politischer und gesellschaftlicher Erfolge zunehmende Anerkennung in der Bevölkerung fand, wurde die revolutionäre Verunsicherung, die mit der Revolution von 1918/19 begonnen hatte und die die Ablösung der alten Führungsschichten, die dort ebenfalls begonnen hatte, einstweilen beendet. Die NS-Revolution von 1933/34 stellt so den Höhe- und Wendepunkt einer revolutionären Epoche dar, die tatsächlich von 1918 bis zur Niederlage des NS-Regimes 1945 gedauert hat. Dabei hat der von der NS-Diktatur angestrebte und schließlich realisierte Krieg die mit der Revolution von 1933/34 eingeleitete soziale Revolution abgeschlossen. Das Ergebnis dieser sozialen Revolution ist über weite Strecken eine gesellschaftliche Modernisierung gewesen, sie ging einher mit einer Ablösung sämtlicher alten Machteliten, gerade auch der Machteliten der Monarchie. Nach sozialer Herkunft, Bildungsstand, beruflicher Laufbahn, kurz: nach sozialem Status und Lebensalter war die NS-Führungsschicht, die 1933/34 an die Macht kam, nicht mehr identisch mit der Führungsschicht von vor 1918 und auch nur noch in geringem Maße identisch mit der Führungsschicht von 1918/19. Die Aufstiegsmöglichkeiten in dieser Parteielite richteten sich nicht nach sozialer Herkunft, akademischer Bildung oder verwaltungsjuristischem Berufsweg. Dieser Führungswechsel ging mit einem Generationswandel großen Ausmaßes einher – die NS-Revolution war über weite Strecken eine

Revolution der jungen Generation. Erst die NS-Revolution hat es vermocht, die junge Generation und die unteren Schichten in die Führung einzubeziehen, ihnen Aufstiegsmöglichkeiten zu eröffnen. Die tatsächliche Hierarchisierung, die Einführung des Führerprinzips in allen gesellschaftlichen Bereichen, war eine Hierarchisierung, die nichts zu tun hatte mit der überkommenen Sozialstruktur. Insofern hat die NS-Revolution trotz ihres antiliberalen und antidemokratischen Charakters soziale Attraktivität gerade für diejenigen Schichten besessen, die bis dahin entweder von der Führung ausgeschlossen waren oder die aufgrund ihrer technologischen Innovationsfähigkeit im NS-Regime große Chancen sahen. Der anti-bürgerliche, der anti-kapitalistische Charakter des Regimes war unübersehbar, zugleich bestimmten vielerlei reaktionäre und antimodernistische Zielsetzungen häufig das äußere Erscheinungsbild der NSDAP und des NS-Staates. Tatsächlich aber stehen sie einer Volksgemeinschaftsideologie gegenüber, die zusammen mit zahlreichen sozialpolitischen Einzelmaßnahmen zu einem totalen Herrschaftsanspruch der NSDAP über Staat und Gesellschaft sowie einer tendenziell totalen Einbindung des einzelnen führte. Der politischen Prägekraft der alten Gesellschaftsverfassung wurde so der Boden entzogen.

Bezieht man den Krieg mit seiner Mobilisierung der Massen, mit seiner Modernisierung auch des Heeres und seiner sozialen Führungsstruktur, schließlich die durch ihn ausgelösten massenhaften Bevölkerungsverschiebungen in Mitteleuropa in die Überlegung ein, dann ist die Wirkung der NS-Diktatur revolutionärer kaum vorstellbar. Die Welt, die nach ihrer Niederlage zurückblieb, war in jeder Hinsicht total verwandelt. Die revolutionierende Wirkung der NS-Diktatur ist an der Außenpolitik und den internationalen Beziehungen nach 1945 ebenso erkennbar wie an der inneren Struktur der deutschen Gesellschaftsordnung der Nachkriegszeit. Gerade die gesellschaftliche Modernisierungswirkung erscheint über weite Strecken ungewollt und paradox, aber sie existiert. Daneben stand die geplante Zerstörung der bürgerlichen Staats-, Gesellschafts- und Rechtsordnung, die durch den Aufbau einer ‚Volksgemeinschaft' abgelöst werden sollte. In ihr sollte die rassistisch und politisch verstandene „Utopie der Menschenzüchtung" realisiert, „Lebensraum" in Osteuropa erobert und das europäische Staatensystem, wie es sich seit Ende des 1. Weltkriegs entwickelt hatte, beseitigt werden: ‚Rassereines germanisches Menschenmaterial als arische Herrenrasse in Europa' – Vorstellungen dieser Art hatten mit dem gemeineuropäischen Imperialismus vor und im 1. Weltkrieg nichts mehr zu tun. Die durch die NS-Diktatur bewirkte Barbarisierung aber setzte die schon erwähnte fundamentale Erschütterung des rechtlichen und moralischen Empfindens, den Zerfall der Werte durch Weltkriege und Revolutionen im 20. Jahrhundert voraus.

Die 1918/19 eingeleitete revolutionäre Instabilität wurde also 1933/34 nur scheinbar in wirkliche Stabilität transformiert. Tatsächlich bestand auch jetzt noch die revolutionäre Situation fort bis an das Ende der NS-Diktatur. Aber in der revolutionären Epoche von 1918 bis 1945 war die Etablierung der NS-Diktatur 1933/34 der entscheidende revolutionäre Akt.

Diese Überlegungen legen die Anwendung des Revolutionsbegriffs nahe. Er ist besser geeignet, die Ungeheuerlichkeit, die totale Herausforderung für Humanität, Liberalität und Demokratie, die die NS-Diktatur bedeutete, angemessen zu erfassen, als der vergleichsweise harmlose Terminus ‚Machtergreifung'.

Der Begriff Revolution faßt im übrigen genauer die Dialektik von populärer Massenbewegung 1930–1933 und Machteroberung durch die NS-Führung 1933. Die Ernennung Hitlers zum Reichskanzler setzte die Massenhaftigkeit der NS-Bewegung voraus. Ihr Anhang war während der Endphase der Republik erheblich größer, als der aller anderen deutschen Parteien bis dahin gewesen war, und wuchs nach 1933 für einige Jahre vermutlich noch an. Bemerkenswert ist nicht – wie häufig suggeriert wird –, daß Hitler in freien Wahlen nie die absolute Mehrheit erreichte, sondern daß er in den Reichstagswahlen 1932/33 mehr als doppelt so viele Mandate erzielte wie die zweitstärkste Partei, die SPD, und ein Mehrfaches gegenüber den anderen Parteien. Von einer bloßen „Revolution von oben" kann also keine Rede sein, vielmehr ist die NS-Revolution – wie die meisten anderen Revolutionen auch – durch Wechselwirkung revolutionärer Schübe von oben und unten, von Führung und Massenbewegung charakterisiert; in der entscheidenden Phase von Januar bis März stellte zwar die Führung die Weichen, aber Straßenterror und Massenbewegung waren ihr unentbehrlich, auf das Plebiszit der Reichstagswahl vom 5. März 1933 blieb auch der Reichskanzler Hitler noch angewiesen. Der 30. Januar fand am 5. März seine Bestätigung, die Mehrheit der Wähler bestätigte die „Regierung der nationalen Erhebung", die kommende Diktatur wurde plebiszitär legitimiert.

Martin Broszat

Grundzüge der gesellschaftlichen Verfassung des Dritten Reiches

Auch und gerade unter dem Aspekt der gesellschaftlichen Verfassung stellt sich die Frage, ob das Dritte Reich revolutionierend gewirkt oder nur Energien von großer Kraft mobilisiert und zur Entladung gebracht hat. Unser neuzeitlicher Revolutionsbegriff ist schwerlich ganz zu trennen vom modernen Grundverständnis eines progressiven Geschichtsverlaufs, innerhalb dessen Revolutionen innovatorische Schübe darstellen, die nicht nur umwälzende Wirkungen haben, sondern auch neue Gestaltungen des politischen und gesellschaftlichen Lebens und auch neue Normen hervorbringen. Die Geschichte kennt daneben aber auch explosive Entladungen mit ebenfalls umwälzenden Wirkungen, aber ohne solche Gestaltungen. Dazu gehören vor allem die großen Kriege, die Entfesselung von nicht mehr beherrschbaren Konflikten, die wir deshalb rückblickend eher als Katastrophen oder Exzesse empfinden. Die Anwendung einer solchen Begriffs-Kategorie auf die nationalsozialistische Herrschaft liegt um so näher, als der verlorene und wieder aufgenommene Krieg den entscheidenden historischen Bezugs- und Zielpunkt des Nationalsozialismus bildete, der ewige Kampf den Angelpunkt seines ideologischen Denkens ausmachte und Formen der Kriegsmobilisation, schon zu Friedenszeiten, die Organisation der politischen Herrschaft und Gesellschaft im Dritten Reich wesentlich charakterisierten.

Eine solche Sicht entlastet aber nicht davon, nach dem gesellschaftlichen Gefüge und den sozialen Bewegungskräften zu fragen, die dieser Herrschaft ihr Gepräge gaben. Die Richtung, Stärke und Organisationsform der Potentiale, die im Dritten Reich zum Zuge kamen, waren nicht nur von der politischen Herrschaft produziert und manipuliert. Die Vorstellung, hier habe ein unumschränkbar totalitärer Herrschaftswille alle gesellschaftlichen Kräfte ganz und gar aufgesogen und sich zu Diensten gemacht, kennzeichnet eine Tendenz, nicht aber die ganze Wirklichkeit. Schon die Allianz der nationalsozialistischen Führung mit traditionellen Eliten in Staat und Gesellschaft, die das politische Regime des Dritten Reiches 1933 begründete, aber auch weiterhin mitbestimmte, verweist auf die Affinität von politischem Machtwillen und gesellschaftlichen Kräften. Auch die plebiszitäre Rückbindung der Diktatur Hitlers an breite Massenstimmungen zeigt, daß im politischen Führungswillen gesellschaftliche Motivationen impliziert waren. Zur Kennzeichnung des gesellschaftlichen Profils der nationalsozialistischen Bewegung und Herrschaft haben Historiker und Soziologen manche unterschiedliche Akzente gesetzt. Im Hinblick auf die überwiegend mittelständische Basis der nationalsozialistischen Bewegung prägte der amerikanische Soziologe Lipset den scheinbar paradoxen Begriff vom ,,Extremismus der Mitte". Auch Rainer Maria Lepsius erblickte wesentliche ,,Strukturbedingungen" der nationalsozialistischen Machtergreifung in der ideologischen Radikalisierung sozial-moralischer Normen des Mittelstandes. Als gegenrevolutionäres Machtkartell rechtsextremer Kräfte haben dagegen Heinrich August Winkler und andere Zeitgeschichtler das NS-Regime definiert. Ebenso kontrovers blieb, ob die NS-Herrschaft als gewalttätige, diktatorische Form einer nachgeholten deutschen bürgerlichen Revolution und Modernisierung zu verstehen sei, wie Ralf Dahrendorf dies herausarbeitete, oder als ihrem Wesen nach restaurative, antimodernistische Kraft, wie dies Henry A. Turner und andere Forscher darstellten.

Bei manchen dieser Kontroversen handelt es sich wohl mehr um die Herausstellung tatsächlich gegensätzlicher Aspekte als um ihre gegensätzliche Deutung. Reichlichen Anlaß für solche unterschiedlichen Deutungen geben das verwirrende Nebeneinander von technischer Modernität und Zweckrationalität des Nationalsozialismus bei gleichzeitig fanatischer Fixierung auf irrationale weltanschauliche Endziele, der Widerspruch von sozial-konservativen Elementen der Programmatik des Nationalsozialismus und revolutionären oder pseudorevolutionären Methoden und Erscheinungsformen seiner Kampfbewegung, der krasse Unterschied zwischen tatsächlichen gesellschaftlichen Wirkungen und ihrer propagandistischen Stilisierung.

Diese Ambivalenz, die Gegenläufigkeit von Selbstdarstellung und Wirklichkeit, vor allem aber die reale Wechselwirkung von politischer Herrschaft und gesellschaftlichem Kräftefeld, ist auch unser Thema. Die Gesamtgeschichte dieser Interdependenz zu erzählen, würde freilich den Rahmen dieses Vortrages weit überschreiten. Statt dessen möchte ich die m. E. wichtigsten Züge der gesellschaftlichen Verfassung und Entwicklung im Dritten Reich von zwei verschiedenen Ansätzen und Stichworten her zu entfalten versuchen: Einmal unter dem Gesichtspunkt der wirtschaftlichen und sozialen *Interessen* mit besonderer Berücksichtigung des industriewirtschaftlichen Sektors und der Interessenlage von Unternehmern und Arbeitern; zum anderen unter dem Gesichtspunkt des Verhältnisses von politischer und sozialer Mobilisation. Der eine Aspekt soll wesentliche Verschiebungen des innergesellschaftlichen Kräfteverhältnisses unter den Bedingungen der NS-Herrschaft in den Blick bringen, der andere die dynamische Veränderung und Auflösung bestimmter gesellschaftlicher Strukturen. Beide Aspekte ergänzen sich und begründen eine These, die ich im folgenden ausführlicher erläutern, aber vorweg schon kurz skizzieren will: Die nationalsozialistische Form des Totalitarismus, gesellschaftlich getragen nicht nur von den unteren Mittelschichten und sozialen Außenseitern, sondern vom juste milieu der deutschen Gesellschaft, arrangierte sich in vieler Hinsicht mit den einflußreichsten Kräften dieser Gesellschaft, die auch seine politische Praxis mitbestimmten. Gestützt auf dynamische soziale Bewegungskräfte, bewirkte die ständig in Gang gehaltene, kriegsähnliche politische Mobilisation der deutschen Gesellschaft auf jeweils neue Einsatzziele hin aber zugleich eine Untergrabung fast aller alten gesellschaftlichen Eliten, Instanzen, Normen und auch Interessensorganisationen. Unter der Decke einer anscheinend massiven neuen – ideologischen und emotionalen – Bindung wurde die überkommene deutsche bürgerliche Gesellschaft zunehmend verwandelt in eine sozial-moralisch entfesselte nationale Massengesellschaft.

I.

Zum Einstieg in den ersten Aspekt unseres Themas gehe ich aus vom Begriff der Gleichschaltung, der sich zur Bestimmung des Verhältnisses von politischer Herrschaft und gesellschaftlichem Kräftegewicht in der NS-Zeit besonders eignet. Der Begriff „Gleichschaltung" – eine bemerkenswerte Entlehnung aus der elektrischen Stromschalttechnik – entstammt eigentlich der politisch-administrativen Sphäre der nationalsozialistischen Machtergreifung. Es ist aber üblich geworden, ihn auf die Gesamtheit all derjenigen Maßnahmen auszudehnen, mit denen das NS-Regime bisher autonome öffentliche und gesellschaftliche Institutionen zu uniformieren und in seine Herrschaft einzubinden suchte. Keine der zahlreichen wirtschaftlich-sozialen und beruflichen Interessenvertretungen blieb von solchen Maßnahmen ganz verschont: Weder die Gewerkschaften noch die Arbeitgeberverbände, weder die landwirtschaftlichen Genossenschaften und Bauernvereine noch die Handwerker-Innungen und Gewerbevereine, weder die Berufsverbände der Rechtsanwälte und Richter noch die der Lehrer oder Ärzte. Überall wurde das vielfach zersplitterte Verbandswesen, einschließlich der öffentlich-rechtlichen Kammern, reichseinheitlich zusammengefaßt, hierarchisiert, und eine Art Führerprinzip zumindest nominell eingeführt. Überall wurden Juden, Marxisten und Linksliberale aus den Verbänden ausgeschlossen und Nationalsozialisten oder ihnen zumindest nahestehende Personen als neue Führer an die Spitze gehoben.

Außer durch „Verreichlichung" und Hierarchisierung war die Umstrukturierung in der Regel charakterisiert erstens durch eine Verklammerung mit den schon vor 1935 gebildeten sozialwirtschaftlichen Sonder- oder Berufsorganisationen der NSDAP, zweitens durch die mehr oder weniger starke Einbindung der Reichsführung dieses gleichgeschalteten Verbandswesens in die jeweils zuständige staatliche Verwaltung, bzw. die mehr oder weniger starke Delegation hoheitlicher Befugnisse an diese Organisationen.

Von diesen allgemeinen Zügen her läßt sich der ganze Vorgang beschreiben als eine durchgängige Auslöschung der Autonomie wirtschaftlich-beruflicher Interessenvertretungen, als ihre Integration in das Gefüge des NS-Regimes und der mit ihm verknüpften Monopolpartei. Die gleichgeschalteten Interessenvertretungen wurden selbst Nebenorganisationen des Regimes, wurden politisch und organisatorisch mediatisiert, mit subsidiären Hilfsfunktionen der politischen Herrschaft zur Mobilisierung und Kontrolle der Gesellschaft betraut. Gesellschaftliche Interessenkonflikte, etwa zwischen Arbeitnehmern und Arbeitgebern, ließen sich nicht mehr direkt, sozialpartnerschaftlich, austragen. Und Interessenansprüche an die Regierung konnten nicht mehr unmittelbar durch entsprechenden Druck und Lobbyismus autonomer Verbände, sondern nur noch mittelbar, aus den Institutionen des Regimes selbst heraus, geltend gemacht werden. Das schmälerte zwar nicht zwangsläufig ihre Durchsetzbarkeit, verringerte aber ihre Transparenz und bewirkte meist auch eine Zersplitterung des Interesseneinflusses.

Das ist zunächst der *eine* Aspekt des Vorgangs der Gleichschaltung, der unbestreitbar *totalitäre* Aspekt dieses Vorgangs. Der andere ergibt sich daraus, daß die sogenannte Gleichschaltung keineswegs *gleichartig* verlief, daß sich hinter der identischen Nomenklatur Vorgänge sehr verschiedener Qualität verbargen. Neben gewalttätiger Zerschlagung, etwa im Falle der Freien Gewerkschaften, standen Formen nur mehr oder weniger nomineller, kosmetischer Gleichschaltung, etwa im Bereich der industriellen Spitzenverbände. Obwohl also die Gleichschaltung überall Spuren der staatlichen Intervention, der Politisierung und Ideologisierung hinterließ und die Autonomie gesellschaftlicher Interessenvertretung überall zurückdrängte, bewirkte doch der unterschiedliche Erfolg und Vollzug dieser Maßnahmen zugleich eine erhebliche Veränderung des Kräfteverhältnisses innerhalb der Gesellschaft. Das galt auch außerhalb des engeren Bereichs der wirtschaftlich-sozialen Interessengruppen. So war es z. B. für die gesellschaftliche

Lage im Dritten Reich bedeutsam, daß die Reichswehr oder auch die Kirchen und kirchlichen Gemeinschaften lange Zeit relative Freiräume blieben und jedenfalls die ersten Versuche ihrer Politisierung und Gleichschaltung scheiterten. Die anfängliche Phase der nationalsozialistischen Machtergreifung war von solchen Rückschlägen oder bewußten Rücksichten auch auf dem Gebiet des wirtschaftlich-sozialen Lebens verschiedentlich geprägt. Und nicht zuletzt daraus ergab sich ein wesentlicher Unterschied zwischen der kaum modifizierten industriellen Wirtschaftsverfassung und der stark veränderten Arbeits- und Sozialverfassung, den ich im folgenden näher erläutern will.

Gesellschaftlich bedeutsame Kräfteverlagerungen ergaben sich naturgemäß aber auch aus der inhaltlichen wirtschaftspolitischen Schwerpunktsetzung des Regimes. Von entscheidender Bedeutung war dabei, daß im Rahmen der autarkie- und rüstungswirtschaftlichen Prioritätensetzung sehr schnell die *industrielle* Produktion, vor allem in den Branchen der metallverarbeitenden, chemischen und Bau-Industrie, den absoluten Vorrang vor allen anderen Sektoren der Wirtschaft erlangte.

Erste Maßnahmen zur Erleichterung der Lage der bäuerlichen Bevölkerung, durch Erhöhung landwirtschaftlicher Schutzzölle und inländischer Agrarpreise, blieben ebenso Episode wie anfängliche Konzessionen an das mittelständische Handwerk und den Kleinhandel, z. B. durch Mehrbesteuerung der Warenhauskonkurrenz oder die Verschärfung der Bestimmungen über neue kleingewerbliche Geschäftsgründungen. Im Gegensatz zu den ideologischen Intentionen und früheren Programmen des Nationalsozialismus fand im Dritten Reich weder eine Reagrarisierung, etwa durch Bodenreform oder Siedlung, noch eine mittelständische Privatisierung, etwa von kommunalen Betrieben, statt, nicht eine Ausdehnung des Sektors der Landwirtschaft oder des kleinen gewerblichen Mittelstandes, sondern im Gegenteil eine Schrumpfung der relativen Anteile beider Sektoren an der gesamtwirtschaftlichen Produktion. Die gleichgeschalteten agrarischen und mittelständischen Interessenorgane wurden mehr und mehr an die Leine staatlicher Wirtschaftspolitik gebunden. Die mächtige

Reichsnährstandsorganisation z. B., verhalf zwar dem sozialen Prestige des Bauerntums zu nationaler Geltung, schränkte zugleich aber die Selbständigkeit der Produktion und des Absatzes der Bauern vielfach ein, unterwarf sie der Prioritätensetzung autarkiewirtschaftlicher Anbauplanung und Ertragsverbesserung. Abgesehen von einzelnen Anstrengungen auf punktuellen Gebieten, z. B. dem Einsatz chemischer Düngemittel, unterblieben aber große Investitionen auf landwirtschaftlichem Gebiet. Die Mechanisierung der Landwirtschaft z. B. machte im Dritten Reich nur sehr geringe Fortschritte, die Landflucht dagegen nahm krisenhafte Formen an. Und auch anfängliche Reformen, wie die des Reichserbhofgesetzes, dessen Ziel es war, den landwirtschaftlichen Besitz vor dem Aufkauf durch nichtbäuerliche Kapitalisten zu schützen und eine feste Bindung der Bauern an den Boden zu erreichen, wurden durch spätere Novellierungen wieder verwässert. Das Gesetz beschränkte sich im übrigen auf mittelbäuerlichen Landbesitz bis zur Größe von 125 Hektar. Der Großgrundbesitz wurde ausgenommen, und zu keiner Zeit des Dritten Reiches kam das NS-Regime auf den früheren Gedanken einer bäuerlichen Aufsiedlung vor allem des ostelbischen Großgrundbesitzes zurück. Der Siedlungs- und Landnahmegedanke blieb weltanschauliche Utopie, projiziert auf die zu erobernden Räume im Osten.

Kaum weniger enttäuscht wurden die sozialen Erwartungen des alten Mittelstandes, dessen Vertreter in der NS-Bewegung zunächst, in den Jahren 1933/34, manche wichtige Positionen in den Innungen und z. T. auch Industrie- und Handelskammern einnehmen konnten. Unter Leitung des seit Sommer 1934 amtierenden Reichswirtschaftsministers Schacht entfernte sich die wirtschaftspolitische Praxis des Regimes schnell von den mittelständischen Interessen. Um so mehr wurden diese, vor allem auf kommunaler Ebene, aggressiv umgeleitet zur Bekämpfung und Einschränkung der jüdischen Handels- und Kleingewerbekonkurrenz. Die ab 1938 vollständig durchgeführte ,,Arisierung" der jüdischen Gewerbekonkurrenz war eine Kompensation für die Nichteinhaltung mittelständischer sozialer Versprechungen. Die gleichgeschalteten Innungen des mittelständischen Gewerbes mußten nach Kriegsbeginn schließlich selbst zur Ausforstung des traditionell überbesetzten kleingewerblichen Mittelstandes beitragen. Die Wiederankurbelung der Wirtschaft kam mit großem Vorsprung vor allem der Industrie zugute, wenn dabei auch manche handwerklichen und kleingewerblichen ,,Zulieferer" oder Reparaturbetriebe mitprofitierten.

Der industrielle Bereich war aber auch derjenige, der *ordnungspolitisch* von Interventionen und Reformen am meisten frei gehalten wurde. An seiner wichtigsten Grundlage, dem privatkapitalistischen Eigentum, wurde nicht gerüttelt. Auch das industriell relevante Wirtschaftsrecht ist während des Dritten Reiches nur marginal verändert worden, etwa durch die Heraufsetzung der Mindestkapitalgrenze bei der Bildung von Aktiengesellschaften oder der Beschneidung von Aufsichtsratstantiemen und Dividendengewinnen. Dagegen blieben die wichtigsten Rechtsgrundlagen der freien Wirtschaft, z. B. der Rechtsschutz des wirtschaftlichen Wettbewerbs oder der Rechtsschutz individueller Industriepatente, unberührt, obwohl sich daraus manche Beeinträchtigung der Bemühungen des Regimes um Konzentration und Rationalisierung der Rüstungswirtschaft ergab.

Dem entsprach auch die Weitergeltung aller Bestimmungen des Bürgerlichen Gesetzbuches, die den Schutz privaten Eigentums, besonders auch des privaten Gewerbebetriebes, der wirtschaftlichen Ertragsfreiheit u. s. w. betrafen. Wie schon Ernst Fraenkel in seinem grundlegenden Werk über den Rechts-Dualismus im Dritten Reich feststellte, gehörte es zu den Merkmalen dieses Totalitarismus auf der Grundlage einer privatkapitalistischen Eigentumsordnung, daß unter Berufung auf den Schutz wirtschaftlichen Wettbewerbs unlautere Methoden der Partei, etwa bei der Werbung für die lokale NS-Presse, mit Erfolg angefochten werden konnten. Und wenn es im zivilrechtlichen Parteienstreit um Mietschulden ging, konnte ein kleiner Hausbesitzer auch eine bei ihm als Mieter einquartierte Behörde der NSDAP mit Erfolg verklagen, während er mit einer drakonischen sondergerichtlichen Bestrafung nach dem Heimtücke-Strafgesetz rechnen mußte, wenn er sich im Rahmen eines solchen Mietstreites nicht nur zur zivilrechtlichen Anzeige der Parteibehörde, sondern auch zu deren öffentlicher Beschimpfung hinreißen ließ.

Dem entsprach auch eine sehr schonende Behandlung vor allem der Großindustrie und ihrer Interessenvertretung in der ersten Phase der nationalsozialistischen Machtdurchsetzung. Während die Freien Gewerkschaften schon Anfang Mai 1933 gewalttätig ausgeschaltet, ihr Vermögen beschlagnahmt, ihre Funktionäre bis in die kleinsten lokalen Gewerkschaftseinrichtungen hinein ihrer Posten enthoben und das ganze institutionelle Gefüge und die Rechtsgrundlage gewerkschaftlicher Interessenvertretung beseitigt wurden, beschränkte sich die Gleichschaltung der industriellen Arbeitgeber- und Interessenverbände auf mehr oder weniger bloß organisatorische und nominelle Umstellungen. Mit Ausnahme jüdischer Verbandsvorsitzender blieb die Personenkontinuität weitgehend erhalten, wie sich auch in den Vorständen der industriellen Unternehmungen und Konzerne wenig änderte.

Im Gegenteil, die Führung des Dritten Reiches bemühte sich, bedeutende Unternehmensführer wie Gustav Krupp, die sich relativ zögernd erst Ende 1932 für eine nationalsozialistische Regierung ausgesprochen hatten, zu umwerben und in das Regime einzubinden, auch z. B., im Sommer 1933, durch die Einberufung eines Generalrats der Wirtschaft, dem namhafte Vertreter der industriellen Großwirtschaft angehörten. Aus solchen Gründen wurden auch Eingriffe lokaler Parteiorganisationen in Banken und industriellen Unternehmungen, zu denen es im ersten Halbjahr 1933 noch häufiger kam, auf Intervention der industriellen Wirtschaft schnell gestoppt.

Während die privatkapitalistischen Besitzverhältnisse in der Industrie nicht angefochten wurden, führte die NS-Herrschaft auf dem Gebiet der Arbeits- und Sozialverfassung zu einschneidenden Änderungen. Grundlegend wurde dabei das Arbeitsordnungsgesetz vom 20. Januar 1934, das die kollektive Tarifpartnerschaft ebenso wie die innerbetriebliche Mitbestimmung beseitigte, die wichtigsten Kompetenzen der Tarif- und Sozialpolitik staatlichen Treuhändern der Arbeit übertrug und mit der Einführung des Führer- und Gefolgschaftsprinzips im Betrieb die Position der Betriebsleitung grundsätzlich stärkte.

Das bedeutete weitgehende Stillegung des organisierten Machtfaktors Arbeiterschaft auf industriellem Gebiet und Beseitigung wichtiger Errungenschaften der Arbeiterbewegung, auf denen der Ausgleich des Konflikts von Kapital und Arbeit bisher wesentlich beruht hatte. Die unmittelbare staatliche Intervention auf dem Gebiet der Arbeits- und Sozialpolitik fand ferner Ausdruck in der wachsenden Kompetenz und Bedeutung der staatlichen Arbeitsverwaltung. Mit der Einführung des Arbeitsbuches 1935 und dann vor allem mit den Notdienstverordnungen seit 1938/39 fielen den Arbeitsämtern neue wichtige Funktionen bei der Arbeitseinsatzlenkung zu. Später, während des Krieges, wurden sie auch in die innerbetriebliche Arbeitskonfliktschlichtung, in die Kontrolle der Arbeitseffizienz und die Disziplinierung der Arbeiter mehr und mehr eingeschaltet.

Die gesellschaftliche Kräfteverlagerung zugunsten der industriellen Unternehmer äußerte sich deutlich in dem schwachen Lohnanteil der Arbeitnehmer am industriellen Wachstum. Nachdem in manchen industriellen Bereichen, z. B. der Bau- und Metallindustrie, schon 1935/36 wieder ein Zustand der Vollbeschäftigung und sogar des Arbeitskräftemangels eingetreten war, kamen zwar auch die Arbeiter in diesen Branchen in den Genuß einiger ihnen jetzt gewährter Lohnerhöhungen. Sie konnten die Engpaß-Situation des Arbeitsmarktes aber nicht in organisierter Form nutzen und nicht eine Partizipation am Wachstum der Gewinne erreichen, wie sie unter den Bedingungen gewerkschaftlicher Interessenvertretung möglich gewesen wäre.

Wir berühren damit den Aspekt der unterschiedlichen Interessenintegration. Auf industrieller Seite waren schon seit 1934, besonders aber seit Beginn des Vierjahresplans 1936 Vertreter großer Konzerne an der staatlichen Wirtschaftslenkung oder der Bildung neuer industrieller Schwerpunkte, vor allem im Bereich der synthetischen Benzin-, Zellwolle- und Buna-Herstellung, in der Form neuer Kartellbildungen unmittelbar beteiligt. Das Prinzip, die Produktionsplanung im Rahmen gesetzter Schwerpunkte an die Industrie selbst zu delegieren, wurde, auch zur Vermeidung schwerfälliger bürokratischer Formen der Wirtschaftslenkung, schon frühzeitig entwickelt und setzte sich in mannigfaltigen Formen bis in den Krieg hinein kräftig fort. Dadurch war aber auch die Möglichkeit industrieller Interessenwahrung, jedenfalls für Teile der industriellen Großwirtschaft, vor allem der Schwerindustrie und Chemie, meist gut gesichert.

Die Integration der Interessen der Arbeiterschaft fiel dagegen wesentlich schwächer aus. Die nationalsozialistische Betriebszellenorganisation (NSBO), in der am ehesten noch Arbeiterinteressen kämpferisch wahrgenommen worden waren, verlor, ähnlich wie die SA, schon 1934 alle Bedeutung. Die Deutsche Arbeitsfront (DAF), die die zerschlagenen Gewerkschaften schließlich beerbte, aber nur mit erheblichen Vorbehalten als ihre Nachfolgerin bezeichnet werden kann, war trotz ihrer Mammutorganisation politisch eher schwach. Sie hatte in den wichtigsten sozialpolitischen Fragen, vor allem der Tarifpolitik, keine unmittelbare Kompetenz und wurde zunehmend auf sozialpolitische Randgebiete, z. B. die arbeitsrechtliche Beratung und Schlichtung oder die außerbetriebliche Freizeitgestaltung, abgedrängt. Zwar ist es nicht haltbar, die Arbeitsfront nur als Propaganda-Einrichtung zu bezeichnen. Ihr sozialpolitischer Einfluß machte sich in der Phase der Vollbeschäftigung und des Arbeitskräftemangels wieder stärker geltend. Und Arbeitnehmerinteressen erfuhren mitunter auch die Unterstützung durch Gauleiter der NSDAP, denen Neuregelungen der Löhne und der Arbeitszeit in der Industrie schon deshalb nicht gleichgültig sein konnten, weil sie die Stimmung großer Teile der Bevölkerung beeinflußten.

Verglichen mit der direkten Einschaltung industrieller Spitzenkräfte und Vertreter großer Konzerne in die Wirtschaftslenkung und Produktionsplanung des Regimes, waren dies aber doch nur sehr vermittelte, unzuverlässige Formen der Vertretung von Arbeiterinteressen.

Die uns vorliegenden wirtschafts- und sozialstatistischen Daten zeigen, daß die Schere des materiellen Profits von Unternehmern und Arbeitnehmern an der Autarkie- und Rüstungspolitik des Regimes sich weit zugunsten der Unternehmer öffnete. Und verglichen mit den enormen Neu-Investitionen der Industrie, der Anlage neuer großer Werke oder der Erweiterung bestehender industrieller Anlagen schon in den Jahren bis 1939, schlug wenig zu Buche, was in derselben Zeit als sozialpolitische Neu-Investitionen mit großem Propagandaaufwand ins Rampenlicht gestellt wurde: die Errichtung von Arbeitersiedlungskolonien, verbesserte Lehrlingswerkstätten, der Bau von KdF-Schiffen o. ä.

Aber auch die Industrie hatte in der NS-Zeit keineswegs nur Vorteile. Manche Bereiche der Export- und Konsumgüterindustrie fielen infolge der autarkie- und rüstungswirtschaftlichen Produktionsschwerpunkte zurück und erlitten Nachteile und Verluste. Die Lenkungsmaßnahmen des Regimes beschränkten mit Hilfe der Kontingentierung von Devisen, Rohstoffen und Arbeitskräften auch die Marktwirtschaft und die Freizügigkeit industrieller Produktion, nicht nur die Freizügigkeit der Arbeiter. Und infolge dieser Kontingentierungen entwickelten sich in der industriellen Wirtschaft eine zunehmend scharfe Konkurrenz und ein verdeckter Lobbyismus zur Erlangung von Prioritäten sowie von staatlichen und besonders Wehrmachts-Aufträgen, der selbst zur Interessenzersplitterung und Korrumpierung der Industrie erheblich beitrug. Gewiß vergrößerte der so stark anschwellende Anteil staatlicher Aufträge an der industriellen Produktion bei den daran partizipierenden Firmen in erheblichem Maße auch die risikolose Profitmöglichkeit, während die sozialpolitischen und materiellen Zugewinne der Arbeiterschaft in diesen industriellen Bereichen sich in engen Grenzen hielten. In diesem Sinne kann also durchaus von einer Umverteilung des Volkseinkommens und auch des Interesseneinflusses zugunsten der Großindustrie während des Dritten Reiches gesprochen werden.

Trotz gegenteiliger Behauptungen der DDR-marxistischen Geschichtswissenschaft, die sich dabei kaum auf schlüssige Quellenbelege stützen kann, hat dies jedoch nichts zu tun mit der Bestimmung der kriegerischen und imperialistischen Ziele, die das NS-Regime mit seiner Autarkie- und Rüstungswirtschaft verfolgte. Diese ging klar von der politischen Führung aus, nicht von den Konzernen und Monopolen. Diese profitierten zwar in erheblichem Maße von dieser imperialistischen Außenpolitik und Kriegführung, ließen sich von ihr auch korrumpieren, wie der Masseneinsatz von KZ-Häftlingen in der Rüstungsindustrie in der zweiten Kriegshälfte besonders deutlich zeigt. Aber ebenso deutlich ist, daß das politische Regime, vor allem mit Beginn des Rußland-Krieges, klar über die auf West- und Mitteleuropa konzentrierten wirtschaftsimperialistischen Interessen der Großindustrie hinausging.

Aber noch etwas anderes scheint mir wichtig: Mit dem im Dritten Reich verstärkten Verbundsystem von Staat und Wirtschaft auf dem Gebiet der industriellen Produktion wurde nicht so sehr die Kapitalistenklasse als solche gefördert, sondern vielmehr das industrielle Managertum. Es war nicht nur terminologische Kosmetik, wenn das Arbeitsordnungsgesetz vom 20. Januar 1934 nicht dem Kapitaleigner, sondern dem Betriebsführer vermehrte Vollmachten verschaffte. Unter den Bedingungen einer vom Weltmarkt mehr und mehr abgekoppelten Autarkie- und Rüstungswirtschaft, die weniger Kapital als Rohstoffe und Arbeitskräfte zu den entscheidenden Engpässen und Grundlagen der Produktion machte, fiel die entscheidende wirtschaftliche Rolle mehr und mehr jenen leitenden Angestellten industrieller Großunternehmen zu, die ihre Rolle als Industrieführer erfolgreich mit der gleichzeitigen Rolle von wirtschaftspolitischen Funktionären des Regimes zu verbinden wußten. Was unter diesen Bedingungen gefördert wurde, war nicht die Herrschaft des Kapitals, sondern die Verstärkung des Regimes von Managern mit großem Spielraum für individuelle Entscheidungen. Vor allem ihre, nicht selten rücksichtslose, Durchsetzungsfähigkeit wurde im Dritten Reich prämiert. Die immer neue Setzung von Prioritäten und Schwerpunktprogrammen führte dazu, daß auch auf dem Gebiet der Wirtschaftslenkung ad hoc immer neue Instanzen und Verbundsysteme von Staat und Industriewirtschaft mit entsprechenden Sondervollmachten – etwa auf dem Gebiet des Straßenbaus und der Bauwirtschaft – entstanden, die solchem Managertum entscheidenden Einfluß verschafften. Infolge solcher Schwerpunktprogramme, an denen jeweils nur bestimmte Konzerne oder Firmen beteiligt waren, fragmentierte sich aber auch die Interessenlage der Industrie im Ganzen und einzelner industrieller Branchen. Der Abstand zwischen den von der Wirtschaftspolitik des NS-Regimes profitierenden und den stagnierenden Zweigen der Industrie vergrößerte sich. Trotz der erheblichen Vermehrung und Konzentration industrieller Kapazitäten läßt sich von daher auch bezweifeln, ob die einseitig autarkie- und rüstungswirtschaftliche Ausweitung der industriellen Produktion im Dritten Reich, die auch technologisch von manchen willkürlichen Entscheidungen der politischen Führung abhängig war, insgesamt als Modernisierung bezeichnet werden kann. Bestimmte Produktionsrichtungen und Entwicklungen, deren Weiterführung zur Erhaltung weltwirtschaftlicher Konkurrenzfähigkeit unter anderen politischen Rahmenbedingungen hätten besser gedeihen können, wurden blockiert. Auch über der Industriewirtschaft lastete der Druck der immer neuen Einsatzziele, die das Regime setzte. Er berührte zwar nicht die kapitalistische Eigentumsordnung, beschränkte und verunsicherte aber erheblich auch die Dispositionsfreiheit der industriellen Unternehmer.

II.

Damit ist der zweite Aspekt unseres Themas berührt: Die politische und soziale Mobilisation. Der Gesichtspunkt des Macht- und Interessenkartells, der sich im Blick auf das Verhältnis von politischem Regime und Großindustrie ergibt, muß zusammen gesehen werden mit der durchgängigen Untergrabung überkommener sozialer Instanzen, die dem Dritten Reich das Gepräge gaben. Ich deutete schon an, daß sowohl die politische wie die gesellschaftliche Verfassung des Dritten Reiches nicht statisch waren, sondern, auch nach der ersten Phase der Machtergreifung 1933/34, einem ständigen Prozeß weiterer Veränderung oder jedenfalls einem ständigen Veränderungsdruck ausgesetzt blieben. So wenig die politische Führung des Dritten Reiches ein konsistentes Konzept gesellschaftlicher Neuordnung besaß oder verfolgte, so blieb doch die schon in der Parteiorganisation vor 1933 angelegte Dynamik zur Veränderung alter Ordnungen in Staat und Gesellschaft auch nach 1933 erhalten. Anders als im faschistischen Italien, wo die

Parteiorganisation nach der Konsolidierung der Diktatur Mussolinis zum unselbständigen Hilfsorgan des faschistischen Staates herabsank, sorgte Hitler bewußt dafür, daß im NS-Regime der Bewegungsdruck der Partei nicht ausgeschaltet wurde.

Das Einfluß- und Kräfteverhältnis zwischen der NS-Bewegung und den alten politischen und sozialen Eliten, wie es sich 1934 nach der ersten Etappe von Revolution und Revolutionsstop ergeben hatte, wurde weder von Hitler noch von der Partei als endgültiger Verfassungszustand angesehen, sondern nur als Zwischenkompromiß, als Etappe nur vertagten, nicht aufgegebenen weiteren Herrschaftsanspruchs. David Schoenbaum hat in diesem Zusammenhang zu Recht von der permanenten „Revolutions-Drohung" gesprochen, die über den politischen und gesellschaftlichen Verhältnissen des Dritten Reiches lag, eine feste Konsolidierung des Verfassungszustandes verhinderte und etablierte Strukturen immer wieder zur Disposition stellte und z. T. veränderte.

Mit dem Stichwort „Mobilisation" ist aber nicht nur diese Dynamisierung der politischen Herrschaft gemeint; vielmehr vor allem der Zusammenhang zwischen politischer und sozialer Bewegung. Schon der Massenzuzug zur NSDAP vor 1933 war wesentlich mitbestimmt worden von gesellschaftlichen Kräften vor allem des kleinbürgerlichen und bäuerlichen Mittelstandes, die auf stärkere soziale Mobilität und Partizipation drängten. Die Entfaltung der bürgerlichen Gesellschaft war in Deutschland stark beeinträchtigt worden durch den überproportionalen Einfluß großagrarisch-aristokratischer Eliten in der preußisch-deutschen Militärmonarchie bis 1918 und selbst noch in der Weimarer Zeit; aber ebenso durch die starken sozial-konservativen Beharrungskräfte besonders in den vorindustriellen Milieus der weiten ländlichen und kleinstädtischen Bereiche Deutschlands. Vom monarchischen Obrigkeitsstaat lange protektionierte Formen ständischen Sozialpatriarchalismus hatten sich sowohl im Vereins- wie im Schul- und Bildungswesen erhalten, auch bei der Rekrutierung von höheren Beamten oder Offizieren. Die obrigkeitliche Volksferne der evangelischen Amtskirche ebenso wie ständische Sozialhierarchien und Normen im Verbands- und Vereinswesen der kleinstädtischen und bäuerlichen Provinz gehörten zu den Merkmalen der deutschen bürgerlichen Gesellschaft. All dies hatte schon vor 1933 wesentlich zu jenem Schub sozialer Proteststimmung beigetragen, der, vor allem bei der jungen Generation, während der Wirtschaftskrise der Massenbewegung des Nationalsozialismus so sehr zugute gekommen war. Zur Ambivalenz dieser Bewegung, zur Gegenläufigkeit von ideologischer Projektion und sozialer Motivation, gehörte es ja gerade, daß die Hitlerbewegung, z. B. mit der Volksgemeinschaftsparole, psychologisch wirkungsvoll eine intensive neue soziale und nationale Bindung versprach, mit der Aggressivität ihrer Agitation und Kampfbewegung aber gerade die weitere Auflösung der ohnehin z. T. schon brüchigen Legitimationskraft zahlreicher traditioneller sozialer Instanzen ebenso erfolgreich betrieb. Mit der propagandistischen Verstärkung populärer Ressentiments, z. B. gegen den „Formalismus" der Bürokratie oder die mangelnde Berücksichtigung „gesunden Volksempfindens" in Gesetzen und Gerichtsurteilen, in dem Plädoyer für eine „Vereinfachung der Verwaltung", in der Kritik des übertriebenen Berechtigungswesens, des Standesdünkels und Kastengeistes von Beamten, Unternehmern und Großgrundbesitzern, überhaupt mit dem ganzen Arsenal von Erneuerungs- und Jugendpathos hatte die NS-Agitation schon in der Endphase der Weimarer Republik, wenn auch in plakativ vergröbernder, aggressiver Form, eine Fülle tatsächlich bestehender Immobilitäten und Verkrustungen der deutschen Gesellschaft wirkungsvoll anzusprechen verstanden. So gesehen war auch die Volksgemeinschafts-Parole, zweifellos das wirksamste Element der NS-Propaganda, nicht nur wirklichkeitsfremde Utopie einer Aufhebung sozialer Klassengegensätze, nicht nur restaurativer Rückgriff auf geschichtlich vergangene ständische Ordnungen, sondern zugleich auch Aufruf zur Überwindung der Relikte vorbürgerlicher, vorindustrieller sozialer Hierarchien und Normen, Aufruf zur Bildung einer modernen, mobilen nationalen Massengesellschaft.

Und es kann kein Zweifel sein, daß dieser Modernitäts- und Mobilitätsappel der NS-Bewegung das eigentlich Attraktive an ihr war, mindestens ebenso zugkräftig wie die Verheißung des nationalen Wiederaufstiegs, daß die NS-Bewegung vor allem deswegen, und nicht wegen der völkischen und mittelständisch-sozialkonservativen Elemente ihres obsoleten 25-Punkte-Programms aus dem Jahre 1920, so viele junge und bewegliche Elemente aus den bäuerlichen und kleinbürgerlichen Schichten, unter den Angestellten und Studenten und besonders auch unter den jungen Ingenieuren und Technikern anzog. Ohne so viele erfinderische, innovationsfähige, leistungskräftige, auf Effizienz bedachte Kräfte aus dem bürgerlichen Mittelstand, ohne ihren aufgestauten Drang, sich gegen die Vorherrschaft der Alten in den Parteien und gesellschaftlichen Organisationen zu verwirklichen, aus den Normen des Althergebrachten in Familie, Religionsgemeinschaft, Schule und Beruf auszubrechen, wäre die Energie der neuen Eliten der NS-Gesellschaft schlechterdings nicht zu verstehen. Die sozial gestrandeten Existenzen, die Desperados, die bloß agitatorischen Großsprecher oder unpraktischen Ideologen machten nur einen Teil dieser neuen Elite aus, wenn dieser auch unter den Alten Kämpfern und in der Alten Garde der politischen Hoheitsträger der Partei, bei den Ortsgruppen-, Kreis- und Gauleitern besonders häufig anzutreffen war. Aber nicht dieser Typus war im Dritten Reich gesamtgesellschaftlich bahnbrechend, im Gegenteil: Die während des ganzen Dritten Reiches anhaltende populäre Kritik am Bonzentum der Partei richtete sich gerade gegen diesen Typus. Seine Auffälligkeit und auch die Tatsache, daß Hitler vielen dieser Alten Kämpfer, trotz ihrer Unbrauchbarkeit für die veränderten Aufgaben rationaler Herrschaftsorganisation, bis zum Schluß die Treue hielt, können nicht darüber hinwegtäuschen, daß das Regime doch gleichzeitig den Schub einer außerordentlich kompetenten neuen Elite zuwege brachte vom Typ Reinhard Heydrich, Wilhelm Stuckart oder Albert Speer, um nur einige wenige Namen zu nennen. Die ideologische Bindung bei diesen aufstrebenden jungen Fachleuten, meist auch fähigen Technologen der Macht, war meist ziemlich schwach, um so stärker das Motiv und Bewußtsein, unter den unkonventionellen Bedingungen des neuen Regimes schneller als in der sozial verkrusteten Gesellschaft der Weimarer Republik Karriere machen, die eigenen Fähigkeiten entfalten und hochfliegenden Ehrgeiz befriedigen zu können.

In diesem Zusammenhang muß auch das vom NS-Regime und besonders von Hitler favorisierte sozial-darwinistische Prinzip der natürlichen Auslese der Besten und Tüchtigsten durch ständigen Kampf gesehen werden. Wenn dieses Prinzip auch mit rassistischer und biologischer Begründung versehen wurde, so implizierte es doch zugleich eine neue Legitimation und zugleich auch Brutalisierung des frühkapitalistischen Grundsatzes der leistungsfördernden Wirkung ungehemmter Konkurrenz. Nicht zuletzt mit Hilfe der neuen nationalsozialistischen Legitimation und Prämierung dieses Konkurrenz- und Effizienzprinzips bewirkte das NS-Regime eine Umfunktionierung der überkommenen bürgerlichen Gesellschaft zu einer moralisch freigesetzten Leistungsgesellschaft. Es waren nicht nur der Hitler-Mythos und der nationale Volksgemeinschaftsappeal, die – schon bald nach Hitlers Machtübernahme – eine so stark veränderte soziale Atmosphäre, die plötzlich ins Kraut schießende Bereitschaft zur Integration und Überintegration zuwege brachten. Vor allem in der jüngeren Generation, die in der Folgezeit durch die Erziehung des Dritten Reiches ging, wirkte dabei auch das Gefühl mit, daß man – ganz abgesehen vom Politischen und Ideologischen – in einer beweglicheren Gesellschaft lebte als vor 1933. Das mit seinen Massenorganisationen in die Gesellschaft hineinragende politische System untergrub an den verschiedensten Stellen dieser Gesellschaft traditionelle soziale Instanzen und ihre Meinungsführerrolle. Der Volksschullehrer in der katholischen Provinz erhielt von der Partei Unterstützung in dem Bestreben, sich von der traditionellen Bevormundung durch den Dorfgeistlichen und der auf dem Lande oft noch praktizierten geistlichen Schulaufsicht zu lösen. Hitlerjugend und Bund Deutscher Mädchen transportierten das Prinzip der Jugendautonomie ohne Erwachsenenaufsicht und größerer jugendlicher Freizügigkeit in die entlegenste Provinz, und die durch die HJ-Erziehung gegangenen jungen Leutnants und Oberleutnants der Wehrmacht brachten außer Hitler-Begeisterung auch neuen Schwung und eine neue egalitäre Tendenz in den alten Kastengeist des Offizierkorps.

Und so sehr in den Betrieben die echte Mitbestimmung der Arbeiterschaft verkümmert war, so wenig konnte es sich ein Unternehmer im Dritten Reich doch leisten, in altpatriarchalischer Weise seine Angestellten und Arbeiter mit Fußtritten oder ehrenrührigen Schimpfworten zu traktieren. In diesen äußerlichen, sozialpsychologisch aber nicht unwesentlichen Verhältnissen zumindest sorgten die Arbeitsfront und die neueingesetzten Sozialen Ehrengerichte wirkungsvoll für einen Schutz der Arbeitnehmer.

So wenig die sozial-konservativen Erwartungen des alten Mittelstandes durch die NS-Herrschaft erfüllt wurden, so sehr fand das mobile Element des neuen Mittelstandes, der Angestellten, Handlungsgehilfen und jungen Akademiker, entweder unmittelbar in den Massen- und Fachorganisationen der NSDAP oder infolge des Einflusses dieser Organisationen in öffentlichen Einrichtungen und staatlichen Verwaltungen des Dritten Reiches eine neue Betätigungs- und Karriere-Möglichkeit.

Man wird dies alles in seiner Wirkung nicht überschätzen dürfen. Sozial-konservative Resistenzkräfte blieben auch in der NS-Zeit noch stark und mitunter unüberwindlich. Unter dem Gesichtspunkt der sozialen Mobilisation und der wenigstens bewußtseinsmäßigen Egalisierung läßt sich die These Ralf Dahrendorfs von der gewaltsam modernisierenden Wirkung des Dritten Reiches aber schwerlich bestreiten. Zwischen der gesteigerten sozialen Mobilität und der gesteigerten Leistungs- und Einsatzbereitschaft, die das Regime zu evozieren wußte, bestand ein vielfältiger Zusammenhang. Unter den Rahmenbedingungen der ständigen Predigt von der nationalen Volksgemeinschaft entwickelte sich zugleich eine neue Stufe, eine Art Kriegsmobilisation der bürgerlichen Leistungsgesellschaft schon vor 1939, wurden unternehmerische Durchsetzungsfähigkeit nicht nur in der Industrie, sondern sozusagen auf allen Ebenen des politischen Systems und der Gesellschaft ermuntert und honoriert. Der Nationalsozialismus, anfänglich stimuliert von zahlreichen kleinbürgerlichen sozialen Ängsten und kulturkritischen Ressentiments, förderte in seiner gesellschaftlichen Praxis schließlich gerade die weitere Auflösung traditioneller sozial-konservativer Bindungen, ließ der Entfesselung der Massengesellschaft freien Lauf. Das gilt auch für den neuen Stil der politisch-gesellschaftlichen Massenreklame, die sensitive Berücksichtigung und Erforschung von Massenstimmungen ebenso wie z. B. für die in der NS-Zeit hochentwickelte Technik der Betriebspsychologie oder die organisierte Massenfreizeitgestaltung.

Die in bezug auf konstruktive Gesellschaftsprogrammatik letzten Endes inhaltslose oder verlogene NS-Weltanschauung und Propaganda förderte diesen Prozeß. Sie bewirkte, daß zahlreiche überkommene soziale Normen freigegeben und zur Disposition gestellt waren. Und wenn die doktrinäre Rassenlehre des NS von der Mehrheit der Bevölkerung auch nicht wörtlich genommen wurde, so trug sie doch zweifellos dazu bei, die moralischen und kulturellen Hemmungen abzubauen, die aus christlicher oder aufklärerisch-humanistischer Tradition der Herrschaft des reinen Zweck- und Effizienzdenkens in einer entfesselten national-egoistischen bürgerlichen Massengesellschaft entgegenstanden. Wenn von sozialer Modernisierung durch den Nationalsozialismus gesprochen werden kann, so heißt das deshalb auch nicht schon Fortschritt oder, altertümlich gesprochen, Beförderung des gesellschaftlichen bonum commune. Bestand ohnehin schon, verglichen mit den westlichen Industrienationen, bei der überaus schnellen Entfaltung der bürgerlich-industriellen Gesellschaft in Deutschland und ihrer nationalpolitischen Prägung während des Kaiserreiches eine besondere Hypothek darin, daß ihr keine genügend lange, keine genügend ausgereifte Tradition und Kultur des Humanismus und der Aufklärung vorangegangen war, so bewirkte der Nationalsozialismus, unter Anknüpfung an den breiten Strom der anti-westlichen deutschen Nationalideologie, daß die ohnehin schwache humanistische Grundlage der deutschen bürgerlich-industriellen Erwerbs- und Effizienzgesellschaft noch weiter zersetzt wurde. Das ist die andere Seite der ,,offenen Gesellschaft", die der Nationalsozialismus förderte.

Ich möchte zum Schluß aber noch einen anderen Aspekt dieser Mobilisation behandeln, der mir für die NS-Herrschaft charakteristisch erscheint. Die Raffinesse und technische Modernität der nationalsozialistischen Massenpropaganda, die Suggestivität, mit der sie Verheißungen und Aggressionen zu vermitteln wußte, die unbezweifelbare Massenwirksamkeit des Führer-Nimbus konnten sich auf soziale Schub- und Bewegungskräfte stützen. Sie hatten aber auch Grenzen in elementaren Interessen und etablierten Zivilisationsgewohnheiten der deutschen Gesellschaft. Die nationalsozialistische Propaganda und die nationalen Erfolge des Regimes vermochten zwar einen gewissen Konsumverzicht abzuverlangen und in nicht wenigen Einzelfällen auch eine selbstvergessene Hingabe individueller Interessen, Extremformen pervertierten Idealismus' und besinnungsloser Gläubigkeit zu erzeugen. Insgesamt aber, in bezug auf die große Masse der deutschen Gesellschaft, war die hypnotische Kraft der Propaganda und auch des Führers durchaus begrenzt. Die Bindekraft des Nationalsozialismus war wesentlich nicht rational, sondern emotional, sie ging in die Breite, aber nicht in die Tiefe. Die Aufstachelung von Sensationen, Erbaulichkeitsgefühlen und Ressentiments war ihrem Wesen nach flüchtig.

In den vielfältigen internen Berichten über die Volksstimmung im Dritten Reich kommt dies immer wieder zum Ausdruck: Große Führerreden oder Radiomeldungen über neue außenpolitische oder militärische Erfolge vermochten zwar bis in die entlegensten Dörfer Wogen des Enthusiasmus auszulösen, diese verebbten aber auch schnell.

Die Probleme des Alltags schoben sich rasch wieder in den Vordergrund. Die propagandistische Vermittlung des großartigen Bildes des nationalen Geschehens erzeugte nur eine Art erbaulicher Sonntagsstimmung neben diesem Alltag, eine Art idealistischen Überbaus über der Realität und Materialität des wirtschaftlichen und gesellschaftlichen Lebens. In der Tendenz gewiß totalitär, war die Wirkung der politischen Mobilisation und Integration durch das Regime doch alles andere als total. Vor allem aber: Eine wesentliche Voraussetzung zur Erzeugung regimefreundlicher Stimmungen war die genügende Berücksichtigung materieller Interessen und der sozialen und zivilisatorischen Lebensgewohnheiten der Bevölkerung. In realistischer Selbsteinschätzung der Grenzen weltanschaulicher und politischer Manipulationsfähigkeit erkannten Hitler, Goebbels und andere Propagandisten des Dritten Reiches dies frühzeitig sehr genau. Die plebiszitäre Herrschaft des Nationalsozialismus beruhte nicht nur auf den Eckpfeilern von Indoktrination und Terror, sondern wesentlich auch auf der Sicherung einigermaßen befriedigender Lebensbedingungen. Der überkommene Besitzstand der deutschen Gesellschaft war nicht beliebig durch Appelle an die nationale Opferbereitschaft strapazierbar. Hitler wußte sehr wohl, daß erst mit der Wiederherstellung genügender sozialer Sekurität für die arbeitende Bevölkerung, durch Beseitigung der Arbeitslosigkeit und Überwindung der Wirtschaftskrise eine dauerhaftere Integration der Bevölkerung erreichbar war. Und die sensible Berücksichtigung der elementaren Konsumbedürfnisse der Bevölkerung blieb eine Maxime des Regimes auch nach der energischen Umschaltung auf Autarkie- und Rüstungswirtschaft. Wenn es, wie 1936, zu einer ernsten Krise der Fettversorgung kam, wurden deshalb vorübergehend die Prioritäten der Autarkie- und Rüstungsproduktion zurückgeschraubt und Devisen für Importe freigegeben. Oder wenn, wie im Winter 1939/40, Mißstimmungen unter der Arbeiterschaft ernsthaft zu befürchten waren, entschloß sich das Regime schnell, schon fertiggestellte Verordnungsentwürfe zur stärkeren kriegswirtschaftlichen Mehrbelastung der Arbeiterschaft ad acta zu legen.

Die großen Ziele des Regimes mußten ohne zu große Belastungen der deutschen Bevölkerung zu haben sein. Der militärischen Blitzkrieg-Strategie, die das möglich machen sollte, entsprach eine Blitzkriegs-Wirtschaftsplanung, die mit der Kriegsmobilisation der Wirtschaft und Gesellschaft, z. B. auch bei der Wehrmachtsrekrutierung von Bauern und Facharbeitern, sehr viel vorsichtiger und zögernder verfuhr, als dies im Ersten Weltkrieg geschehen war, und der Konsumindustrie und der Versorgung der deutschen Bevölkerung auch noch in den späteren Jahren des Krieges einen relativ hohen Stand einräumte.

Aus stimmungspolitischen Gründen wurde z. B. mit dem totalen Kriegseinsatz der deutschen Frauen, auch nach Stalingrad, nie voller Ernst gemacht. Noch im Sommer 1943 erklärte Hitler, wie Goebbels in seinem Tagebuch berichtet: Es dürfe ,,im totalen Krieg kein Krieg gegen die Frauen geführt werden". ,,Sobald man die Hand nach ihrer Schönheitspflege ausstreckt, wird man sie zum Feind haben." Das war nicht nur irgendeine stimmungspolitische Konzession, sondern eine Konzession an ganz bestimmte Zivilisations-Bedürfnisse. Und aus solchen Gründen widersetzte sich Hitler bis in das Jahr 1944 hinein nicht nur der Schließung von Damenfriseur-Salons, sondern ebenso der Schließung von Theatern und Kinos.

Gerade auch im kulturellen Bereich und der Unterhaltungsindustrie hatte das Dritte Reich von Anfang an nach der Verfemung bestimmter avantgardistischer und angeblich jüdischer Kunst-, Literatur-, Musik- und Filmproduktionen erhebliche Spielräume gelassen sowohl für hochstehende klassische Kulturdarbietungen als auch für ganz unpolitische, fast weltanschauungsfreie, jedenfalls nicht im engen Sinne indoktrinierte Unterhaltungskultur. Die Uneigentlichkeit des Anspruchs auf angeblich totalitäre weltanschauliche Erfassung und Mobilisation, die, wenn sie ernstgenommen worden wäre, den gewohnten bürgerlichen Kultur- und Unterhaltungsgenuß weit stärker lahmgelegt hätte, zeigt sich gerade in der großen Bedeutung, die Hitler und auch Goebbels der kulturellen und der unterhaltsamen *Ablenkung* von den weltanschaulichen und materiellen Zumutungen des Regimes einräumten.

Die politisch-weltanschauliche Mobilisierung einer Gesellschaft mit hohem materiellen, sozialen und zivilisatorischen Besitzstand erforderte solche breiten Kompromisse. Sie lud aber auch ein zur Öffnung von Ventilen der Aggression und Ausbeutung nach innen und außen, um den Besitzstand zu halten oder kompensatorisch das soziale Prestige zu stärken. Auf diese sozialpsychologischen Komponenten der rassistischen Herrenrassenideologie hat schon Hannah Arendt in ihrem grundlegenden Werk über die Ursprünge des Totalitarismus hingewiesen. Die neuere wirtschafts- und sozialwissenschaftliche Erforschung des Zweiten Weltkrieges zeigt darüber hinaus: Nur der Export des Hungers in die von Deutschland besetzten Länder, vor allem Ost- und Südosteuropas, machte es möglich, daß die Lebensmittelversorgung der deutschen Bevölkerung während des Krieges so relativ hoch gehalten werden konnte. Nur die Ausbeutung von Millionen fremdländischer

Zwangsarbeiter erlaubte es der nationalsozialistischen Führung, den Stand des Kriegsarbeitseinsatzes der deutschen Frauen unter dem Stand des Frauenarbeitseinsatzes in England zu halten. Darin erschöpft sich dieser fatale Zusammenhang aber nicht.

Weil wirklich durchgreifende gesellschaftspolitische Neuerungen in der NS-Zeit nicht erfolgten, bzw. an den Resistenzkräften und Interessen der bürgerlichen Gesellschaft scheiterten, wurde die irrationale Veränderungsdynamik, die in der NS-Bewegung steckte und erhalten blieb, um so mehr auf jene Gegner und Feinde abgelenkt, deren Bekämpfung, Beseitigung, ja Vernichtung gesellschaftlich, wie es schien, am wenigsten kostete, weil es sich dabei ja ohnehin um schon diskriminierte Minderheiten der Randgruppen handelte: Kommunistische Aktivisten und Funktionäre, Juden, Erb- und Geisteskranke und sogenannte Asoziale.

Gewiß, der Antrieb zu diesen Verfolgungsmaßnahmen ging von der politischen Führung und von den Kaderorganisationen der Partei, vor allem der SS, aus, wo auch die weltanschauliche Indoktrination am stärksten war. Und die schlimmsten Formen der Verfolgung suchte man der Bevölkerung methodisch zu verbergen. Das Regime hatte also offenbar selbst stärkste Zweifel, ob die volle Kenntnis seiner Verbrechen breiten Rückhalt finden würde. Aber so gänzlich unverborgen waren diese Verbrechen doch wiederum nicht, und vor allem die antihumane Grundgesinnung, aus der sie sich herleiteten, besonders der fanatische Haß gegen die Juden, wurde von der Führung auch öffentlich bei fast jeder Gelegenheit immer wieder deutlich zum Ausdruck gebracht. Hierfür gab es also durchaus einen gesellschaftlichen Resonanzboden.

Die Entfesselung der nationalen Massengesellschaft durch den Nationalsozialismus hatte auch bestimmte selbstgerechte Sozialnormen, Vorurteile und Ressentiments der mittelständischen deutschen bürgerlichen Gesellschaft entfesseln helfen, hatte das moralische Wächteramt der alten sozialen Eliten und Instanzen, der Familienväter, Geistlichen, Lehrer und bürgerlichen Honoratioren mehr und mehr zersetzt. Statt dessen war, von der NS-Erziehung auf allen Ebenen ermuntert, die gesellschaftliche Vorherrschaft eines moralisch anspruchslosen ,,gesunden Volksempfinden" entstanden, das ein dickes Polster der Empfindungslosigkeit gegenüber der Inhumanität des Regimes erzeugte.

Die Vorstellung von einer total politisierten und indoktrinierten deutschen Gesellschaft in der NS-Zeit ist ebenso falsch wie die mit dem Begriff des Hitlerismus suggerierte Vorstellung, als sei die deutsche Gesellschaft durch das NS-Regime vollständig diktatorisch in Schach gehalten und überfremdet worden. Die Wahrheit ist peinlicher, sie liegt dazwischen.

Nur so läßt sich, scheint mir, auch die auffällig passive, apathische Haltung der großen Mehrheit der deutschen Bevölkerung in den letzten Jahren des Krieges begreifen, als die Integrationskraft des Regimes schon weitgehend geschwunden war. Das Ende der gesellschaftlich „billigen" Blitzkriegphase beendete 1941 auch die vorangegangene hypertrophe nationale Begeisterung schnell. Es zeigte sich, daß die jahrelange Anstachelung des nationalen Egoismus und nationaler Großmachtspekulation zwar nicht ohne Folgen, aber doch weit entfernt geblieben war von den Götterdämmerungs-Phantasien Hitlers, vom ewigen heroischen Kampf der Völker um Lebensraum. Die Parteiwerbung unter bayerischen Bauernsöhnen für eine künftige Ansiedlung im eroberten Ostraum z. B. wurde zu einem vollständigen Fiasko. Hitlers Endziele hatten mit den sehr viel zivileren Bedürfnissen der realen deutschen Gesellschaft wenig zu tun. Alle internen Meinungsberichte zeigen, daß die Friedenssehnsucht schon seit 1941/42 zum absolut beherrschenden Element der Volksstimmung wurde. Die persönlichen Belastungen und Ängste gewannen immer mehr Vorrang vor den nationalen Angelegenheiten, wenn auch das psychologische Bedürfnis nach Sinngebung für die sinnlosen Opfer der weiteren Kriegführung noch eine patriotische Rückbindung an das Regime erzeugte. In dem Maße aber, in dem mit dem Bombenkrieg und Hekatomben von Verlusten an den Fronten die fundamentale Sekurität verlorenging, die bis 1939/40 die Grundlage der leichtfertigen nationalen Euphorie gebildet hatte, geriet das Regime in eine unaufhaltsame Legitimationskrise, die nur noch durch vermehrten Polizeiterror kompensiert werden konnte. Das Ende seiner Mobilisationsfähigkeit war mit Stalingrad erreicht. Seitdem begann der innere Rückzug der deutschen bürgerlichen Gesellschaft aus dem Dritten Reich. In den Trümmern der Großstädte und den Ausweichquartieren der Bombengeschädigten und Evakuierten wurde die Politisierung und Ideologisierung der vorangegangenen Jahre schnell abgestreift. Es bauten sich schon die Normen und Verhaltensweisen der unpolitischen, individualistischen deutschen Nachkriegsgesellschaft auf. Die Wirkung des Nationalsozialismus, die stets mehr in emotionalem Aufruhr als in weltanschaulicher Überzeugung bestanden hatte, blätterte schnell ab. Aber es gab bis zum Schluß auch kaum nennenswerte Sabotage oder nennenswerten Widerstand, obwohl die aus den Fugen gehende Ordnung des Regimes in der letzten Phase des Dritten Reiches dafür mancherlei Freiräume trotz des massiv gesteigerten Terrors geboten hätte.

Mit dem patriotischen Durchhaltewillen allein ist dies wohl nicht zu erklären. Hier spielte wohl in hohem Maße auch das Bewußtsein hinein, daß man mitverantwortlich hineinverwickelt gewesen war in die Exzesse und Verbrechen des Regimes. Das apathische Weitermachen bis zum Schluß war auch unbewußtes Eingeständnis des Zusammenhangs von gesellschaftlicher und moralischer Entfesselung in der NS-Zeit.

Die Mobilisation durch den Nationalsozialismus und die unmittelbaren Kriegsfolgen zersetzten oder beseitigten viele alte Strukturen der deutschen Gesellschaft: Antimodernistische Resistenzkräfte ebenso wie die Glaubwürdigkeit alter sozialer Instanzen und Normen. Das war eine Chance und eine belastende neue Hypothek zugleich.

Wolfgang Benz

Partei und Staat im Dritten Reich

I.

Einige Staatsrechtler, arrivierte Prominente wie opportunistische jüngere Vertreter des Fachs, beeilten sich ungemein, den eben zur Macht gekommenen Nationalsozialismus mit neuen Definitionen theoretisch zu unterfüttern, ihm zu einem Staatsbegriff zu verhelfen, der dem ideologischen Anspruch aus der Bewegungsphase ebenso wie der Situation nach der Machtübernahme entsprechen sollte. Carl Schmitt war einer der ersten, der den ganzen Normenkatalog der liberal-demokratischen Weimarer Verfassung hinwegfegte und eine neue Dreigliederung von Staat, Bewegung, Volk als Elemente des neuen Staatsgefüges, als Ordnungsreihen einer politischen Einheit postulierte.

Die Bewegung, als staat- und volktragendes Element dieser Trinität, durchdringe und führe die beiden anderen Elemente an, bewirke die Gesamtheit und bilde damit die „Verfassung der politischen Einheit". Zwar könne jeder einzelne Begriff – Staat, Bewegung, Volk – als Bezeichnung für das Ganze der politischen Einheit gebraucht werden, meine außerdem aber auch etwas je Spezifisches: Staat im engeren Sinne sei „der politisch-statische Teil", die Bewegung „das politisch-dynamische Element" und das Volk „die im Schutze und Schatten der politischen Entscheidungen unpolitische Seite". Staat im engeren Sinn war nach Carl Schmitt die Befehls-, Verwaltungs- und Justizorganisation. Die „staat- und volktragende" NSDAP, als Elite, Orden, aber auch, da Mißverständnisse nicht mehr zu befürchten seien, weiterhin als Partei bezeichenbare Bewegung, sollte den Staat und das Volk durchdringen und führen. Dieses schließlich wurde definiert als eine der Selbstverwaltung überlassene Sphäre, die sowohl die berufsständische Wirtschafts- und Sozialordnung wie die kommunale Selbstverwaltung umfasse. Das Schmittsche Modell der „Dreigliederung der politischen Einheit" war zwar eindeutig in seiner frohlockenden Verdammung des liberal-demokratischen Systems, setzte an seine Stelle aber nur schwammige Nomenklaturen, die weder zur Interpretation der Realität des nationalsozialistischen Staats noch zu seiner staatsrechtlich-theoretischen Erklärung taugen.

Ernst Forsthoff unterschied in seiner ebenfalls 1933 erschienenen Schrift „Der totale Staat" eine „Herrschaftsordnung" von der „Volksordnung". Die erstere beruhe auf der Unterscheidung von Führung und Geführtsein als staatlichem Ordnungsprinzip, die nur metaphysisch vollziehbar sei. Mit anderen Worten: Die Unterwerfung unter den persönlichen Führungsanspruch Adolf Hitlers war – nach Forsthoff – zwar für die Errichtung des totalen Staats, aber nicht für seine Bestandssicherung über Hitlers Tod hinaus ausreichend. Im autoritären Staat sollten sich Obrigkeits- und überpersönliches Führerprinzip verbinden. Eine möglichst umfassende Weltanschauung sollte Verbindungsstück und stabilisierendes Element sein. Die sogenannte Volksordnung ging von einer ständischen Gliederung auf der Grundlage „artgleicher" Gemeinschaft und gemeinsamer Gesinnung aus. Im Klartext bedeutete dies: Ausgrenzung der Feinde, expressis verbis auch der Juden als Angehörige einer sogenannten fremden Rasse, und die Alleinverbindlichkeit einer Ideologie. Forsthoffs Programmschrift über den totalen Staat ist letztlich nichts anderes als der opportunistische Versuch, die Ideologie und den Erfolg der NSDAP und ihres Führers aus der Kampfzeit mit den Herrschaftsmaßnahmen des Jahres 1933 in Einklang zu bringen. Im Grunde meinte Forsthoff nicht einen totalen, sondern einen autoritären Staat, der zweifach gegliedert sein müsse: einerseits berechenbar-bürokratisch, andererseits befehlsförmig, hierarchisch, organisiert in den Formen einer persönlichen Herrschaft. Diese frühen Versuche, den NS-Staat zu erklären, ihn Ordnungskategorien zu unterwerfen und dadurch gleichzeitig an seiner Ausgestaltung teilzuhaben, verfehlten die Realität der NS-Herrschaft schon deshalb, weil sie versuchten, eine Art nationalsozialistischer Regimelehre aus der NS-Ideologie herauszudestillieren.

In späteren Erklärungsmodellen, wie Ernst Fraenkels Theorie vom „Doppelstaat" – an der Jahreswende 1940/41 im amerikanischen Exil erschienen – oder Franz Neumanns „Behemoth" – ebenfalls in Amerika 1942 erstmals gedruckt –, wurden dagegen die tatsächlichen Strukturen des NS-Staates analysiert und systematisiert.

So stellte Fraenkel aufgrund schlüssiger Kriterien, die er vor allem aus den Bereichen Recht und Justiz gewann, als wesentliches Merkmal der NS-Herrschaft die Koexistenz der konkurrierenden Systeme eines Normen- und eines Maßnahmenstaates heraus. Franz Neumann diagnostizierte dagegen das grundsätzliche Problem in der Antinomie von Staat und NS-Bewegung mit ihrer Tendenz der Zersetzung jeder formal oder funktional einheitlichen politischen Gewalt. Im August 1944, als er die Vorrede zur zweiten Auflage seines Buches schrieb, sah Neumann die Entwicklung des NS-Regimes in eine Richtung laufen, in der der Dualismus von Staat und Partei aufgehoben, „die Relikte des rationalen Verwaltungsstaats" restlos beseitigt sein würden. An seiner Stelle stünde dann die „amorphe, formlose Bewegung", und „das wenige, was vom Staat übriggeblieben ist", würde in eine „mehr oder minder organisierte Anarchie" verwandelt. Neumann begriff das NS-System aber auch, vielleicht als erster, als einen ständigen Veränderungsprozeß. Auch das unterscheidet seine Interpretation von vielen späteren Versuchen, auch und gerade von solchen, die im Zeichen einer politisch instrumentalisierten Totalitarismus-Theorie in den 50er Jahren und danach unternommen wurden. Solche Darstellungen gingen von verschiedenen falschen Voraussetzungen aus, entweder weil sie aufgrund der Effizienz, mit der der Nationalsozialismus Böses vollbrachte, ein monolithisches Herrschaftssystem und eine entsprechend durchdachte Herrschaftstechnik vermuteten, die Ideologie des Nationalsozialismus überschätzten und demzufolge Staat und Partei als konsequent und rational arbeitende Maschinerie zur Durchsetzung programmatischer Ziele betrachteten. Und schließlich gibt es immer noch Interpretationsansätze, bei denen Adolf Hitler als allesbewegende Kraft oder als alleiniger Herrschaftsträger im Mittelpunkt steht.

II.

Ich möchte, im Sinn unserer Fragestellung nach der Struktur des NS-Regimes, den Blick zunächst auf konkrete Erscheinungsformen nationalsozialistischer Herrschaft richten, auf einige Veränderungen und Entwicklungen der Partei und des Staatsapparats in den einzelnen Phasen des Regimes.

Im Unterschied zur faschistischen Bewegung Italiens war die NSDAP eine wesentlich auf ihren Führer orientierte, von ihm integrierte Partei. Gerade wegen des erheblichen ideologischen Defizits erhielt die Hitlerpartei eine erstaunliche Geschlossenheit. Die meisten Versuche, im Namen des Programms gegen Hitlers Führung zu rebellieren, waren vor 1933 ausgestanden und ihre Protagonisten aus der Bewegung ausgeschieden. Im italienischen Faschismus gab es dagegen drei Grundrichtungen – Nationalisten, Agrarfaschisten und Syndikalisten – mit zahlreichen weiteren Differenzierungen. Der italienische Faschismus war, wie Wolfgang Schieder formulierte, ein „lockerer Verbund personenorientierter Machtgruppen, die miteinander um die Vorherrschaft in der Bewegung rangen". Statt ideologischer Differenzen gab es in der NSDAP Rivalitäten und Machtkämpfe, als deren Schlichtungsinstanz Hitler aber bis zum Schluß unangefochten blieb. Sie trugen sogar zur Machterhaltung des Diktators bei.

Am 30. Januar 1933 hatte die NSDAP rund 850 000 Mitglieder, die sich zu einem großen Teil – aber keineswegs ausschließlich – aus dem unteren Mittelstand, dem Kleinbürgertum, rekrutierten. Ein Drittel der NSDAP rechnete sich der Arbeiterschaft zu, etwa die Hälfte davon war arbeitslos. Es gab relativ wenige Frauen in der Partei, aber erheblich mehr jüngere Leute als in den Reihen der bürgerlichen Parteien oder der Sozialdemokratie. Nach dem 30. Januar 1933 erfolgte ein ungeheurer Zustrom, bis zum 1. Mai hatte sich die Zahl der Parteigenossen verdreifacht. Allein das Zahlenverhältnis von „Alten Kämpfern" und „Märzgefallenen" macht deutlich, daß es für die NSDAP schwierig sein würde, den Anspruch durchzuhalten, Eliteformation im nationalsozialistischen Staat zu sein. Eine am 1. Mai 1933 verfügte Aufnahmesperre galt im Prinzip bis 1939, wurde aber durch Ausnahmeregelungen für einzelne wie für ganze Gruppen bald ziemlich durchlässig.

Unter den Neuankömmlingen vom Frühjahr 1933 waren Beamte und Lehrer besonders zahlreich vertreten, die mißtrauische Aufmerksamkeit der Parteispitze war ihnen zwar sicher, sie förderten aber auch die Tendenz zur Staatspartei, die sich nach der Machtübernahme zwangsläufig bemerkbar machte. Seit Juli 1933 war die NSDAP konkurrenzlos. Am 1. Dezember 1933 wurde das „Gesetz zur Sicherung der Einheit von Partei und Staat" beschlossen. Von Belang war dieses Gesetz vor allem in drei Punkten: Die NSDAP bekam den Status einer Körperschaft des öffentlichen Rechts, der Stellvertreter des Führers und der Stabschef der SA wurden Mitglieder der Reichsregierung. Die Partei erhielt eigene Gerichtsbarkeit über ihre Mitglieder. Interessanter als der Gesetzestext sind die parteiamtlichen Definitionsversuche zum Verhältnis Partei und Staat, die in diesem Zusammenhang unternommen wurden: Es sei denkbar, hieß es im „Organisationsbuch der NSDAP" von 1936, „daß Partei und Staat ein und dasselbe sind", und zwar dann, wenn alle Volksgenossen von der Weltanschauung der Partei überzeugt und die Gesetze des Staates der klare Willensausdruck der Weltanschauung seien. Der ideale Staat bestünde dann aus der Gemeinschaft gleichgesinnter Menschen. Solche Illusionen aber waren nur Stilisierungen für die Volksgenossen.

Die Dynamik der Bewegung – ob sie nun tatsächlich noch existierte oder ob sie in der Erinnerung an die „Kampfzeit" nur beschworen wurde – sollte erhalten bleiben, dazu mußte sie wenigstens den Anschein einer elitären Minderheit behalten. Freilich mit dem Recht, „ihre geistigen und Willensströme immer wieder in den staatlichen Apparat hineinzupumpen. Diese Funktion muß sich die Partei erhalten und darüber wachen, daß sie nicht zu sehr mit der Staatsverwaltungsmaschinerie verbunden wird. Tut sie das nicht, läuft sie Gefahr, von der Bürokratie des Staates aufgezehrt zu werden und selbst zu einer Parteibürokratie zu erstarren."

Der Kompromiß zwischen fernem Ideal und zunächst erwünschtem Zustand lautete in der parteiamtlichen Diktion (des Organisationsbuchs der NSDAP) wie folgt: ,,Ist das Volk noch nicht in allen seinen Gliedern durch die Partei und deren Weltanschauung erfaßt, müssen Partei und Staat getrennt bleiben. Die Partei wird dann ein Orden sein, in dem eine Führer- und Kämpferauslese stattfindet. Von diesen Kämpfern wird die Weltanschauung ins Volk getragen. Die Partei soll den gefühls- und willensmäßigen Zustand des Volkes für die Gesetzgebung vorbereiten, damit die seelische Verfassung des Volkes mit der tatsächlichen Gesetzgebung des Staates übereinstimmt."

Mit anderen Worten: Der Partei war die Schulung und Erziehung der Nation und die Führerauslese für staatliche Machtpositionen zugewiesen. Die Funktion der NSDAP bestand darin, das Volk für die Maßnahmen der Regierung aufnahmefähig zu machen, durch Propaganda die Ziele der Staatsführung zu unterstützen. Und das war auch der tiefere Sinn des Gesetzes zur Sicherung der Einheit von Partei und Staat, nämlich die Trennung der beiden Machtsphären.

Die Nationalsozialistische Deutsche Arbeiterpartei war in dem Gesetz zur ,,Trägerin des deutschen Staatsgedankens" erklärt worden, und dekretiert war auch, daß sie ,,mit dem Staat unlöslich verbunden" sei. Aber was das bedeuten sollte, war nicht recht zu erkennen. Es gab die nie realisierte Absichtserklärung einer künftigen Verbindung der Spitzen von Partei und Staat in Gestalt eines Großen Senats, der einerseits reine Parteiinstitution, andererseits die höchste Staatsstelle sein sollte, vage propagiert als nationalsozialistisches Kardinalskollegium zur Auswahl eines Hitlernachfolgers, wenn dies dereinst notwendig werden sollte.

Eine Art institutioneller Verklammerung von Partei und Staat fand auf der Gauleiterebene in der Form der Personalunion mit Staatsämtern statt. 1935 amtierten von den insgesamt 30 Gauleitern im Reichsgebiet sechs gleichzeitig als Oberpräsidenten preußischer Provinzen, zehn waren Reichsstatthalter, zwei (Goebbels und Bernhard Rust) waren Reichsminister. Von den sechs bayerischen Gauleitern leiteten zwei auch Regierungsbezirke, einer war

Landesminister und einer übte das Amt des Reichskommissars im Saargebiet aus. Abgesehen von den Oberpräsidenten, die im preußischen Instanzenzug Macht und Einfluß hatten, waren die anderen Staatsämter aber nicht eben bedeutungsvoll: Die Reichsstatthalter standen, mit unklar definierten Kompetenzen, mehr neben als über den mediatisierten Länderregierungen und hatten vor allem dekorative Funktionen als Repräsentativ- und Aufsichtsorgane der Reichsregierung. Zu beaufsichtigen gab es nach der Gleichschaltung der Länder und spätestens nach der Ausschaltung der SA nicht mehr viel. Erst nach Kriegsausbruch, als für jeden Wehrkreis ein Reichsverteidigungskommissar bestellt wurde, erhielten eine Reihe von Gauleitern administrative und politische Kompetenzen, mit denen reale Macht verbunden war: Sie konnten sowohl den einzelnen zu Dienst- und Sachleistungen heranziehen als auch in die Organisation und Personalpolitik der allgemeinen Verwaltung eingreifen.

Die NSDAP begnügte sich aber nicht damit, als Elite- und Kaderpartei Funktionäre für staatliche Positionen bereitzustellen und im übrigen durch ihr eigenes Führerkorps und ihren Apparat propagandistisch auf das Volk einzuwirken. In ihren Gliederungen – SA, SS, NS-Kraftfahrkorps, Hitlerjugend, NS-Deutscher Studentenbund und NS-Frauenschaft – waren über die engeren Parteimitglieder hinaus Millionen organisiert, und auch die ,,Angeschlossenen Verbände" waren Herrschafts-Instrumente mit existentieller Bedeutung für den einzelnen, ganz gleich, wie er dem Nationalsozialismus gegenüberstand. Die Parteigliederung SS entwickelte sich nach der Entmachtung der SA zum eigenen Imperium innerhalb des nationalsozialistischen Staates; andererseits war sie als Sonder-Exekutive des NS-Staates dessen loyalstes Organ.

Die Angeschlossenen Verbände der NSDAP waren aus der Gleichschaltung und dem Zwangs-Zusammenschluß berufsständischer und anderer Organisationen hervorgegangen, zu ihnen gehörten der NS Deutsche Ärztebund, der Bund NS Deutscher Juristen, die NS-Volkswohlfahrt, der Reichsbund Deutscher Beamten und andere mehr. Der wichtigste Verband war die Deutsche Arbeitsfront (DAF) mit einer Mitgliederstärke, die jene der NSDAP um das Fünffache übertraf. 1938 waren rund 23 Millionen, 1942 etwa 25 Millionen in der DAF erfaßt, befehligt wurden sie von einer eigenen Bürokratie von 40 000 Funktionären.

Die DAF war nach der Zerschlagung der Gewerkschaften die Einheitsorganisation für Arbeiter, Angestellte, Handwerker und Gewerbetreibende sowie für Arbeitgeber. Die DAF besaß aber weder das Recht zum Abschluß von Tarifverträgen noch die Möglichkeit, auf die Regelung von Arbeits- oder Urlaubszeiten einzuwirken. Aufgabe der Deutschen Arbeitsfront war die ,,Bildung einer wirklichen Volks- und Leistungsgemeinschaft aller Deutschen", so stand es in der entsprechenden Verordnung des Führers. Das hieß: politische Schulung der Mitglieder. Diese Aufgabe war aber auch der NSDAP selbst zugewiesen, die Konkurrenz zwischen Partei und DAF war programmiert; ebenso die Serie von Konflikten, die sich daraus ergaben, daß der Chef der Deutschen Arbeitsfront, Robert Ley, gleichzeitig Reichsorganisationsleiter der NSDAP war.

Typisch für Organisationsstrukturen und Kompetenzkämpfe waren auch die neuen Schultypen, mit denen das Regime experimentierte. Die ,,Nationalpolitischen Erziehungsanstalten (Napola)" waren staatliche Internatsschulen, die zur Hochschulreife führten, sie unterstanden dem Reichserziehungsminister Rust persönlich. Ab 1936 gewann die SS zunehmend Einfluß auf die Auslese der Schüler und die Richtlinien der Erziehung. In Konkurrenz zu den Napola standen ab 1937 die ,,Adolf-Hitler-Schulen", die vom Reichsorganisationsleiter der NSDAP und vom Reichsjugendführer gemeinsam kontrolliert wurden. Ohne wesentlichen Unterschied im Aufbau und Erziehungsideal (körperliche Ertüchtigung und Weltanschauung standen im Vordergrund) sollten die ,,Adolf-Hitler-Schulen" Führernachwuchs für die NSDAP heranbilden. Eine Sonderstellung hatte die ,,Reichsschule der NSDAP Feldafing", die als Privatschule der SA gegründet, ab 1936 dem Stellvertreter des Führers unterstand; sie blieb gegenüber den anderen NS-Ausleseschulen selbständig.

Die organisatorische Spitze der NSDAP war alles andere als eine homogene Parteibürokratie oder ein straffer Lenkungsmechanismus. Nicht nur die Kompetenzkämpfe und Rivalitäten der Reichsleiter der NSDAP, unter denen es mächtige und ohnmächtige gab – und das konnte sich jeweils rasch ändern –, verhinderten, daß gleichmäßige und wirkungsvolle Lenkungsimpulse von der Zentrale an die unteren Ränge gegeben wurden. Zu den wichtigsten Strukturmerkmalen der NSDAP gehörte die Machtentfaltung auf personaler Ebene: Die jeweilige Position wurde weniger durch das bekleidete Amt bestimmt als durch den Katalog persönlicher und systemimmanenter Qualitäten und Verdienste wie Unterordnung, Führerbindung, Härte, Durchsetzungskraft gegen Konkurrenten, Meriten aus der Kampfzeit usw.

Vergleiche zwischen der NSDAP und kommunistischen Parteiapparaten gehen auch deshalb fehl, weil die nationalsozialistische Parteizentrale institutionell schwach und nach unten oft nicht durchsetzungsfähig war. Die eigentlichen Machtzentren der Partei lagen auf der Gauleiterebene und darunter. Die selbstbewußten Männer der mittleren Hierarchie pochten auf alte Verdienste in der Bewegung, verfügten über persönliche Bindungen zu Hitler, und einige erhielten ab 1933 staatliche Sondervollmachten und Aufträge, vor allem bei der Verwaltung der neu eroberten Gebiete, die zumeist mit ausschließlicher Verantwortlichkeit gegenüber Hitler ausgeübt wurden. Das war aber im Grunde nur ein auf die Person bezogener Machtzuwachs als Lohn für Vasallentreue, der mit der strukturellen Schwäche der NSDAP-Spitze nur mittelbar zu tun hatte.

Festzuhalten bleibt jedenfalls, daß der Parteiapparat dazu tendierte, sich der Kontrolle und dem Zugriff der Parteispitze, dem Stellvertreter des Führers und den ressortmäßig amtierenden Reichsleitern der NSDAP zu entziehen. 1942 stellte der oldenburgische Gauleiter Röver fest, daß die Autorität der NSDAP-Zentrale namentlich durch die Auseinandersetzungen zwischen den Spitzenfunktionären erheblich gelitten habe, ,,von einem zusammengefaßten und einheitlich geführten höheren Parteiführerkorps‘‘ könne ,,keine Rede mehr sein‘‘, jeder habe ,,sich mehr oder weniger auf eigene Füße gestellt‘‘. Martin Bormann, der 1941 nach dem spektakulären Abgang des Stellvertreters des Führers als Leiter der Parteikanzlei die Funktionen von Rudolf Heß (in beträchtlich vermehrter Form) übernahm, strengte sich zwar an, um den Selbständigkeitsdrang der hohen Funktionäre zu bremsen, die institutionelle Homogenität der Partei herzustellen, die Immediatstellungen bei Hitler zu brechen – Erfolg war ihm jedoch nicht beschieden. Beträchtlichen Gewinn daraus zog er freilich, genau demselben Prinzip folgend, das er bekämpfte, für seine eigene Stellung. Ab 1943 führte er den zusätzlichen Titel „Sekretär des Führers" und blockierte damit die Tür Hitlers für die meisten anderen Würdenträger, die sich zunächst, und oft auch in letzter Instanz, mit ihm arrangieren mußten. Ob es sich dabei um Funktionäre des Staats- oder des Parteiapparats handelte, war nicht mehr von großer Bedeutung. Die institutionellen Unterschiede zwischen ihnen wurden im Laufe der Zeit zunehmend verwischt. Das Verhältnis von Staat und Partei war frühzeitig in einer Art Schwebezustand fixiert worden. Darin liegt auch ein weiterer Unterschied zum italienischen Faschismus. Nach der Machtentfaltungs- und Durchsetzungsphase des Nationalsozialismus war im Laufe des Jahres 1934 die Bewegung – zum Verdruß ihrer aktionistischen Exponenten – eingefroren worden. Zugunsten der Systemstabilisierung, die bis etwa 1938 vor allem in der Harmonisierung von Staatsführung und konservativen Eliten in der Bürokratie, in der Armee und in der Justiz gesucht wurde, war die NSDAP auf sekundäre Aktionsfelder verwiesen. Der Anspruch „die Partei befiehlt dem Staat" wurde zwar deklamiert, aber allenfalls indirekt angewendet. Im Gegensatz zu Italien, wo die faschistische Bewegung nach der Machtübernahme dem Staat eindeutig *untergeordnet* wurde und deshalb bis zum Ende des Regimes auch nicht mehr vitalisiert werden konnte, ermöglichte die vage *Einordnung* der NSDAP unter dem Postulat der Einheit von Partei und Staat aber die Wiederbelebung und Radikalisierung der Partei ab 1939 und damit die ungeheure Energieentfaltung des Regimes in seiner Kriegs- und Endphase.

III.

Für die Organisation und Ausübung der NS-Herrschaft wie für deren Ergebnis typisch war die Erosion dessen, was herkömmlicherweise als Staat im Sinne von regelhaft und einheitlich organisierter Herrschaftsgewalt verstanden wird. Bei der Betrachtung des Staatsapparats, genauer gesagt der Veränderungen, die fast alle übernommenen Institutionen während des NS-Regimes erfuhren, ergeben sich eine Reihe von Merkmalen, die zusammengenommen den beträchtlichen Substanzverlust geregelter Staatsorganisation anzeigen.

Zur ersten und besonders ins Auge fallenden Kategorie von Veränderungen gehören die wuchernden Sonderverwaltungen auf fast allen Ebenen und Aktionsfeldern. Beispiele sind die dem „Führer und Reichs-Kanzler" unmittelbar unterstellten Behörden „Generalbauinspektor für die Reichshauptstadt" oder „Generalinspektor für das deutsche Straßenwesen", aber auch der ab 1942 für die Deportation von mehr als fünf Millionen Fremdarbeitern verantwortliche „Generalbevollmächtigte für den Arbeitseinsatz".

Zweitens sind zu nennen die Kommissariate und Pseudoministerien, von denen manche kompetenz- und wirkungslos waren wie das „Reichsministerium für die kirchlichen Angelegenheiten". Andere aber waren Überbehörden, deren Machtfülle im Firmenschild kaum Ausdruck fand. So fungierte ab 1936 die Dienststelle des Beauftragten für den Vierjahresplan als eine Art Superministerium, von dem aus unter Görings Leitung quer zu anderen Instanzenzügen geschaltet und gewaltet wurde, mit dem Ziel, die deutsche Wirtschaft kriegsfähig zu machen, und mit erheblichen Konsequenzen z. B. für den Arbeitsmarkt oder den Außenhandel. Ein anderes Beispiel: Der im Oktober 1939 installierte „Reichskommissar für die Festigung deutschen Volkstums" war alles andere als ein harmloses nationalsozialistisches Kuriosum. Reichskommissar wurde Heinrich Himmler, und das Amt war Instrument der Germanisierungspolitik, die durch Umsiedlung von Millionen sogenannter Volksdeutscher ins Reich oder in die annektierten Ostgebiete einerseits und durch Deportation von Polen andererseits praktiziert wurde. Außer seinem eigenen Instanzenzug innerhalb der SS konnte Himmler als „Reichskommissar für die Festigung deutschen Volkstums" alle diesem Zweck dienlichen Dienststellen des Staates und der NSDAP heranziehen. Harmloser war das Reichsforstamt, dessen Chef – Hermann Göring – je nach Sachlage den Titel „Reichsforstmeister" oder „Reichsjägermeister" führte und der ausdrücklich in dieser Eigenschaft einem Reichsminister gleichgestellt war.

In wieder eine andere – die dritte – Kategorie gehören die Ämter und Behörden der NSDAP, die mit staatlichen Instanzen konkurrierten, wie das „Außenpolitische Amt" unter Alfred Rosenberg und die „Dienststelle Ribbentrop" oder die „Auslandsorganisation der NSDAP". Sie waren zusammen und in gegenseitiger Rivalität beachtliche Störfaktoren für die offizielle Behörde, das Auswärtige Amt. Als Ribbentrop 1938 Außenminister wurde, behielt sein Vorgänger Konstantin von Neurath den Titel eines Reichsministers ohne Geschäftsbereich; außerdem wurde er Präsident des „Geheimen Kabinettsrats", der zur „Beratung in der Führung der Außenpolitik" von Hitler im Februar 1938 eingesetzt, jedoch nie tätig wurde. In diesem Gremium saßen einige mit Ämtern ohnehin überhäufte Minister und Generäle, weiteren Sinn hatte es nicht.

Eine vierte Kategorie von Herrschaftsgewalt bildeten die Massenorganisationen mit Hoheitsanspruch. Das bekannteste – freilich meist überschätzte – Beispiel ist der Reichsarbeitsdienst. Er war ab 1935, seit der Einführung der Dienstpflicht, von der NSDAP unabhängig und ressortierte im Reichsinnenministerium. Hauptzweck des in militärischer Form jahrgangsweise durchgeführten Arbeitsdienstes war die „Erziehung der deutschen Jugend im Geiste des Nationalsozialismus zur Volksgemeinschaft und zur wahren Arbeitsauffassung, vor allem zur gebührenden Achtung der Handarbeit". Dem Nebenzweck, Urbarmachung oder Melioration von Land, war in der Praxis kaum Erfolg beschieden. Daß der Arbeitsdienst eigenständig war, verdankte er vor allem seinem Schöpfer Konstantin Hierl, der als Alter Kämpfer die staatliche Organisationsform der Dienstpflicht durchsetzen konnte. Wie wenig dies den Intentionen der Partei entsprach, geht aus der Definition des Organisationsbuchs der NSDAP hervor. Diese Definition ist zugleich ein Beispiel für die staatsrechtlichen Nebelzonen, in denen zentrale Institutionen des NS-Regimes angesiedelt waren: „Die innere Zusammengehörigkeit der NSDAP und des Reichsarbeitsdienstes ist durch die gestellte nationalsozialistische Erziehungsaufgabe dokumentiert und findet ihren äußeren Ausdruck im Symbol und in der Tracht des Arbeitsdienstes. Sie wurde wiederum bestätigt durch die Ernennung des Reichsarbeitsführers zum Reichsleiter der NSDAP auf dem Reichsparteitag 1936."

Ähnliche Qualität hatte die Hitlerjugend, die sowohl (und zuerst) Nachwuchsformation der NSDAP war, dann aber auch staatliche Organisation paramilitärischen Charakters wurde. Die Kompetenz der HJ umfaßte die gesamte „körperliche, geistige und sittliche Erziehung der Jugend" außerhalb von Schule und Elternhaus, sie wurde ab März 1939 erweitert zur Dienstpflicht, analog dem Arbeits- und Wehrdienst. An der Spitze der Staatsjugendorganisation amtierte der „Jugendführer des Deutschen Reiches" – als solcher war er Chef einer Obersten Reichsbehörde und unterstand Hitler direkt. Er führte gleichzeitig den Titel „Reichsjugendführer der NSDAP" – das war der entsprechende Parteirang.

Eine fünfte Kategorie bildeten die quasistaatlichen Herrschaftsapparate, Zwangskartelle und Syndikate wie die Reichskulturkammer, in deren Einzelkammern und Fachverbänden die Mitgliedschaft Pflicht und Voraussetzung war für alle, die als Schriftsteller, Musiker, Journalisten, Schauspieler, bildende Künstler, Verleger, Filmemacher und so weiter ihr Brot verdienten.

Vielleicht das wichtigste Beispiel einer solchen halbstaatlichen Zwangsorganisation ist der Reichsnährstand. Er war zum einen das Ergebnis der Gleichschaltung aller landwirtschaftlichen Interessenverbände und Berufsorganisationen, Bauernvereine, Landwirtschaftskammern und Genossenschaften, also die berufsständische Einheitsorganisation. Zum anderen war der Reichsnährstand mit außerordentlichen Vollmachten zur Lenkung des Marktes ausgestattet: Regelung des Absatzes, Festsetzung von Preisen und Handelsspannen, Planung der Produktion. Die öffentlich-rechtliche Institution hatte Ende 1939 im Reichsgebiet etwa 15 Millionen Pflichtmitglieder. Zu ihnen gehörte der Viehhändler und der

Krabbenfischer, die mithelfende Bauersfrau wie der Großgrundbesitzer, der Inhaber des Tante-Emma-Ladens wie der Chef der Brotfabrik. Dazu kam die korporative Mitgliedschaft aller juristischen Personen, die mit der Ernährungswirtschaft in irgendeiner Beziehung standen. Eine straffe Organisation vom Ortsbauernführer bis zum Reichsbauernführer in Berlin diente drei Zwecken: dem Versuch der Durchsetzung der nationalsozialistischen Blut- und Boden-Ideologie, der Produktions- und Marktkontrolle und der Autarkie auf dem Ernährungssektor. Ab September 1939 kam eine weitere Aufgabe hinzu: Die Steuerung der Ernährungswirtschaft im Krieg. Das hieß für die Verbraucher: Rationierung und für die Erzeuger: Ablieferungspflicht. Angemerkt sei, daß die Organisation des Reichsnährstands, weil sie zur Versorgung der Bevölkerung als unerläßlich galt, das NS-Regime um fast drei Jahre überdauerte.

Von der mitgliederstarken Parteigliederung „Deutsche Arbeitsfront" unterschied sich der Reichsnährstand durch die Fülle seiner Kompetenzen, mit der das Prinzip der Marktwirtschaft und der Grundsatz der Gewerbefreiheit aus den Angeln gehoben wurden. Ein Unterschied bestand auch darin, daß der Reichsbauernführer Darré bis zu seinem Sturz 1942 zugleich Reichsminister für Ernährung und Landwirtschaft war, auf der Parteiebene die Würde eines Reichsleiters an der Spitze des Reichsamts für Agrarpolitik bekleidete und außerdem das Rasse- und Siedlungshauptamt der SS leitete. Eine solche Personalunion auf oberster staatlicher, quasistaatlicher und parteiamtlicher Ressortebene gab es nur noch ein zweites Mal im Dritten Reich: Goebbels war Chef des Reichsministeriums für Volksaufklärung und Propaganda, der Reichskulturkammer und der Reichspropagandaleitung der NSDAP.

Die genannten Apparate und Instanzen nationalsozialistischer Herrschaft waren den klassischen Institutionen staatlicher Machtausübung zu-, neben- oder untergeordnet und auf vielfältige Weise sowohl mit diesen als auch mit der Partei verflochten. Zwei weitere Eigentümlichkeiten des NS-Regimes trugen zusätzlich und ganz entscheidend zur Erosion der Staatsgewalt im herkömmlichen Sinne bei. Das eine Spezifikum war die Kompetenz-Entleerung der klassischen Ressorts, die nominell fortbestanden und deren Bürokratien kaum anders als in der Weimarer Zeit weiterfunktionierten.

Die andere Besonderheit bestand in der Ausgliederung elementarer Hoheitsbereiche und -funktionen aus der Zuständigkeit des Staats. Beispiele für die allmähliche Aushöhlung von Institutionen der Regierungsgewalt, die schließlich als leere Hülsen übrigblieben, liegen auf der Hand. Daß der Reichstag zum Akklamationsorgan denaturierte, dessen ernannte Mitglieder vor allem zum Absingen des Horst-Wessel-Liedes qualifiziert sein mußten, ist natürlich kein Anlaß zur Verwunderung, wohl aber die Tatsache, daß die Institution fortbestand.

Im Februar 1938 hatte die letzte Sitzung des Reichskabinetts stattgefunden, in der Folgezeit gab es Kooperation und Konfrontation der Reichsminister nur auf informellen Wegen, bei denen die jeweilige Hausmacht und der Rückhalt in der Partei die entscheidenden Rollen spielten. Nach Kriegsausbruch gab es praktisch auch keinen Reichskanzler mehr, weil Hitler von seiner Feldherrenrolle absorbiert war; für normale Reichsminister, die nicht im persönlichen Satrapenverhältnis zu ihm standen, war er kaum mehr erreichbar. Die Reichskanzlei, ursprünglich das Zentrum politischer Entscheidungen, florierte im büromäßigen Sinne jedoch weiter. Ihr Chef avancierte vom Staatssekretär zum Reichsminister. Der Titel wurde dem Laufbahnbeamten Heinrich Lammers verliehen, damit er mit den Ressortministern protokollarisch gleichstand und den bürokratischen Betrieb der Reichsregierung selbständig fortführen konnte.

Aber noch viel gravierender als die Sinnentleerung der staatlichen Institutionen durch den Wegfall ihrer politischen Kompetenz war die Privatisierung öffentlicher Gewalt, die an einem zentralen Beispiel demonstriert werden kann. Durch Erlaß des Führers und Reichskanzlers wurde im Juni 1936 die gesamte Polizei – bislang noch Ländersache – zentralisiert und Himmler unterstellt. Er führte jetzt den Titel „Reichsführer SS und Chef der Deutschen Polizei im Reichsministerium des Innern" und hatte den Rang eines Staatssekretärs. In seiner neuen Eigenschaft als Polizeichef stand er

„persönlich und unmittelbar" unter dem Reichsinnenminister. Auf den ersten Blick mag allenfalls bedenklich erscheinen, daß die Zentralisierung der Polizei durch einen Führererlaß erfolgte, nicht durch Gesetz, aber der Qualitätsunterschied war längst ohne Bedeutung. Im übrigen wäre die Unterstellung der gesamten Polizei unter die Kompetenz des Reichsinnenministeriums kein außernormativer, also illegaler Akt gewesen. Tatsächlich wurde die Polizei aber dem Innenministerium gar nicht untergeordnet, sondern entzogen und dem Reichsführer SS ausgehändigt.

Die Feinheiten steckten im Detail: Gegen den Protest des Innenministers Frick war der neue Polizeichef nicht nur die Person Heinrich Himmler, die gleichzeitig die Parteigliederung SS befehligte – das wäre eine der üblichen Personalunionen gewesen –, sondern er war es ausdrücklich als Reichsführer SS. In dieser Eigenschaft war Himmler aber dem Führer unmittelbar verantwortlich. Die persönliche und unmittelbare Unterstellung als Polizeichef unter den Reichsinnenminister wog gegenüber der direkten Führerbindung natürlich weit weniger. Die entscheidende Loyalität galt dem ranghöheren Vorgesetzten, der charismatischen Inkarnation des Nationalsozialismus, nicht dem Behördenchef des Staatsapparates. Auch realiter leitete Himmler seine Organisationsgewalt vom Führer ab.

Im Instanzenweg wurden die staatliche Behörde und der Minister einfach umgangen. Es handelte sich also nur vordergründig um die Zentralisierung der Polizei – das war ein Nebeneffekt – tatsächlich war es die erste Stufe der Ausgliederung der Polizei aus dem Staatsapparat und ein Schritt zur Institutionalisierung einer außernormativen Sonderexekutive. Das Amt „Reichsführer SS und Chef der Deutschen Polizei" – den formalen Zusatz „im Reichsministerium des Innern" hatte Frick eigenhändig in den Entwurf des Erlasses hineinkorrigieren müssen – war eine Realunion zwischen einer Institution der Führergewalt und einer staatlichen Behörde bei eindeutiger Dominanz der ersteren. Himmler unterhielt niemals ein eigenes Büro als Chef der Deutschen Polizei. Die entsprechenden Funktionen nahm er mit Hilfe seines SS-Apparates wahr. Bezeichnenderweise hatte er es auch abgelehnt, seine eigene Position beamtenrechtlich fixieren zu lassen. Die verwaltungs- und beamtenrechtlichen Zusammenhänge mit der staatlichen Administration wurden bei der Operation aber nicht oder nur ganz allmählich durchschnitten. Charakteristisch für die Entwicklung des nationalsozialistischen Herrschaftssystems war es ja, neue Zuständigkeiten so einzuführen, daß die alten Kompetenzen der bisher zuständigen Behörden „hiervon unberührt" blieben, wie die Standardformel lautete.

Schon 1937 begann Himmler, die SS und die Ordnungspolizei personell zu verschmelzen. Durch die Zusammenfassung des Sicherheitsdienstes (des parteiamtlichen, jedoch monopolisierten Geheimdienstes) und der Sicherheitspolizei (Gestapo und Kripo) im Reichssicherheitshauptamt kam der Prozeß der Entstaatlichung zum Abschluß. Das Reichssicherheitshauptamt war fest in das Gefüge der SS eingebettet, und es war im einzelnen kaum mehr erkennbar, ob und wann es jeweils normative oder außernormative Funktionen ausübte.

Ein zentraler Bereich der Exekutive unterlag nicht mehr staatlicher Kontrolle, sondern war Bestandteil der Sonderexekutive SS geworden, die ihre Legitimation ausschließlich von der Führergewalt ableitete. Man kann es auch so ausdrücken: Der Saalschutz der Hitlerbewegung entwickelte sich durch ständige Machtakkumulation und durch das Aufsaugen von Kompetenzen einerseits zum wichtigsten Herrschaftsinstrument des NS-Staats, andererseits zum eigenen Neben- und Überstaat mit unerhörten Zwangsmitteln und Zugriffsmöglichkeiten wie Konzentrationslagern, eigenen Vollstreckungsorganen, eigenen Wirtschaftsunternehmen, in denen die Arbeitskraft der Häftlinge ausgebeutet wurde, einer eigenen Armee (der Waffen-SS mit zuletzt rund einer Million Soldaten) und der Vollmacht, in eigenen Vernichtungslagern und durch mobile Einheiten millionenfach Menschenleben auszulöschen. Die klassischen staatlichen Instanzen wurden dabei zu Hilfsdiensten herangezogen. Im Verhältnis zu dieser Machtfülle waren die Positionen des Reichsinnenministers und des Befehlshabers des Ersatzheeres, die Himmler in den letzten Kriegsjahren übernahm, nur noch Nebenämter.

Damit sind wir bei der entscheidenden Komponente nationalsozialistischer Herrschaft, der Führergewalt, in der staatliche Amtsgewalt und außernormative Autorität zu einer neuen Form von Führer-Absolutismus zusammenflossen und die weder an den Normen positiven Rechts noch an vorstaatliche Sittengesetze sich gebunden fühlte, die überdies den Anspruch erhob, beides zu suspendieren. Als Legitimation dienten metaphysische Formeln wie der „geschichtliche Auftrag" oder das „Lebensgesetz des deutschen Volkes". Durchgesetzt wurde der Herrschaftsanspruch der Führergewalt erst allmählich, durch die Kumulation der obersten staatlichen Ämter in der Person Hitlers in Verbindung mit der Führung der Partei, auf der Grundlage von Gesetzen und Verordnungen, die anfänglich noch von der Weimarer Verfassung hergeleitet waren, durch die Aufsplitterung der staatlichen Gewalt in eine Vielzahl von Ressort-Polykratien und durch die Umgehung und Zersetzung staatlicher Instanzen.

Ein Beispiel wäre die unter dem Stichwort „Euthanasie" unter großer Geheimhaltung betriebene Ermordung von Insassen der Heil- und Pflegeanstalten ab 1939. Die Aktion gründete sich zunächst auf eine mündliche Ermächtigung, die dann auf einem Briefbogen der Privatkanzlei Hitlers schriftlich fixiert wurde. Beauftragt waren der Leibarzt und der Chef der Privatkanzlei Hitlers. Organisiert wurde die Aktion von dieser Kanzlei, die zwar vom Reichsschatzmeister der NSDAP finanziert, aber keinerlei Weisungen der Partei oder des Staates unterworfen war. Zuständig war sie für Privatangelegenheiten Hitlers und für alle an ihn persönlich gerichteten Bitten und Eingaben. Die Justizbehörden erhielten erst im Sommer 1940, und zwar aus der Bevölkerung, Kenntnis von den Vorgängen. Reichsjustizminister Gürtner, sowohl beunruhigt durch die Vorgänge selbst als auch wegen des Fehlens einer gesetzlichen Grundlage, drängte auf die sofortige Einstellung der heimlichen Tötung Geisteskranker. Sein kommissarischer Nachfolger Schlegelberger, der den Typ des reaktionären Bürokraten, keineswegs den des NS-Aktivisten verkörperte, warb dagegen bei den nachgeordneten Stellen seines Ressorts ausdrücklich um Verständnis und Unterstützung für die Euthanasie-Aktion: Ein Beleg dafür, wie sehr das Prinzip der Führergewalt die klassischen Instanzen des Staats durchdrungen und wie sehr es den Normenstaat zerstört hatte.

Die Führergewalt, die sich in der Kriegs- und Endphase des Regimes immer offener als Regierungsprinzip durchsetzte, suspendierte endlich auch den Dualismus von Partei und Staat. Die Funktionsaufteilung, nach der die Partei den politischen Willen des Volkes artikulieren, der Staat ihn bürokratisch exekutieren sollte, war ohnehin Theorie geblieben, weil beide, NSDAP und Staatsapparat, alternativ und einander ergänzend, als Instrumente der Führergewalt eingesetzt werden konnten.

Das unkoordinierte Neben- und Gegeneinander der Dienststellen des Staats wie der Partei störte zwar „vielfach die Einheitlichkeit und Gleichmäßigkeit der Machtausübung", stabilisierte aber „das Herrschaftssystem als Ganzes und den Führerabsolutismus an der Spitze" (M. Broszat). Daß Hitler in weite Fernen von den Apparaten entrückt war, störte diesen Mechanismus ebensowenig wie die Tatsache, daß sich der Führerwille nur sporadisch und widersprüchlich über Mittelsmänner äußerte. Die Unlust, Konflikte zu entscheiden, sei es aus Kalkül oder aus anderen Gründen, wirkte sogar oft leistungssteigernd.

Gleichzeitig verlor aber das Regime durch das wachsende Organisationschaos im Innern mehr und mehr den Charakter *staatlicher* Herrschaft. Franz Neumann hatte dies schon 1941 erkannt, als er schrieb: „Was aber ist nun die Struktur des Nationalsozialismus, wenn es sich nicht um einen Staat handelt? Ich wage zu behaupten, daß wir es mit einer Gesellschaftsform zu tun haben, in der die herrschenden Gruppen die übrige Bevölkerung direkt kontrollieren, ohne die Vermittlung durch den wenigstens rationalen, bisher als Staat bekannten Zwangsapparat. Noch ist diese neue soziale Form nicht voll verwirklicht, aber die Tendenz ist vorhanden, und sie bestimmt das eigentliche Wesen des Regimes."

Lothar Gruchmann

Rechtssystem und nationalsozialistische Justizpolitik

Im folgenden sollen drei Bereiche des Themas behandelt werden:
I. Der Dualismus von Justiz und Polizei bei der Strafverfolgung im
NS-Rechtssystem, d. h. der Aspekt der zunehmenden *Ausschaltung*
der Justiz; II. die Vielfalt der Mittel und Maßnahmen, die die politische Führung und die Justizverwaltung anwandten, um die
Rechtspflege zu einem Instrument des Regimes zu machen, d. h.
die *Gleichschaltung* der Justiz; III. die Entwicklung der Rechtsprechung auch gerade insofern, als sie eine Folge der beiden vorgenannten Komponenten war. Wegen der gebotenen Kürze beschränkt sich die Darstellung dabei auf die Strafrechtspflege, die
für das Regime und seine Sicherung ohnehin eine größere Bedeutung besaß als die Ziviljustiz.

I.

Am 8. September 1939 – eine Woche nach Kriegsausbruch – wurde in der deutschen Presse folgende Meldung veröffentlicht: ,,Der
Reichsführer SS und Chef der Deutschen Polizei teilt mit, daß
wegen Verweigerung der Mitarbeit an Sicherungsschutzaufgaben
für die Landesverteidigung Johann Heinen, Dessau, am 7. September 1939 erschossen worden ist. Heinen war außerdem ein wegen
Diebstahls vorbestrafter Verbrecher." Diese Meldung, der einige
Tage später zwei weitere über Erschießungen ohne vorausgegangene Gerichtsurteile – u. a. eines der Brandstiftung Beschuldigten –
folgten, kennzeichnet das fortgeschrittene Stadium, das die Ausschaltung der Strafjustiz zu diesem Zeitpunkt erreicht hatte. Mit
Ausnahme der ,,Röhm-Aktion" vom 30. Juni 1934, bei der es angeblich um die Niederwerfung eines unmittelbar bevorstehenden
Putsches der SA-Führung ging, war bis dahin die Tötung Be-

schuldigter auf Befehl der Führung ohne gerichtliches Todesurteil stets vor der Öffentlichkeit verborgen, meist in den Konzentrationslagern durchgeführt und nach außen hin – auch der Justiz gegenüber – als Erschießung „auf der Flucht" oder „wegen tätlichen Widerstandes" oder als Selbstmord getarnt worden. Nunmehr wurde erstmals öffentlich bekanntgegeben, daß Menschen, die sich einer Straftat schuldig gemacht haben sollten, ohne Gerichtsverfahren exekutiert wurden. Das durch die Zeitungsmeldung überraschte Reichsjustizministerium fragte sofort bei der Polizeiführung an und erhielt die Auskunft, daß die Erschießungen auf geheimen Weisungen Hitlers an Polizeichef Himmler beruhten, die die innere Staatssicherheit während des Krieges betrafen. Justizminister Franz Gürtner, der dieses Amt schon in den Kabinetten Papen und Schleicher innegehabt hatte und 1933 als nationaler Konservativer in die Regierung übernommen worden war, wandte sich daraufhin an Hitler, ob für die Ahndung von Straftaten in Deutschland neben den Gerichten der Justiz und den für Wehrmachtangehörige eingerichteten Kriegsgerichten nunmehr auch die Polizei zuständig sei, und nach welchen Gesichtspunkten diese konkurrierende Zuständigkeit im konkreten Einzelfall entschieden würde. Er wies darauf hin, daß derartige Polizeimaßnahmen im Heimatgebiet völlig überflüssig seien, da die Gerichte vollauf in der Lage wären, die innere Ordnung aufrechtzuerhalten. Hitler ließ dem Minister mitteilen, daß die Erschießungen auf seiner Ermächtigung beruhten; er könne – so wörtlich – „im Einzelfall auch darauf nicht verzichten, weil die Gerichte (Militär- u. Civil-) den besonderen Verhältnissen des Krieges sich nicht gewachsen zeigten". Damit hatte Hitler in dem Dualismus zwischen Justiz und Polizei, der sich bei der Strafverfolgung nach der Machtergreifung entwickelt hatte, die konkurrierende Zuständigkeit der Polizei abermals erweitert. Nach den geheimen Richtlinien des Geheimen Staatspolizeiamtes behielt sich Himmler die Entscheidung über Exekutionen persönlich vor, sie waren im nächstliegenden Konzentrationslager durchzuführen.

Welche verfassungs*theoretischen* und positiv-verfassungs*rechtlichen* Voraussetzungen hatten diesen Dualismus ermöglicht? Nach der nationalsozialistischen Verfassungstheorie beruhte das NS-Herrschaftssystem nicht – wie das Regierungssystem der Weimarer Republik – auf der Volkssouveränität, sondern auf der Führersouveränität: Kraft geschichtlicher Sendung verkörperte allein der Führer „die politische Einheit und Ganzheit des Volkes" und war daher oberster Träger der Macht. Dieser Anspruch der politischen Führung wurde von den damaligen Staatsrechtslehrern anerkannt und – wie z. B. im „Verfassungsrecht des Großdeutschen Reiches" von Ernst Rudolf Huber (1939) – verkündet. Als *Reichskanzler* war Hitler Inhaber der Staatsgewalt und Chef des Staatsapparates, als *Führer* übte er aber zugleich die „Führergewalt" über die nationalsozialistische Bewegung aus – eine Gewalt, die nach der NS-Theorie nicht von der Staatsgewalt abgeleitet, sondern „originär" war. Die Bewegung baute durch die NSDAP mit deren Gliederungen und angeschlossenen Verbänden einen eigenen Apparat zur Durchsetzung des Führerwillens auf, dem Hitler zur Erfüllung bestimmter Aufgaben staatliche Funktionen übertragen konnte. Das in unserem Zusammenhang wichtige Beispiel ist die SS, die schon ab 1933, etwa bei der Bewachung der KZ oder bei der Röhm-Aktion 1934, von Hitler übertragene, staatliche Funktionen wahrnahm.

Während aber die Behörden der Staatsverwaltung und die Gerichte der Justiz auf gesetzlich vorgeschriebener Grundlage, d. h. „normativ" arbeiteten – was immer die neuen Gesetze beinhaltet haben mochten –, brauchten sich die Organe der Bewegung, die Hitler zur Durchführung des Führerwillens mit staatlichen Aufgaben betraute, keineswegs immer an das geltende Recht zu halten, sie arbeiteten „außernormativ". Ihr Instrument war nicht das Gesetz, sondern die konkrete „Maßnahme", und sie suspendierten – wie wir beim Verhältnis Justiz – Gestapo sehen werden – durch ihr Eingreifen die Funktion der staatlichen Organe, die somit im Dritten Reich nur unter dem „Vorbehalt des Politischen" arbeiteten. Das nationalsozialistische Herrschaftssystem wissenschaftlich als „Doppelstaat" – als ein Ineinandergreifen von unter Vorbehalt arbeitendem „Normenstaat" und diesen bei Bedarf jederzeit suspendierendem „Maßnahmenstaat" – analysiert zu haben, bleibt das Verdienst des Politologen Ernst Fraenkel, dessen Buch „The Dual State" 1941 in der amerikanischen Emigration erscheinen mußte und erst 1974 in deutsch veröffentlicht wurde.

Der wichtigste Kontrahent der Justiz wurde auf dem Gebiet des Maßnahmenstaates der Exekutivapparat der SS, und zwar durch die Herauslösung der Polizei aus dem Ressort des Reichsinnenministeriums und ihre organisatorische Verschmelzung mit der SS unter dem „Reichsführer SS und Chef der Deutschen Polizei" Himmler. Immer wenn es wegen der Handhabung der Polizeifunktionen zwischen Himmler und dem ihm im staatlichen Bereich weiterhin vorgesetzt bleibenden nationalsozialistischen Innenminister Wilhelm Frick zu Auseinandersetzungen kam, konnte sich Himmler auf die Autorität Hitlers berufen, dem er in der Hierarchie der Bewegung als Reichsführer SS unmittelbar unterstand und der ihm auch seine Weisungen in Polizeiangelegenheiten direkt erteilte.

Aber jenseits aller theoretischen Betrachtungen: durch welche konkreten verfassungsrechtlichen Bestimmungen etablierte sich der „Maßnahmenstaat" auf dem Boden der Weimarer Verfassung, die ja bei der Machtergreifung als geschlossenes Gebäude zunächst vorhanden war? Seine verfassungsrechtliche Grundlage war die von Hindenburg unterzeichnete, auf Art. 48 der Weimarer Verfassung beruhende „Verordnung zum Schutz von Volk und Staat" vom 28. Februar 1933 („Reichstagsbrandverordnung"): sie setzte die hauptsächlichsten Grundrechte der Weimarer Verfassung außer Kraft und ermächtigte die Regierung Hitler bzw. die ihr nachgeordneten Exekutivbehörden, alle „zur Wiederherstellung der öffentlichen Sicherheit und Ordnung nötigen Maßnahmen" zu ergreifen. Damit erklärte diese Verordnung den zivilen Ausnahmezustand und beseitigte die Unverbrüchlichkeit der Gesetze. Sie gab auch die formale Rechtsgrundlage für die Tätigkeit der Gestapo ab, die aus den politischen Abteilungen der Kriminalpolizeien der deutschen Länder unter Himmlers zentrale Führung gebracht wurde. Da diese Verordnung in ihrem § 1 u. a. „Beschränkungen der persönlichen Freiheit ... auch außerhalb der sonst hierfür bestimmten gesetzlichen Grenzen" zuließ, ermöglichte sie die polizeiliche Schutzhaft, d. h. die Freiheitsentziehung ohne richterliche Entscheidung – also unter Ausschaltung der Justiz. Aufgrund dieses § 1 der Verordnung, auf den sich die Schutzhaftbefehle in den ersten Jahren ausdrücklich bezogen – später wurde die Befugnis global aus dem vom Führer erteilten „Gesamtauftrag" abgeleitet –, war die Polizei bei ihren Verhaftungen nicht mehr an die gesetzlichen Bestimmungen der Strafprozeßordnung und an richterlichen Haftbefehl gebunden. Die Inhaftierungen waren durch interne, nicht veröffentlichte Bestimmungen geregelt, die sehr dehnbare Begründungen wie „Gefährdung der Wiederaufbauarbeit des deutschen Volkes" oder „Gefährdung der Allgemeinheit durch asoziales Verhalten" u. a. enthielten. Aber die Gestapo verhaftete nicht nur zur *präventiven Ausschaltung politischer Gegner,* sie ging auch zur Vorbeugungshaft gegen Berufsverbrecher, Gewohnheitsverbrecher und Asoziale und schließlich auch zur *Ahndung von politischen wie unpolitischen Straftaten* in eigener Regie über, ohne diese Fälle an die Staatsanwaltschaft weiterzuleiten. Sie handelte aber nicht nur *anstelle* der Justiz, sie setzte die Schutzhaft auch zur *Korrektur* der Rechtspflege ein, die ihrer Meinung nach den Willen der Führung nicht entschieden genug durchsetzte. So nahm sie gerichtlich Verurteilte, die nach ihrem Ermessen mit einer zu milden Freiheitsstrafe weggekommen waren, im Anschluß an die verbüßte Strafe in Haft, oder sie verhaftete sogar Angeklagte, die freigesprochen wurden, unmittelbar nach der Urteilsverkündung noch im Gerichtsgebäude. Das Justizministerium, das in einem solchen Vorgehen eine Schädigung des Ansehens der Justiz und der Autorität des Richterspruchs sah, ließ sich solche Vorgänge berichten und wurde wiederholt bei der Gestapoführung vorstellig, konnte aber nichts erreichen, da die Gestapo ihr Handeln regelmäßig als notwendige staatspolizeiliche Präventivmaßnahme deklarierte, über die sie allein und ausschließlich entschied.

Die führenden Juristen national-konservativer Prägung wie etwa Gürtner, die als Anhänger eines autoritären Staates die „liberalistische" Anschauung von der Unverbrüchlichkeit rechtsstaatlicher Prinzipien verneinten und deren Durchbrechung für staatspolitische Ziele durchaus bejahten, hatten anfangs der – wie sie meinten

– vorübergehenden Verwendung der Polizeihaft für die Ausschaltung der politischen – vor allem der linken – Opposition und für die Festigung des „nationalen" Staates widerstandslos zugesehen. Nur sollte sich ihrer Vorstellung nach die Behandlung der Schutzhäftlinge insoweit innerhalb der Sphäre des Rechts bewegen, als willkürliche Mißhandlungen und Tötungen weiterhin strafbare Delikte darstellten. Als sie sahen, welche unheilvolle Entwicklung das KZ-Wesen nahm und wie mit Hilfe der Schutzhaft ein Verfolgungssystem aufgebaut wurde, das in ihre ureigenste Domäne einbrach und immer stärker zur Korrektur der Strafrechtspflege benutzt wurde, versuchten sie im Verein mit dem Reichsinnenminister vergeblich zu verhindern, daß diese Zuständigkeiten endgültig in die Hände der SS-Führung übergingen. Diese Bestrebungen waren spätestens 1936 gescheitert, als Himmler die Polizeiführung endgültig vom Innenministerium emanzipiert hatte. Die auf Drängen der Justiz 1934 und nochmals 1938 vom Innenminister erlassenen Schutzhaftbestimmungen, die die Verhängung der Schutzhaft für *strafbare Handlungen* für unzulässig erklärten, wurden von der Gestapo insoweit ignoriert. Die Forderungen Gürtners, die Schutzhäftlinge vor den Gestapobehörden durch Rechtsanwälte vertreten zu lassen, um die Willkürlichkeit der Verhaftung einzuschränken, sowie in den Konzentrationslagern humanere Disziplinar- und Wachvorschriften in Angleichung an die Vollzugsbestimmungen in den Justizgefängnissen einzuführen, um grausame Strafen und den rigorosen Gebrauch der Schußwaffe abzustellen, wurden von Himmler unter Berufung auf Hitler abgelehnt. Die Versuche der Justiz, Tötungen in den Konzentrationslagern strafrechtlich zu verfolgen, die zunächst de facto durch die Sabotage der Ermittlungen und durch die Niederschlagung der Verfahren seitens der politischen Führung vereitelt worden waren, wurden 1939 auch de jure durch die Einführung einer eigenen SS- und Polizeigerichtsbarkeit ausgeschaltet. Die Justizleitung mußte schließlich erkennen, daß Himmlers Tätigkeitsfeld für sie tabu war, während sie *ihren* Alleinanspruch auf Verfolgung von Straftaten nicht durchzusetzen vermochte und im Gegenteil die Korrektur ihrer eigenen Tätigkeit durch die Polizei weiter hinnehmen mußte: ein warnendes Beispiel dafür, wohin es führt, wenn die Durchbrechung rechtsstaatlicher Prinzipien aus politischen Motiven bejaht wird.

Abschließend sei noch darauf hingewiesen, daß die Polizei während des Krieges ihre Zuständigkeit auf dem Gebiet der Strafrechtspflege ständig erweiterte und z. B. die Verfolgung von Straftaten polnischer und sowjetischer Zivilarbeiter im Reich („Ostarbeiter") übernahm. Vor allem der im August 1942 zum Justizminister ernannte waschechte Nationalsozialist Georg Thierack zeigte eine generelle Bereitschaft, Zuständigkeiten an die Polizei abzutreten. Niederschlag fand diese Politik u. a. in der 13. Verordnung zum Reichsbürgergesetz vom 1. Juli 1943, durch die Straftaten auch von *deutschen* Juden nur noch von der Polizei geahndet wurden. Allerdings ging selbst Thierack die Forderung Himmlers zu weit, daß die Polizei generell die Funktionen der Staatsanwaltschaft übernehmen sollte.

Der Druck, den die konkurrierende und korrigierende Aktivität der Polizei Himmlers ausübte, blieb auf die Tätigkeit der Justiz nicht ohne Wirkung. Wenn sich die Justizleitung nicht dem Vorwurf des „Versagens" seitens der politischen Führung und – bei Hitlers grundsätzlicher Juristenfeindschaft – der Gefahr ihrer weiteren Ausschaltung zugunsten der Polizei aussetzen wollte, mußte sie sich bemühen, eine Rechtsprechung zu erzielen, die dem Willen der Führung entsprach. Ein Beispiel: Als die Gestapo 1937 dazu überging, die wegen Betätigung für die Internationale Bibelforschervereinigung Verurteilten nach Abbüßung ihrer Freiheitsstrafe in Schutzhaft zu nehmen, weil Himmler die verhängten Freiheitsstrafen für zu gering hielt, um die Bibelforscher von ihrer Lehre abzubringen, wurden die Oberlandesgerichtspräsidenten und Generalstaatsanwälte in einer Besprechung im Reichsjustizministerium angehalten, bei ihren nachgeordneten Justizbehörden auf eine schärfere Bestrafung hinzuwirken. Das Gesetz sah Geldstrafe bzw. Gefängnis von 1 Monat bis zu 5 Jahren vor, und Roland Freisler – der als Staatssekretär im Ministerium die Strafrechtspflegeabteilung leitete, bevor er 1942 zum Präsidenten des Volksgerichtshofs ernannt wurde – rechnete den Oberlandesgerichtspräsidenten vor, welche Oberlandesgerichtsbezirke überhaupt nie die Höchststrafe und teilweise nur Geldstrafen verhängt hatten. Er beschwor auch bei dieser Gelegenheit das im Hintergrund auf ein „Versagen" der Justiz lauernde Schreckgespenst einer „Polizeijustiz", die weitere Justizfunktionen übernehmen werde, wenn die Justizorgane sich derart über das Strafmaß uneinig seien. Die Justiz dürfe nicht den Anschein erwecken, daß sie nicht in der Lage sei, „gegenüber dem Verbrechertum das Schlußwort des Staates zu sprechen und zu vollziehen".

Die Forderung Freislers zeigt deutlich die Pervertierung der Rechtsprechung im NS-Staat: Entweder der Richter entschied sich für eine gerechte Strafe, die dem Maß der Schuld entsprach, oder für Freispruch, dann mußte er hinnehmen, daß die Polizei seine Entscheidung mißachtete und korrigierte und damit jener Autoritätsverlust für die Justiz und jene Rechtfertigung des Anspruchs der Polizei auf erweiterte Funktion bei der Strafverfolgung eintraten, die die Justizleitung vermieden sehen wollte. Oder er sprach – wenn auch innerhalb des gesetzlich vorgeschriebenen Strafrahmens, so doch entgegen seiner gewissenhaften Abwägung – eine schwerere Strafe aus. Von erheblicher Bedeutung war seine Entscheidung allerdings für den Betroffenen: von ihr hing es ab, ob er eine langjährige Haft im Justizgewahrsam verbrachte, in dem es nach der damaligen Strafvollzugsordnung zwar hart, aber immer noch einigermaßen menschlich zuging, oder ins KZ kam, was unter Umständen sogar den Tod bedeuten konnte. Selbst wenn diese Überlegung bei einzelnen Richtern mitgesprochen haben sollte – solche nachträglichen Behauptungen sind wegen ihres apologetischen Gehalts sehr skeptisch aufzunehmen –, so bedeutete das, daß er selbst Unrecht tun mußte, um den Verurteilten den Unrechtsmaßnahmen der SS und Polizei zu entziehen. Auf jeden Fall erwies sich die Schutzhaft für die Polizeiführung als ein wirkungsvolles Mittel, der Justiz unter Drohung ihrer Ausschaltung den Willen der politischen Führung nach schärferen Strafen aufzuzwingen.

II.

Die zahlreichen Mittel, die angewendet wurden, um die Justiz gleichzuschalten und zu einem geeigneten Werkzeug der politischen Führung zu machen, können hier nur genannt und stichwortartig erläutert werden.

1. Ideologische Schulung der Juristen

Sie begann schon bei der Ausbildung des Nachwuchses. In Preußen zum Beispiel mußten alle Referendare zu diesem Zweck das Referendarlager ,,Hanns Kerrl" in Jüterbog absolvieren. Der ,,Bund Nationalsozialistischer Deutscher Juristen" (ab 1936 NS-Rechtswahrerbund) unter dem ,,Reichsrechtsführer" Hans Frank nahm sich der weiteren Indoktrinierung der Juristen an, die bis Kriegsbeginn jährlich in einer ,,Reichstagung" und alle drei Jahre in veränderter Fortführung des bisherigen Deutschen Juristentages in einem Massenkongreß – einem ,,Thing des Rechts" (einer Art ,,Reichsparteitag der Juristen") – in der Stadt des Reichsgerichts Leipzig gipfelte. Die Schulung wollte bewirken, daß der Richter die Gesetze stets nach den Forderungen der ,,nationalsozialistischen Sittenordnung" auslegen, d. h. bei der Rechtsprechung freiwillig und aus innerer Überzeugung dem Willen der Führung folgen sollte. ,,Sagt euch bei jeder Entscheidung, die ihr trefft", rief Frank den Juristen auf der Schlußkundgebung der Veranstaltung von 1936 zu, ,,wie würde der Führer an meiner Stelle entscheiden?" Bei der Verbreitung der neuen Rechtstheorien wirkten außerdem die nationalsozialistischen Rechtslehrer an den Universitäten in hohem Maße mit.

2. Personalpolitik

Hier wurde der Partei insofern ein starker Einfluß eingeräumt, als sie zu jeder Ernennung und Beförderung von Justizbeamten ihre Einwilligung geben mußte. Mangels einer ausreichenden Zahl von Volljuristen unter den Parteimitgliedern konnte selbst bei Hereinnahme von bisher freiberuflichen Rechtsanwälten in die Justizverwaltung – Freisler z. B. ist diesen Weg gegangen – nur ein Teil der wichtigen Positionen mit 100%igen Nationalsozialisten besetzt werden. Als ein gewisses zusätzliches Reservoir standen hier die „Märzgefallenen" zur Verfügung, die ihr neues Bekenntnis zum Nationalsozialismus durch Taten zu beweisen trachteten. Viel wichtiger aber war, daß die Mehrzahl der Ministerialbeamten, Richter und Staatsanwälte unbedenklich beibehalten werden konnte. Denn nach Entfernung der Juden und der politisch Unzuverlässigen, die sich in der Weimarer Zeit um den „Republikanischen Richterbund" geschart hatten, konnte sich die politische Führung auf das Gros der Richter und Staatsanwälte durchaus verlassen: Auf Grund ihrer sozialen Herkunft, Tradition und der Ausleseprinzipien bei den Justizverwaltungen in der Kaiserzeit und auch während der Weimarer Zeit waren die Justizbeamten in ihrer Mehrheit konservativ und dem „nationalen" Staat gegenüber positiv eingestellt, von dem sie eine autoritäre Ordnung und eine Fortführung der im Parteiengezänk steckengebliebenen Reformarbeiten für eine wirksamere Strafjustiz erwarteten. Da ihnen jene Skepsis, die sie gegenüber dem Weimarer Staat an den Tag gelegt hatten, gegenüber dem „nationalen" Staat weitgehend mangelte, erkannten sie dessen Unrechtscharakter und Justizfeindlichkeit erst, als das Regime fest im Sattel saß.

Eine einheitliche Personalpolitik wurde dadurch gefördert, daß die Justizverwaltung 1935 „verreichlicht" wurde, d. h. von den Ländern auf das Reich, also in die Hände des Reichsjustizministeriums überging.

3. Beseitigung der persönlichen Unabhängigkeit des Richters,

d. h. seiner Unabsetzbarkeit und Unversetzbarkeit. Konnte der auf Lebenszeit ernannte Richter bisher nur durch das Urteil eines Straf- oder Disziplinargerichts aus seinem Amte entfernt und nur unter Einhaltung bestimmter gesetzlicher Vorschriften versetzt werden, so wurde jetzt beides durch einfachen Verwaltungsakt möglich, wenn der Richter der politischen Führung nicht mehr

,,tragbar" erschien. (Vgl. Gesetz zur Wiederherstellung des Berufsbeamtentums v. 7. April 1933, Deutsches Beamtengesetz v. 26. Januar 1937.) Schließlich ließ sich Hitler in der letzten Sitzung des Reichstags am 26. April 1942, in der er seine bekannte Abrechnung mit der Justiz wegen zu milder Strafurteile hielt, nochmals ausdrücklich ermächtigen, ,,Richter, die ersichtlich das Gebot der Stunde nicht erkennen", ,,ohne Rücksicht auf sogenannte wohlerworbene Rechte mit der gebührenden Sühne zu belegen, ... im besonderen ohne Einleitung vorgeschriebener Verfahren aus dem Amte zu entfernen".

Auch wenn Hitler – soweit mir bekannt ist – persönlich von dieser Sonderbevollmächtigung keinen Gebrauch machte und Amtsenthebungen weiter nach dem bisherigen Verfahren durch das Justizministerium erfolgten, mußte dieser im Reichsgesetzblatt veröffentlichte Reichstagsbeschluß beim Richter Unsicherheit und erhöhte Abhängigkeit erzeugen.

Dieser Ausfall Hitlers gegen die Justiz fiel in die Zeit, in der nach dem Tode Gürtners im Januar 1941 Franz Schlegelberger als dienstältester Staatssekretär die Geschäfte des Justizministers wahrnahm. Gegenüber der Autorität, die Gürtner immerhin auch bei seinen Kontrahenten in Staat und Partei besessen hatte, war Schlegelbergers Stellung ausgesprochen schwach, zumal Hitler gegen ihn als typischen Berufsbeamten eine ausgesprochene Abneigung hegte. Schlegelberger suchte daher seine Stellung durch geradezu ängstliche Erfüllung der Forderungen Hitlers zu verbessern und griff dabei zu dem verzweifelten Mittel der ,,Lenkung" der Rechtsprechung, die nach der Ernennung Thieracks zum Justizminister im August 1942 zu voller Blüte gelangte.

4. Beseitigung der sachlichen Unabhängigkeit des Richters

Sie geschah vor allem durch die ,,Lenkung" der Rechtsprechung im konkreten Einzelfall, die die Freiheit des Richters von Weisungen zwar formell nicht aufhob, aber dennoch weitgehend einschränkte. Es wurde angeordnet, daß die dienstvorgesetzten Gerichtspräsidenten bei wichtigen oder problematischen Einzelfällen durch eine vorherige Besprechung mit dem Vorsitzenden des erkennenden Gerichts (der sogenannten „Vorschau") auf dessen Entscheidung Einfluß nehmen sollten. Wenn diese „Ratschläge" der Vorgesetzten auch nicht die Form bindender Weisungen hatten, so kamen sie solchen de facto doch sehr nahe, da der Richter ein aufgrund der Ergebnisse der Hauptverhandlung davon abweichendes Urteil in einer erneuten Besprechung (der „Nachschau") begründen mußte. Das Reichsjustizministerium war übrigens über alle anfallenden Verfahren von politischer oder sonst erheblicher Bedeutung dadurch unterrichtet, daß die Staatsanwälte verpflichtet waren, über derartige Verfahren auf dem Dienstweg nach oben zu berichten. Als ein weiteres Mittel der „Lenkung" seien die seit Oktober 1942 herausgegebenen geheimen „Richterbriefe" Thieracks erwähnt, die den Richtern und Staatsanwälten gegen Empfangsbescheinigung ausgehändigt wurden und in denen jeweils einzelne Urteile als vorbildlich gelobt oder scharf kritisiert wurden.

5. Änderungen auf dem Gebiet der Gerichtsverfassung

Hier sei nur auf den 1934 errichteten Volksgerichtshof und die schon im März 1933 geschaffenen Sondergerichte hingewiesen: Gerichte, die mit besonders „zuverlässigen" Richtern besetzt sein sollten und für politische Straftaten zuständig waren. Als im Kriege die Zuständigkeit der Sondergerichte ständig erweitert und auf typische Kriegs- und Wirtschaftsdelikte ausgedehnt wurde und sie daher durch Errichtung neuer Kammern vergrößert und zahlenmäßig vermehrt wurden, wurde auch *ihre* Rechtsprechung zunehmend uneinheitlicher.

Durch die Beseitigung der Präsidialverfassung bei allen Gerichten, die eine Art Selbstverwaltung der Gerichte gewesen war, konnte die Justizverwaltung nunmehr u. a. bestimmen, welche Geschäfte den einzelnen Kammern oder Senaten zugewiesen und welche Richter ihnen zugeteilt werden sollten – eine Befugnis, die gerade für politische Prozesse von Bedeutung sein konnte.

Bei den Sondergerichten wurde durch Abschaffung der gerichtlichen Voruntersuchung und des Eröffnungsbeschlusses – bei dem das Gericht entscheidet, ob der Beschuldigte der Straftat hinreichend verdächtig ist, um die Hauptverhandlung anordnen zu können –, durch eine Ladungsfrist von 24 Stunden und durch sofortige Rechtskraft des Urteils – ohne dagegen Berufung oder Revision einlegen zu können – das Verfahren abgekürzt und die Möglichkeit der Verteidigung erheblich geschmälert. Damit sollte den Sondergerichten der Charakter von ,,Standgerichten der inneren Front" gegeben werden, die durch sofortige Reaktion auf die Tat eine größere Abschreckung bewirken sollten.

Ferner wurden zwei wichtige verfahrensrechtliche Instrumente geschaffen, um auch bereits *rechtskräftig* gewordene Strafurteile korrigieren zu können. Durch den ,,außerordentlichen Einspruch" (eingeführt im September 1939) und die ,,Nichtigkeitsbeschwerde" (eingeführt im Februar 1940), die der – an die Weisungen des Justizministeriums gebundene – Oberreichsanwalt einlegte, konnte jedes rechtskräftige Urteil aufgehoben werden. Beim ,,außerordentlichen Einspruch" wurde die Sache vor dem ,,Besonderen Senat des Reichsgerichts" – ging es um ein aufgehobenes Volksgerichtshofurteil, vor dem ,,Besonderen Senat des Volksgerichtshofs" – neu verhandelt. Diesen Senaten saßen jeweils die Präsidenten dieser Gerichte vor, um ein ,,zuverlässiges" neues Urteil zu garantieren. Bei der ,,Nichtigkeitsbeschwerde", die nur gegen Urteile der Landgerichte, Sondergerichte und Amtsgerichte zulässig war, entschied das Reichsgericht über eine Aufhebung des beanstandeten Urteils; wurde sie bejaht, so wurde die Sache wieder an das Erstgericht oder an ein anderes Gericht zurückverwiesen. Es war kaum anzunehmen, daß dieses untere Gericht in der erneuten Verhandlung abermals gegen die Entscheidung der obersten Instanz judizierte.

Der ,,außerordentliche Einspruch" wurde z. B. von Schlegelberger in dem bekannten Fall Schlitt eingesetzt – der für Hitler u. a. Anlaß zu seiner Kritik gegen die Justiz in der erwähnten Reichstagsrede gewesen war –, um Hitlers Forderung nach Umwandlung des Zuchthausurteils in ein Todesurteil zu praktizieren: Schon zwei Wochen nach Hitlers Intervention wurde Schlitt vom Besonderen Senat des Reichsgerichts unter Anwendung der Gewaltverbrecherverordnung vom 5. Dezember 1939 „befehlsgemäß" zum Tode verurteilt, obwohl das erste Gericht die Charakterisierung von Schlitt als Gewaltverbrecher ausdrücklich verneint hatte.

Auf die weiteren Änderungen des Strafverfahrens, die im Kriege unter dem Motto der „Vereinfachung" der Strafrechtspflege eingeführt wurden und u. a. die generelle Beseitigung des Eröffnungsbeschlusses, des Klageerzwingungsverfahrens und eine Verstärkung der Position des Staatsanwalts beinhalteten, kann hier nicht eingegangen werden.

7. Die Gesetzgebung

Die Rechtsstaatlichkeit der Gesetzgebung war in der Weimarer Zeit durch das parlamentarische Verfahren wie durch die Kontrolle der Verfassungskonformität der Gesetze besonders gesichert. Im Dritten Reich hob das Ermächtigungsgesetz vom 24. März 1933 beide Sicherungen auf: die Gesetzgebung wurde der Regierung übertragen und der Reichstag nach Belieben ausgeschlossen, und die Regierungsgesetze durften von der Reichsverfassung abweichen. Damit konnte die Regierung Gesetze erlassen, deren Inhalt mit den in der Weimarer Verfassung niedergelegten rechtsstaatlichen Prinzipien, wie etwa der Gleichheit der Bürger vor dem Gesetz oder dem Verbot rückwirkender Strafgesetze, nicht mehr in Einklang standen. Sie konnte ungehindert Gesetze mit moralischem Unrechtsgehalt schaffen, wie z. B. die bekannten Nürnberger Gesetze, die die jüdische Minderheit in Deutschland diskriminierten.

Der Richter aber war an diese Gesetze gebunden: lag der betreffende Tatbestand vor, mußte er das Gesetz anwenden. Ein richterliches Nachprüfungsrecht von Gesetzen gab es nicht mehr; an welcher übergeordneten Norm hätten sie auch gemessen werden sollen, da es über dem Willen der Führung kein Verfassungsgesetz mehr gab? Die Anwendung eines Gesetzes aus subjektiven, *morali-*

schen Gründen abzulehnen, war damals und ist auch heute dem Richter nicht erlaubt.

Im Strafrecht wurden 1933/34 zunächst vordringlich Normen geschaffen, die der unmittelbaren Sicherung und Festigung des Regimes dienten. So wurden vor allem die Vorschriften über Hoch- und Landesverrat ergänzt und verschärft. Hitler begründete diese Forderungen mit der anmaßenden Identifizierung des NS-Regimes mit dem deutschen Volk: derartige Delikte wurden nicht lediglich als Angriff gegen die Machthaber, sondern als gemeiner Treubruch gegen das deutsche Volk, als ein ehrlos machendes Verbrechen bewertet.

In der Tendenz zur Strafverschärfung traf sich die nationalsozialistische Führung durchaus mit den Anhängern eines antiliberalen, autoritären Strafrechts, denen auch die meisten Nichtnazis in der damaligen Justizverwaltung zuzurechnen waren und die dem „nationalen" Staat einen stärkeren strafrechtlichen Schutz gewähren wollten, als ihn die Weimarer Republik besaß. Aber nicht nur bei der Abwehr *politischer* Straftaten, sondern auch beim Kampf gegen das *Verbrechertum* schienen sich durch die nationalsozialistische Gesetzgebung kriminalpolitische Forderungen erfüllen und Reformen verwirklichen zu lassen, die schon vor 1933 keineswegs nur von radikalen Vertretern vorgeschlagen worden waren, aber durch die parlamentarischen Verhältnisse in der Weimarer Republik nicht hatten verwirklicht werden können.

Wenn z. B. durch das Gewohnheitsverbrechergesetz vom 24. November 1933 in das StGB ein § 245a eingefügt wurde, wonach allein der *Besitz* von Diebeswerkzeug für jemanden strafbar war, der wegen schweren Diebstahls, Raubs usw. einschlägig vorbestraft war, so sahen diese Juristen darin eine „Vorverlegung der Verteidigungslinie des Staates gegen den Rechtsbrecher", bei der schon der verbrecherische Wille und vorbereitende Handlungen bekämpft werden konnten: endlich mußte die Polizei bei einem vorbestraften Einbrecher, den sie mit Diebeswerkzeug antraf, nicht mehr zuwarten, bis sie ihm einen neuen Einbruch nachweisen konnte.

Oder: wenn dasselbe Gesetz die Verurteilung eines mehrmals einschlägig vorbestraften „gefährlichen Gewohnheitsverbrechers" zu einer gerichtlichen Sicherungsverwahrung von unbestimmter Dauer einführte, die *neben* der Freiheitsstrafe verhängt werden konnte, „wenn die öffentliche Sicherheit es erfordert", und die im Anschluß an die Freiheitsstrafe gleichfalls im Justizgewahrsam so lange vollzogen wurde, „als ihr Zweck es erfordert", so wurde von diesen Juristen begrüßt, daß diese bereits auf Entwürfe von 1925 und 1927 zurückgehende Institution endlich eine vorbeugende Verbrechensbekämpfung möglich machte. Die Sicherungsverwahrung existiert noch heute, wenn auch die Voraussetzungen für ihre Anordnung andere sind.

Oder wenn durch das Gesetz vom 28. Juni 1935 das Analogieverbot im Strafrecht aufgehoben wurde und nunmehr auch eine Tat bestraft werden konnte, die zwar gegen kein *bestimmtes* Strafgesetz verstieß, aber „nach dem Grundgedanken eines Strafgesetzes und nach gesundem Volksempfinden Bestrafung" verdiente, so begrüßten diese Juristen, daß es nun nicht mehr solche unverständlichen Urteile geben werde, wie das Reichsgerichtsurteil vom 28. Dezember 1933, das den Mißbrauch von Münzfernsprechern durch Einwerfen ungültiger Münzen oder Metallstücke für straflos erklären mußte, weil weder der Betrugsparagraph des StGB noch das Elektrizitätsdiebstahlsgesetz ihrem Wortlaut nach auf die Tat angewendet werden konnte.

Nur wurde dabei übersehen, daß die nationalsozialistische Führung hinter der offiziellen Fassade einer lückenlosen und wirksameren Verbrechensbekämpfung mit der Einführung solcher Bestimmungen ganz andere Ziele verfolgte, nämlich schrittweise die strenge Bindung des Richters an das geschriebene Gesetz zu lösen und damit die rechtsstaatliche Funktion des Strafrechts aufzuweichen, die dem einzelnen Rechtssicherheit gewährt hatte. Die Einführung des Tätertypus „gefährlicher Gewohnheitsverbrecher" – für den es im Gesetz keine abschließende Definition gab, dessen Anwendung auf den Täter daher weitgehend dem Ermessen des Richters überlassen bleiben mußte – war nur die Vorstufe für die Einführung von Tätertypen im Kriege wie „Volksschädling",

„Wirtschaftssaboteur" oder „Gewaltverbrecher", deren Anwendung auf die Persönlichkeit des Täters auch bei nicht schwerwiegenden Taten zu Urteilen führte, die jeder gerechten Sühne hohnsprachen. Durch die Einführung solcher Tätertypen und generalklauselartiger Bestimmungen wie „Gefahr für die öffentliche Sicherheit", „Ausnutzung der Kriegsverhältnisse" usw., durch die die strengen Tatbestände in den Strafnormen gelockert wurden, sollte der Richter in Stand gesetzt werden, in jedem Straffall nach dem Willen der Führung zu judizieren. Solange diese Generalklauseln nach *rechtlichen* Gesichtspunkten gehandhabt wurden, mochten sie durchaus sinnvoll sein; sobald für ihre Anwendung Gesichtspunkte der Zweckmäßigkeit, der „Staatsraison" oder ähnliches maßgebend wurden, mußten sie zu *politischen* Instrumenten werden.

Abschließend sei der damals praktizierte Erlaß von Strafgesetzen mit rückwirkender Geltung erwähnt, denen ein besonderer Unrechtsgehalt anhaftet: Als Hitler zum ersten Mal – am 7. März 1933 – ein rückwirkendes Strafgesetz forderte, um den Reichstagsbrandstifter van der Lubbe zum Tode verurteilen zu können (auf aufrührerische Brandstiftung stand zum Zeitpunkt der Tat nur die Zuchthausstrafe), erhob die Justizleitung Einwände dagegen mit dem Hinweis auf den Grundsatz nulla poena sine lege – daß eine Tat nicht mit einer Strafe belegt werden dürfe, die zum Zeitpunkt der Tat dafür noch nicht angedroht war –: Dieser Grundsatz gelte in der ganzen Kulturwelt mit Ausnahme der Sowjetunion, Chinas und einiger asiatischer Staaten. Da sich auch Hindenburg weigerte, an einer entsprechenden Präsidialverordnung mitzuwirken, wartete Hitler bis nach dem Ermächtigungsgesetz, das ihm ermöglichte, das „Gesetz über Verhängung und Vollzug der Todesstrafe" (die lex van der Lubbe) vom 29. März 1933 zu erlassen.

Nach dieser Erfahrung war später von Einwänden der Justizleitung allerdings keine Rede mehr: Sowohl das Gesetz gegen erpresserischen Kindesraub vom Juni 1936 wie das Gesetz gegen Straßenraub mittels Autofallen vom Juni 1938 wurden jeweils *nach* der begangenen Tat – mit rückwirkender Geltung – erlassen, um die

Täter mit dem Tode bestrafen zu können. Hier wird die uneingeschränkte Willkür besonders deutlich, mit der das Mittel der Gesetzgebung zur Erreichung von ad hoc-Zielen eingesetzt wurde. Wie eingangs ausgeführt, hielt es Hitler allerdings nach Kriegsausbruch nicht mehr für nötig, in solchen Fällen die Gesetzgebung zu bemühen, sondern ließ statt dessen den Täter der Polizei zur Exekution überstellen.

III.

Es unterliegt keinem Zweifel, daß die Rechtsprechung sowohl durch die geschilderten organisatorischen, institutionellen und psychologischen Mittel der Gleichschaltung wie auch durch die Aktivität fanatischer Nationalsozialisten in den Reihen der Strafjustiz zu einem Instrument geworden war, das nach dem Willen der Führung funktionierte.

Dafür sprechen allein die seit Kriegsbeginn ansteigenden Todesurteile. Während 1933 bis 1939 von der ordentlichen Justiz (ohne die seit 1934 wiedereingeführte Wehrmachtsjustiz) 664 Todesurteile ergingen, an denen der Volksgerichtshof (VGH) seit Mitte 1934 mit 108 beteiligt war, wurden allein 1940 250 (VGH = 53) Todesurteile verhängt.

Dann stiegen die Zahlen sprunghaft an:

1941 = 1292 (VGH = 102)
1942 = 3641 (VGH = 1192)
1943 = 5336 (VGH = 1662)
1944 = 4264 (VGH = 2097).

Also 1933–1945 = rund 16000 Todesurteile (davon VGH über 5000).

Neben der Scharfmacherei durch die erwähnte „Lenkung" war die stetig erweiterte Einführung der Todesstrafe für schon bestehende oder neugeschaffene Tatbestände eine weitere Ursache für das Anwachsen der Todesurteile. Die Tatbestände, für die die Todesstrafe vorgesehen war, stiegen von 3 im Jahre 1933 auf insgesamt 45 an. Ein Motiv dieser rigorosen Strafrechtspolitik war offenbar das „Trauma von 1918": einen Zusammenbruch der inneren Front sollte es diesmal auf keinen Fall geben; der kriminelle „Volksfeind, der der kämpfenden Front in den Rücken fiel", sollte ausgemerzt werden.

Die Feststellung, daß die Rechtsprechung ein Instrument der Führung geworden war, darf jedoch nicht zu dem Kollektivurteil verleiten, daß alle damaligen Strafrichter nationalsozialistische „Blutrichter" gewesen seien. Gemeint ist nicht, daß im Bagatell-Strafrecht – wie zum Beispiel auch in weiten Gebieten des bürgerlichen Rechts – ohnehin „normal" weiter judiziert wurde. Gemeint ist, daß es auch bei *politisch* gefärbten Straftaten, die durchaus das Interesse der Führung berührten, neben exzessiven Urteilen von barbarischer Härte, die der Gerechtigkeit hohnsprachen (wie sie vom Volksgerichtshof bekannt sind), Urteile gab, bei denen Richter das Gesetz *restriktiv* auslegten, um eine ungerechte Rechtsfolge zu vermeiden oder wenigstens zu mildern. Das waren eben jene Urteile, die bis 1945 immer wieder die Kritik der Führung hervorriefen und mit den geschilderten Mitteln korrigiert wurden. Um es noch einmal zu verdeutlichen: der Richter *mußte* das Gesetz anwenden, wenn der Tatbestand vorlag, die entscheidende Frage aber war, wie weit er ein übriges tat und im vorgeschriebenen Strafmaß bis an die oberste Grenze ging.

Urteile, bei denen der Richter das Mißfallen der Führung von vornherein erwarten konnte, waren praktisch nur dann möglich, wenn sich der Richter dabei in sein positiv-rechtliches Schneckenhaus zurückziehen konnte. Dazu ein ganz simples, aber nichtsdestoweniger einleuchtendes Beispiel: Ein Dessauer Gericht sprach 1934 einen Mann, der die Standarte (Flagge) der SS verächtlich gemacht hatte, mit der Begründung frei, § 134a StGB stelle nur die Beschimpfung der Flaggen des Reichs und der Länder – also die schwarz-weiß-rote und die Hakenkreuzfahne und damit bestenfalls noch die Fahne der NSDAP – unter Strafe, nicht aber die Flagge einer Gliederung der Partei, die dazu nicht einmal das Hakenkreuz (sondern die SS-Rune) trage. Himmler beanstandete dieses Urteil beim Justizministerium, doch das Ministerium fand das Urteil sachlich völlig in Ordnung. Auf Wunsch der Parteiführung wurde diese Lücke im Gesetz anläßlich der nächsten Novelle zum StGB im Jahre 1935 geschlossen.

Dazu ein Gegenbeispiel, das zeigt, wie weit Richter – von nationalsozialistischen Gedankengängen beeinflußt – über das geschriebene Gesetz hinausgingen und Handlungen bestraften, obwohl der Wortlaut des Gesetzes dem entgegenstand: Nach dem Nürnberger Blutschutzgesetz von 1935 war der außereheliche Geschlechtsverkehr zwischen deutschen Juden und „Deutschblütigen" verboten. Nach § 4 StGB konnte aber grundsätzlich eine von deutschen Staatsangehörigen im Ausland begangene Tat (mit Ausnahme hoch- oder landesverräterischer Handlungen u. ä.) in Deutschland nur dann bestraft werden, wenn sie auch nach dem Recht des betreffenden Staates, in dem sie begangen wurde, strafbar war. Trotz dieser eindeutigen Rechtslage bejahte das Reichsgericht 1938 die Bestrafung eines Juden, der sich bei einem vorübergehenden Aufenthalt im Ausland mit einer Deutschen eingelassen hatte. Die Begründung des Urteils – die zu lang ist, um sie hier darzulegen (sie ist in der „Deutschen Justiz" 1939, S. 102 f., nachzulesen) – war derart hergeholt und an der NS-Rassentheorie orientiert, daß man wahrlich Jurist sein muß, um darin *keine* Rechtsbeugung zu sehen.

Die Frage, ob die Gerichte *in toto* ungerechten Forderungen der nationalsozialistischen Führung entsprochen und damit als Institution zur Wahrung des Rechts „versagt" haben oder wieweit die Rechtsprechung in der Praxis einen gewissen Umfang rechtlicher – auch gerechter – Ordnung aufrechterhielt, ist nicht die entscheidende. Selbst wenn die jährlich gefällten ca. 300 000 Strafurteile – von den Urteilen der Zivilgerichte, die ein Mehrfaches ausmachten, ganz zu schweigen – durch einen Computer gejagt werden könnten, um festzustellen, bis zu welchem Ausmaß die Rechtsprechung nun wirklich den Intentionen der NS-Führung folgte, würde das Ergebnis einer solchen *quantitativen* Feststellung nichts an der Tatsache ändern, daß die Justiz *qualitativ* zum Instrument des Unrechtsstaats geworden war. Denn durch die geschilderten Mittel der Gleichschaltung hatte die Führung die Möglichkeit, im konkreten Einzelfall jederzeit in die Funktion der Justiz so einzuwirken, daß das gewünschte Ergebnis zutage trat. Die Justiz war in keiner Weise mehr geeignet, Leben, Freiheit und Eigentum des einzelnen rechtlich zu schützen. Sie war dagegen durchaus geeignet, das nationalsozialistische Regime zu stabilisieren.

Hermann Graml

Grundzüge nationalsozialistischer Außenpolitik

Die Diskussion über die Außenpolitik des nationalsozialistischen Deutschland, die in der Wissenschaft seit Jahrzehnten andauert, hat an Breite und Intensität ständig zugenommen und mittlerweile eine kaum noch überschaubare Vielfalt an Erklärungsmodellen hervorgebracht. Zwar hat es die Zeitgeschichtsforschung, anders als bei der Untersuchung wilhelminischer Außenpolitik, hier nicht mit einer komplizierteren Kriegsschuldfrage zu tun. Die Behauptung rechtsradikaler Autoren, die Ursachen des zweiten großen Kriegs unseres Jahrhunderts seien in den vom ,,Weltjudentum" unterstützten Machenschaften angelsächsischer Politiker aufzuspüren, ist absurd und findet in den Quellen nicht den geringsten Halt. Es gibt vielmehr nicht den leisesten Zweifel daran, daß sowohl der 1939 in Europa beginnende Krieg wie auch seine Erweiterung zum globalen Konflikt 1941 ihren Grund allein in der expansionistischen Außenpolitik des nationalsozialistischen Deutschland, des faschistischen Italien und des unter einer besonderen Form autoritärer Herrschaft lebenden Japan hatten. In diesem Sinne haben die seit 1945 erschlossenen und heute in fast erdrückender Fülle zur Verfügung stehenden Quellen jene Schuldsprüche, die Gerichte der Vereinten Nationen in den ersten Nachkriegsjahren gegen politische und militärische Führer Deutschlands und Japans aussprachen, nur bestätigt.

Wie aber sind Gründe und Charakter des deutschen, italienischen und japanischen Expansionismus genauer zu bestimmen? Handelten, was Deutschland angeht, Hitler und die nationalsozialistische Führungsgruppe nach einem vorbedachten Konzept und hatten sie definierbare Ziele? Oder waren sie skrupellose Opportunisten, die planlos lediglich den Versuchungen nachgaben, die aus der Schwäche und den Fehlern der anderen europäischen Mächte resultierten? Ist die nationalsozialistische Eroberungspolitik nur als die Sache Hitlers und seines engsten Führungskreises anzusehen, die eine friedliebende, aber unterworfene Bevölkerung, vielleicht sogar eine im Grunde ebenfalls kriegsunwillige NS-Bewegung, mit einem mannigfaltigen Instrumentarium des Zwangs, der Propaganda und der Bestechung zur Gefolgschaft nötigten und verführten? Oder befand sich die NS-Führung in Übereinstimmung mit breiten Schichten der deutschen Gesellschaft, gar in Abhängigkeit von hinter ihr stehenden Auftraggebern aus Industrie und Finanz? Schlugen sie den Weg zur Expansion aus freien Stücken ein, oder waren sie Gefangene der Entwicklungs- und Aktionsgesetze einer von ihnen mehr repräsentierten als geführten Bewegung? Hatte die NS-Führung ein Regime errichtet, das zur Erfüllung innenpolitischer Zwecke, namentlich zur Betäubung innerer Gegensätze im Dienste der Verteidigung des bürgerlich-kapitalistischen Systems, zwangsläufig einen von Hitlers Programmen nicht verursachten, sondern lediglich verkörperten Imperialismus entwickelte? Sahen sie womöglich, nachdem sie das Land durch eine verfehlte Politik in eine wirtschaftliche, finanzielle und damit politische Krise gesteuert hatten, im Krieg den letzten Ausweg zur Rettung ihrer Herrschaft?

Daß so viele Fragen auftauchen und bei der Beantwortung so wenig Einigkeit herrscht, ist offensichtlich dadurch bedingt, daß kein Zusammenhang zwischen nationalsozialistischer Außenpolitik und definierbaren realen Interessen des damaligen Deutschen Reiches oder führender Gruppen der deutschen Gesellschaft zu erkennen ist, ob man nun wirtschaftliche oder strategische und machtpolitische Interessen bemüht. Das genuin nationalsozialistische Leitmotiv der Außenpolitik des Dritten Reiches war der Traum vom ,,Lebensraum" im Osten, von einem auf die Landmasse zwischen Ärmelkanal und Ural gestützten gewaltigen Imperium. Von diesem Traum gibt es keine Verbindung zu etwaigen natürlichen Ausdehnungstendenzen und wirtschaftlichen Bedürfnissen Deutschlands, auch nicht zu den Geschäftsinteressen, den Expansionsneigungen und den gesellschaftspolitischen Machtansprüchen deutscher Kapitalisten. Sicherlich haben sich die deutschen Unternehmer, von Gestalten wie Bosch und auch Fritz Thyssen abgesehen, der nationalsozialistischen Kriegspolitik angepaßt und von ihr wirtschaftlich wie politisch zu profitieren versucht, aber kein Industrieller oder Bankier hat die Entstehung des Traums inspiriert, keiner nach 1933 seine Durchführung gefordert oder gar erzwungen, und wer während des Krieges im sogenannten „Ostraum" investierte, tat das im allgemeinen nur auf Befehl. Ebenso war der Traum unabhängig von den Plänen eines unter deutscher Führung zusammengefaßten mitteleuropäischen Blocks, wie sie vor, während und nach dem Ersten Weltkrieg von deutschen Wirtschaftlern, Politikern und Professoren geschmiedet wurden, etwa von Friedrich Naumann, Franz v. Liszt und Hermann Oncken, unabhängig auch von den großdeutschen Ambitionen des ordinären Nationalismus, erst recht unabhängig von der außenpolitischen Dominante der Weimarer Republik, dem Revisionismus, der den Versailler Vertrag abschütteln und Deutschland sowohl die Grenzen wie die internationale Position des Jahres 1914 zurückgewinnen wollte. Zweifellos waren in den meisten außenpolitischen Aktionen des NS-Regimes einer oder mehrere der genannten Faktoren im Spiel, aber doch nur instrumentalisiert und kontributiv. Stets ist nachzuweisen, daß die ausschlaggebenden Akteure die Aktion lediglich als Station verstanden, und zwar als Station auf dem Wege zur Verwirklichung ihres Traums – als Abschluß einer Etappe und zugleich als Eröffnung der nächsten Runde.

Die Unmöglichkeit, nationalsozialistische Außenpolitik aus realen deutschen Interessen oder noch halbwegs verständlichem Drängen nach Macht- und Einflußgewinnen abzuleiten, legt nun in der Tat den Gedanken nahe, die außenpolitische Dynamik des NS-Regimes habe, bewußt oder unbewußt, zur Überspielung innerer Gegensätze, zur Stabilisierung des Systems und zur Machterhaltung der NS-Bewegung dienen sollen. In der neueren europäischen Geschichte gibt es ja durchaus Beispiele für außenpolitisches Handeln, das zumindest auch als innenpolitische Therapie zu begreifen ist: Man braucht nur an manche Aktivitäten Napoleons III. zu denken oder an Bismarck zwischen 1862 und 1871; im übrigen hat schon Plutarch bei etlichen Heroen der römischen Republik die Entdeckung gemacht, „daß sie wie Ärzte die inneren Störungen des Staates nach außen ableiteten". Jedoch kann eine solche Erklärung im Falle des Dritten Reiches nicht befriedigen. Gewiß war den Führern der NS-Bewegung klar, daß außenpolitischer Aktionismus, jedenfalls wenn er Erfolge bringt, integrierend zu wirken vermag, und sie haben derartige Effekte sehr wohl benutzt und dankbar registriert. Andererseits erfuhren sie, daß sie mit bestimmten Aktionen, mit dem Eingehen unglaublicher Risiken und schließlich mit der Permanenz ihres Aktionismus auch innere Gegensätze schufen und Widerstände provozierten. Es ist bezeichnend, daß sie sich durch diese Erfahrung nicht im mindesten beirren ließen. Sowohl Ende 1937 wie vor und nach dem Münchner Abkommen ist besonders deutlich zu sehen, daß selbst spürbarer Verlust an Integrationskraft sie nicht sonderlich beeindruckte, wenn der Verlust mit der Realisierung des außenpolitischen Programms zusammenhing und wenn die Rücksichtnahme auf den Verlust die weitere Verfolgung des Programms in Frage gestellt hätte; die damals offenkundige Möglichkeit, gerade durch eine Drosselung der außenpolitischen Dynamik systemstabilisierend zu handeln, ist ignoriert worden. Auch waren die nationalsozialistischen Führer bei einigen ihrer Aktionen der Meinung, die Existenz des Regimes und mindestens ihre eigene politische Existenz aufs Spiel zu setzen. Wenn Hitler im März 1936, als weit und breit keine Anzeichen einer inneren Krise zu beobachten sind, Truppen ins entmilitarisierte Rheinland einmarschieren läßt und damit den Vertrag von Locarno zerfetzt, obwohl er auf Grund einer völligen Verkennung der internationalen Situation glaubt, mit dem Schicksal der Aktion hänge jetzt das eigene Schicksal und das des Nationalsozialismus an einem hauchdünnen Faden, dann mußten ihn andere Motive bewegen als der Wunsch, die Stimmung der Bevölkerung etwas zu heben; daß er seinen zögernden Diplomaten die Aktion mit dem Hinweis auf ein „Herabgehen der Stimmung" schmackhafter zu machen suchte, ändert daran gar nichts. Vor allem aber war die Dynamik nationalsozialistischer Außenpolitik – wie der Traum und das aus dem Traum folgende Programm, die beide die Dynamik erzwangen – lange vor Antritt der Herrschaft gewollt und vorhergesehen, als die Notwendigkeit der Machterhaltung und die dafür etwa tauglichen Mittel das Denken der Nationalsozialisten noch nicht beschäftigten.

Doch wenn der nationalsozialistische Expansionismus auch nicht aus Zwängen der Systembehauptung und sein Ursprung nicht unmittelbar aus dem großen Konflikt zwischen bürgerlicher Ordnung und Sozialismus herzuleiten ist, so muß der Traum von der Raumeroberung im Osten wohl dennoch zur Gattung der Sozialimperialismen gerechnet werden. Es kann als Tatsache angesehen werden, daß die deutsche Gesellschaft auf die rapide Industrialisierung im letzten Drittel des 19. Jahrhunderts in doppelter Weise reagierte: Einerseits provozierte sie eine ungeheure Steigerung des Kraftgefühls und eine außerordentliche Zunahme der materiellen wie der politischen Anspruchsbereitschaft; andererseits reagierten breite Schichten der deutschen Gesellschaft mit ausgeprägter Abneigung auf die Industrialisierung – einer Abneigung, die sich die Befreiung von allen tatsächlichen und vermeintlichen Übeln der Industriegesellschaft vorwiegend von der Restauration des Vergangenen versprach. Zu den Gründen dieser Reaktion zählt, daß die Industrialisierung eine noch überwiegend vormodernagrarisch geprägte und gemäß entsprechenden Leitbildern lebende Gesellschaft zu rasch traf und sie nur partiell ergriff, also weiterhin vormoderne Gesellschaftsstrukturen und Mentalitäten dominierten. George Mosse und Fritz Stern haben die Tiefe und die weite Ausbreitung dieser Abneigung gegen Modernisierung und Industrialisierung eindrucksvoll beschrieben. Es ist ebenso evident, daß Erlebnis und Ergebnis des Ersten Weltkriegs das Kraftgefühl bestätigten, die politische Anspruchsbereitschaft durch Frustration aufs äußerste reizten und zugleich dem Unbehagen an der Industriegesellschaft kräftige neue Impulse gaben.

Daß die Nationalsozialisten zu dieser ,,antimodernistischen" (so Henry Turner) Bewegung gehörten, könnte mit einer Fülle von Zeugnissen belegt werden. Ihre Besonderheit bestand darin, daß sie das Unbehagen an der Industriegesellschaft zu radikaler Feindschaft verschärften, daß sie die Feindschaft in extrem antiindustrielle und antistädtische Entwürfe einer angeblich gesunden und harmonischen Ordnung umsetzten, in der die gesamte Nation in eine Gesellschaft von Kriegern und Landbesitzern zurückverwandelt werden sollte, und daß sie, im Bewußtsein des Kräftepotentials ihrer Nation, die notwendige Konsequenz der gesellschaftspolitischen Utopie ausdrücklich bejahten, nämlich den dafür erforderlichen Raumbedarf und den zur Befriedigung des Raumbedarfs notwendigen Eroberungskrieg. In sämtlichen programmatischen Äußerungen von Repräsentanten der NS-Bewegung, sofern die Grundanschauung artikuliert wird, ist, bei aller Widersprüchlichkeit im Detail, jene Flucht aus der Wirklichkeit des 20. Jahrhunderts in eine mit feudalistischen Zügen ausgestattete mythische Vergangenheit als gemeinsamer Nenner nachweisbar. Vielfach wird auch der zwangsläufige Zusammenhang zwischen Gesellschaftsbild, Raumnot und Expansionsprogramm ungeniert und klar ausgesprochen: So wenn Hitler in Büchern und Gesprächen kriegerische Ostkolonisation und Schaffung eines neuen Menschen praktisch als Einheit behandelt oder wenn SS-Führer, die nach Beginn des Angriffs auf Rußland in abendlicher Runde tafeln, den Sinn des Feldzugs darin sehen, ihnen und ihren Nachkommen eine in schwärmerischer Glorifizierung beschworene Existenz als Gutsbesitzer zu ermöglichen. Vielleicht am präzisesten ist die Ableitung des Eroberungskriegs aus der Gesellschaftsutopie in dem bereits 1919 erschienenen Buch „Der nationale Sozialismus" formuliert, das nicht ein unbedeutender Parteigenosse geschrieben hat, sondern Rudolf Jung, einer der Führer der sudetendeutschen Nationalsozialisten; Hitlers eigene Darlegung der Lebensraum-Ideologie, wie sie in „Mein Kampf" zu finden ist, stellt im Grunde nur eine wortreichere Paraphrasierung der entsprechenden Passagen des ihm wohlvertrauten Jungschen Buchs dar.

Jungs Schrift ist aber nicht zuletzt deshalb bemerkenswert, weil sie zeigt, daß das agrarromantische und eine Art Refeudalisierung postulierende Gesellschaftsbild so wie die aus ihm gezogene Vorstellung von der Notwendigkeit eines Eroberungskriegs sich ohne weiteres mit einer deutlich antikapitalistischen Tendenz vereinigen konnten, die ja zu den konstitutiven Elementen des sudetendeutschen Nationalsozialismus gehörte. Auf der anderen Seite hat ein Autor wie Hans Zöberlein, der in den letzten Tagen des Zweiten Weltkriegs als Hauptakteur der Penzberger Mordnacht in Erscheinung trat, die nämliche Utopie und das nämliche Expansionsprogramm gleich selbstverständlich mit einer eindeutig antisozialistischen Tendenz verknüpft. Tatsächlich wollten die Nationalsozialisten die Auseinandersetzung zwischen Kapitalismus und Sozialismus, die sie beide der verhaßten Industriegesellschaft zurechneten, nicht entscheiden, sondern überwinden, indem sie die ganze deutsche Nation, ja die ganze sogenannte nordische Rasse zur Höhe der Herrenschicht des erträumten Imperiums emporrissen, ,,mit eiserner Faust'', wie Hitler sagte, dabei die vom marxistischen Internationalismus befreite Arbeiterklasse mitnehmend und die in Dienst genommenen alten Eliten, je nach Nützlichkeit, integrierend oder allmählich ausscheidend. Die Tauglichkeit und die Legitimation, die sie den Deutschen und einigen ,,artverwandten'' Völkern für die erstrebte imperiale Herrenrolle zusprachen, begründeten sie im übrigen mit rassischen Kriterien, daher wähnten sie den Erfolg des Eroberungskriegs und die Behauptung der dann zu realisierenden Gesellschaftsutopie in engster Abhängigkeit von der Ausstoßung und Vernichtung sog. rassefremder und schädlicher Elemente, namentlich der Juden, die ihnen geradezu als die persönlich greifbaren Erfinder und Steuerleute der Industriegesellschaft erschienen. So haben sie in Theorie und Praxis eine unauflösliche Verbindung zwischen ihrem Eroberungskrieg und einem antisemitischen Vernichtungsfeldzug hergestellt. Als Umsetzung der Legitimationskrise absinkender Eliten in kriegerische Außenpolitik, wie Arno Mayer einmal auf höchst eindrucksvolle Weise darzutun versucht hat, ist der nationalsozialistische Expansionismus mithin wohl kaum zu deuten. Plausibler scheint es, diesen seltsamen plebejischen Aristokratismus, der im wesentlichen doch die Sache von Mittelständlern und Vertretern der unteren Mittelklasse war, als eine völlig pervertierte Emanzipations- und Aufstiegsbewegung zu begreifen.

Henry Turner hat übrigens mit Recht darauf aufmerksam gemacht, daß die Nationalsozialisten zwar der Industriegesellschaft zu entfliehen suchten, dabei aber keineswegs die Leistungen der Industrie zu verschmähen gedachten. In der Tat konnte und wollte niemand in Deutschland, auch kein Nationalsozialist, auf die Produkte der Industrie verzichten. Hitler liebte seinen Mercedes; in ihm wie in vielen seiner Anhänger koexistierte die Ablehnung der modernen Industriegesellschaft friedlich mit einer naiven Freude an moderner Technik. Auch war schon vor 1933 und vor Beginn der Aufrüstung nicht zweifelhaft, daß die kommenden Eroberungskriege sogar ein hohes Maß an Modernisierung erforderten; schließlich brauchte man dazu in genügender Zahl die besten Maschinengewehre, Geschütze, Panzer und Flugzeuge, brauchte man synthetischen Gummi und synthetisches Benzin. Mit dergleichen Paradoxien werden stark ideologisch geprägte Politiker recht häufig konfrontiert. Viele Nationalsozialisten waren sich der darin liegenden Ironie immerhin bewußt. Das relativ geringe Ausmaß der wirtschaftlichen und gesellschaftlichen Mobilmachung des Dritten Reichs, das für das Jahr 1939 konstatiert werden muß, ist nicht allein auf die Knappheit der Ressourcen oder die enge Bindung der Mobilisierung an ein Blitzkriegskonzept zurückzuführen, erst recht nicht auf einen Mangel an Zielbewußtsein und Kriegswillen, sondern auch auf eine – im Hinblick auf die Zeit nach dem Siege – vom nationalsozialistischen Gesellschaftsbild geforderte Selbstbeschränkung in der Modernisierung.

Die ebenso kühne wie auf schreckliche Weise idiotische Utopie der Nationalsozialisten war aber in den zwanziger und dreißiger Jahren, so unglaublich das heute scheinen mag, nicht nur das Credo einiger einsamer und belächelter Propheten. In den nationalsozialistischen Parteien des deutschsprachigen Raums erlangten die Schriften Jungs und Hitlers, und zwar unter Kenntnisnahme ihres Inhalts, rasch biblische Autorität. In zahllosen verwandten Gruppen dominierten ähnliche Anschauungen. Die NS-Bewegung in Deutschland, wie sie sich bis 1930 formiert hatte, war auf das Lebensraum-Programm eingeschworen, das ja nicht allein in Büchern und Broschüren oder im damals nicht gedruckten Manuskript von Hitlers sogenanntem „Zweiten Buch" verkündet, sondern auch in aller Offenheit in Versammlungen erörtert wurde.

Hitler selbst und viele seiner Gefolgsleute sahen in der Verwirklichung des Traums vom Ostimperium zweifellos die eigentliche Aufgabe der NS-Bewegung. Bewies nicht der Frieden von Brest-Litowsk, mit dem im März 1918 ein von Ludendorff repräsentierter Teil der alten deutschen Elite die Festsetzung Deutschlands im Osten schon einmal versucht hatte, daß die Realisierung des Traums möglich war? Im Handeln Ludendorffs, das im übrigen ebenfalls die Ausbreitung der Raum-Ideologie zeigt, sahen er und seine Gesinnungsgenossen die Tradition begründet, der sie sich verpflichtet fühlten. Die Macht in und über Deutschland erstrebten sie in erster Linie zur Fortsetzung und Erfüllung der, wie sie glaubten, damals begonnenen historischen Mission. Unter dem Beifall seiner Anhänger konnte Hitler, etwa im Mai 1928, in öffentlicher Rede ausrufen, er werde sich dereinst nicht scheuen, den Befehl zum ,,Bluteinsatz" zu geben. Die Freimütigkeit, mit der die Eroberungspläne diskutiert wurden, ist auch später noch zu beobachten. 1935 beschwerte sich Schacht, Reichsbankpräsident und Wirtschaftsminister, in einem Brief an den bayerischen Reichsstatthalter v. Epp über das ständige Gerede ,,von dem zu erwerbenden Ostraum", und 1937 konstatierte Generalstabschef Beck: ,,. . . über die Absicht, die deutsche Raumnot früher oder später gewaltsam zu beheben, (besteht) innerhalb und außerhalb der deutschen Grenzen schon seit Jahren ein Geheimnis nicht mehr." Als Grundstimmung waren das Gefühl der Raumnot und die Überzeugung von der Notwendigkeit ihrer Überwindung sogar weit über die NS-Bewegung hinaus anzutreffen. Als Hans Grimm 1926 seinen Roman ,,Volk ohne Raum" veröffentlichte, wurde das Buch zu einem der größten Bestseller jener Jahre, und Millionen nahmen zumindest den Titel als Feststellung einer simplen Wahrheit zur Kenntnis.

Gleichwohl blieb die Lebensraum-Ideologie, erst recht in ihrer nationalsozialistischen Radikalität, nur der Traum einer Minderheit. Daß das Eroberungsprogramm dieser Minderheit zu einem bestimmenden Faktor der Geschichte unseres Jahrhunderts werden konnte, ist ohne den spezifischen Beitrag Hitlers nicht zu erklären. Erstens ist es undenkbar, daß ohne sein propagandistisches Genie und die starke öffentliche Wirkung seiner Person die NSDAP zu jener Massenbewegung angewachsen wäre, die für hochkonservative Gruppen der Gesellschaft als Bundesgenossin interessant wurde und im Bündnis mit solchen Gruppen die Macht im Staate tatsächlich erlangen konnte; daß Hitler und seine Gefolgschaft dabei mehr mit Parolen und Verheißungen arbeiteten, die mit dem Lebensraum-Programm gar nichts zu tun hatten, daß ihr Triumph außerdem nicht zuletzt von bestimmten Zeitumständen ermöglicht wurde, vor allem von der Weltwirtschaftskrise und den autoritären Experimenten der zwischen 1930 und 1933 amtierenden deutschen Präsidialkabinette Brüning, Papen und Schleicher, braucht nicht näher ausgeführt zu werden. Jedenfalls konnte es nach 1919, trotz der Vorläuferschaft Ludendorffs, nur einem Massenführer wie Hitler gelingen, mit dem Lebensraum-Programm im Gepäck in die Reichskanzlei einzuziehen. Nachdem Hitler Reichskanzler und dann im Rahmen des entstehenden NS-Regimes zur unentbehrlichen Integrationsfigur geworden war, die in den Bereichen, die ihr wirkliches Interesse fanden, Richtung und Tempo der Politik praktisch selbstherrlich zu diktieren vermochte, hielt er zweitens am Traum vom Ostimperium mit einer Konsequenz fest, die keineswegs selbstverständlich, sondern höchst überraschend ist und die wohl keiner seiner Gefolgsleute aufgebracht hätte. Auch die überzeugtesten Anhänger der nationalsozialistischen Utopie wären beim Versuch der Realisierung irgendwann von der Angst vor den dabei einzugehenden Risiken abgeschreckt worden. Bei manchen Aktionen verlor Hitler zwar nicht die Gefolgschaft, aber doch die Zustimmung selbst seiner engsten Mitarbeiter. Obwohl der Erfolg das Vertrauen jedesmal zurückbrachte und für den nächsten Coup den Gehorsam sicherte, blieb die Angst konstant und machte sich immer wieder bemerkbar. Bei Göring z. B., der lediglich bei der ungefährlichen Eingliederung Österreichs eine treibende Rolle spielte, führte die Angst während der Sudetenkrise sogar zu dem vorsichtigen Versuch, den Kurs Hitlers zu konterkarieren, und hätte er bestimmenden Einfluß gehabt, wäre auch die Polenkrise anders beendet worden. Nicht nach Intention und Richtung, wohl aber in der Entschlossenheit und im Tempo der Exekution war die Außenpolitik des NS-Regimes die Sache eines Mannes. Die Konsequenz, mit der Hitler bei allem, was er tat und unterließ, die Ostexpansion im Auge behielt, gab ihm allerdings, drittens, eine bemerkenswerte Unabhängigkeit von den Emotionen und Zielen des gewöhnlichen deutschen Nationalismus, und nur diese Unabhängigkeit erlaubte ihm die völlig freie Manipulation jener Emotionen und Ziele; je nach den taktischen Bedürfnissen der gegebenen Situation konnte er revisionistische, großdeutsche und mitteleuropäisch-hegemoniale Wünsche und Forderungen ein- oder ausschalten, damit zugleich die jeweiligen Trägergruppen benützen oder in die Ecke stellen.

Die gewonnene Freiheit verschaffte ihm, viertens, den gedanklichen Spielraum, für den Traum vom Ostreich eine Art Handlungsanleitung zu konzipieren, die wenigstens eine gewisse Aussicht auf Realisierung eröffnete. Lange vor 1933 entwickelte er den simplen Grundgedanken, daß Deutschland seinen Nachbarn wieder militärisch überlegen und daß das als Beute im Osten anvisierte Gebiet politisch isoliert werden müsse. Die Anfangsphase einer von ihm geleiteten Reichspolitik werde, so legte er fest, ausschließlich der militärischen, geistigen und emotionalen Aufrüstung Deutschlands und ihrer außenpolitischen Absicherung dienen; erst wenn Deutschland wieder über ein schlagkräftiges Heer verfüge, schrieb er, ,,werden die Lebensnotwendigkeiten unseres Volkes ihre praktische Vertretung finden können". Wenn irgend möglich, mußte aber gleichzeitig daran gearbeitet werden, den Ring der Allianzen zu sprengen oder doch zu lockern, den Frankreich nach 1918 um Deutschland gelegt hatte: namentlich das französisch-polnische Bündnis und Frankreichs Verbindung mit der Kleinen Entente, d. h. mit der Tschechoslowakei, Jugoslawien und Rumänien. Daneben war der Vertrag von Locarno zu liquidieren, der das Rheinland entmilitarisiert hatte und damit Frankreich jederzeit die Möglichkeit bot, in Deutschland einzufallen. Nach der Zerstörung der Versailler Ordnung konnte dann die eigentliche außenpolitische Aufgabe in Angriff genommen werden, nämlich die Sicherung der freien Hand Deutschlands im Osten.

Wenn Deutschland, so sagte er bereits 1928, die Herausforderung Großbritanniens vermeide, die sich das Kaiserreich geleistet hatte, auf größere Seestreitkräfte und Kolonien zunächst verzichte, sei die britische Tolerierung einer deutschen Ostexpansion durchaus erreichbar. Werde aber Großbritannien neutralisiert, sei auch die Passivität Frankreichs so gut wie sicher. Die Bundesgenossenschaft Italiens, die Hitler zum Freikauf Österreichs aus der italienischen Schirmherrschaft und zur Beschäftigung Frankreichs für nötig hielt, sei ebenfalls zu haben, wenn Berlin die italienischen Ambitionen im Mittelmeer und in Afrika unterstütze und öffentlich die Ansprüche auf Südtirol begrabe. Sollte es den Zug nach Osten erleichtern und beschleunigen, wenn Deutschland bei ost- und südosteuropäischen Staaten zunächst einmal Frankreich als Schutzmacht ablöste, so war Hitler auch dazu bereit. Lebte nicht in einem Mann wie Marschall Pilsudski der Traum von einem großpolnischen Reich? Konnte daher Polen nicht zur politischen Abschirmung und militärischen Unterstützung einer russischen Kampagne gewonnen werden?

An diese Handlungsanleitung hat sich Hitler bis zum Herbst 1937 mit bemerkenswerter Strenge gehalten. Daß er dabei seine Absichten zum Teil verwirklichen konnte, ist nun allerdings weniger seiner unbezweifelbaren taktischen Wendigkeit zuzuschreiben als vielmehr einer ungewöhnlichen Verkettung von Entwicklungen, die gewiß von seiner Existenz, nicht aber von seiner Geschicklichkeit beeinflußt wurden. So steuerte Hitler das Reich in der ersten Phase nationalsozialistischer Außenpolitik, die von der Machtübernahme bis zur Jahreswende 1935/36 reichte, in eine außenpolitische Isolierung, gegen die ihm kein Rezept einfiel und die er denn auch keineswegs mit eigenen Manövern überwand. Zwar kam er in einem Augenblick an die Macht, der für seine Vorhaben außerordentlich günstig war. Zwei der wichtigsten Fesseln, die der Versailler Vertrag um Deutschland gelegt hatte, brauchte er nicht mehr abzustreifen, das war bereits unter den Kanzlern der Präsidialkabinette geschehen: 1932 hatte Deutschland die Reparationsverpflichtung abschütteln können, und Ende 1932 war die militärische Gleichberechtigung des Reichs grundsätzlich zugestanden worden; der Rückzug Frankreichs von seinem Amt als Kustos der Versailler Ordnung hatte also schon begonnen. Durch den straflosen japanischen Einfall in die Mandschurei waren außerdem das Prinzip der kollektiven Sicherheit und seine institutionelle Verkörperung, der Völkerbund, schwer angeschlagen worden; Japan war am 27. März 1933, ohne Nachteile zu erleiden, aus dem Völkerbund ausgetreten. Unter diesen Umständen konnte auch Hitler die Bindung Deutschlands an das System der kollektiven Sicherheit mühelos lösen, ohne irgendwelche Repressalien befürchten zu müssen: Am 14. Oktober 1933 verließ Deutschland sowohl die Genfer Abrüstungskonferenz wie den Völkerbund und begann ungesäumt mit der Aufrüstung für eine schlagkräftige Armee. Bereits am 16. März 1935 durfte Hitler auf ein britisches Weißbuch, in dem die deutsche Aufrüstung kritisiert und eine britische Rüstungsanstrengung angekündigt wurde, ungestraft mit der offiziellen Einführung der allgemeinen Wehrpflicht reagieren. Es ist unbestreitbar, daß diese Fortsetzung der revisionistischen Politik seiner Vorgänger Hitler die Zustimmung der alten deutschen Eliten und praktisch des ganzen nationalen Bürgertums einbrachte; er hat denn auch die innenpolitischen Früchte sorgsam in die Scheuer gebracht und mit entsprechend erfolgreichen Plebisziten seine innere Position merklich gefestigt. Doch war das nur ein willkommener Nebeneffekt. Zweck der Rüstungspolitik war die Vorbereitung der äußeren Handlungsfreiheit. Gerade die außenpolitische Lage aber wurde ständig unbequemer.

Die deutsche Aufrüstung hätte, auch wenn sie unter einer anderen Regierung erfolgt wäre, mißtrauische Reaktionen der europäischen Staaten provoziert. Daß sie aber unter nationalsozialistischer Führung geschah, potenzierte das Mißtrauen. Die Errichtung der NS-Diktatur in einem Deutschland, das unter Stresemann gerade seine internationale Reputation zurückgewonnen hatte, weckte Abscheu, ebenso die beginnende Judenverfolgung. In außenpolitischer Hinsicht war offensichtlich ebenfalls nichts Gutes zu erwarten. Im Gegensatz zur landläufigen Meinung waren die für die Außenpolitik der europäischen Staaten Verantwortlichen und ihre Experten über den Inhalt von „Mein Kampf" durchaus unterrichtet. Winston Churchill hat schon nach dem ersten großen Wahlerfolg der NSDAP vom September 1930 zu einem Mitglied der deutschen Botschaft in London gesagt, daß hier Leute an die Macht drängten, die früher oder später Gewalt anwenden würden; eben deshalb gehörte er 1931 zu jenen britischen Politikern, die Brüning die deutsch-österreichische Zollunion erlauben wollten, um die vielleicht letzte parlamentarisch verankerte deutsche Regierung durch einen außenpolitischen Erfolg zu kräftigen. Auch ist außerhalb Deutschlands sehr wohl bemerkt worden, daß die Diktatur und der Terror der Nationalsozialisten nicht im Dienste einer großen inneren Reform- oder Revolutionsidee standen, sondern lediglich auf eine gigantische Mobilmachung hinausliefen; die mit allen Mitteln betriebene geistige Militarisierung der Nation wurde sogar in dem schon genannten britischen Weißbuch erwähnt. Alles deutete auf eine Entladung nach außen. Solche Befürchtungen konnten freilich nicht zur Intervention oder zum Präventivkrieg führen. Von der ausgeprägten Abneigung der Bevölkerung gegen außenpolitische und gar kriegerische Abenteuer ganz abgesehen, die in Frankreich und Großbritannien ein bestimmender Faktor der Politik war, gab es für die Regierungen beider Länder noch andere Gründe. Als Frankreich im Frühjahr 1933 auf einen polnischen Vorschlag, Deutschland durch eine militärische Intervention zu Wohlverhalten zu zwingen, mit kühler Ablehnung reagierte, zweifelte in Paris noch niemand an der eigenen militärischen Aktionsfähigkeit. Doch machte sich jetzt die Erinnerung an den Einfall ins Ruhrgebiet bemerkbar. Damals, 1923, war keines der französischen Ziele erreicht worden, vielmehr hatte das Vorgehen Frankreichs den deutschen Nationalismus gestärkt, ein wirtschaftliches und politisches Chaos in Europa angerichtet und daher Paris in ernste Konflikte selbst mit seinen Verbündeten verwickelt. Welche Wirkung mußte erst eine Politik der periodischen Okkupationen haben? Alle französischen Politiker waren mittlerweile zu der Einsicht gekommen, daß die zentrale und stärkste europäische Großmacht nicht mit dem Rezept Poincarés behandelt werden und daß Europa eine solchermaßen gewonnene und ausgeübte Hegemonie Frankreichs nicht hinnehmen konnte. Ähnliche

Erwägungen wurden in Großbritannien angestellt. „Wir können ihn nicht nur als den Verfasser von ‚Mein Kampf‘ ansehen", meinte Sir Eric Phipps, der britische Botschafter in Berlin.

Jedoch bemühten sich die französischen Politiker, namentlich seit im Februar 1934 Louis Barthou das Außenministerium übernommen hatte, mit einigem Erfolg um die Festigung all jener Allianzen, die sie zur Sicherung des Status quo mit den Staaten der Kleinen Entente geschlossen hatten, gleichzeitig wurden die Beziehungen zwischen Paris und London wieder enger, und schließlich gelang es den beiden Westmächten sogar, Italien in eine Containment-Front gegen Deutschland einzugliedern. Die Gelegenheit dazu hatte ihnen Hitler verschafft, indem er Putschpläne der österreichischen Nationalsozialisten zu lange unterstützte. Mussolini sah noch keinen Anlaß, Österreich Hitler zu überlassen und damit dem nationalsozialistischen Deutschland den Weg zur Vorherrschaft in Ostmittel- und Südosteuropa freizugeben, wo er für Italien eine politische Rolle anstrebte. So hat er Hitler 1933 und 1934 mehrmals mit der militärischen Intervention Italiens – und der Westmächte – gedroht, falls die Unabhängigkeit Österreichs angetastet werden sollte, und gemeinsam mit Großbritannien und Frankreich auch entsprechende öffentliche Erklärungen gegeben. Nachdem Hitler die Einführung der allgemeinen Wehrpflicht verkündet hatte, antworteten die drei Mächte am 14. April 1935 mit einer in Stresa formulierten Entschließung, daß sie für die Erhaltung des Status quo einzutreten entschlossen seien, was nicht zuletzt bedeutete, daß sie Hitler auf die Existenz des Vertrags von Locarno und die damit bestehende völkerrechtliche wie praktische Interventionsmöglichkeit aufmerksam machten. Dagegen wog es nicht schwer, daß Hitler Anfang 1934 einen Nichtangriffspakt mit Polen schließen konnte, weil die von Frankreichs Ablehnung ihres Interventionsvorschlags enttäuschte und von Hitlers Rußlandfeindschaft überzeugte polnische Regierung eine Chance für eine gewisse deutsch-polnische Entspannung gesehen hatte. Warschau ließ deswegen die Verbindung zu Paris nicht abreißen und blieb taub gegenüber Berliner Anregungen, den Vertrag zu einer noch engeren und ausdrücklich antirussischen Vereinbarung auszugestalten. Hingegen bewirkte der Pakt eine merkliche Intensivierung der sowjetischen Versuche, eine zur Zähmung Hitlers gedachte Allianz mit Frankreich einzugehen. Hitler hatte die zu Weimarer Zeiten so gute Zusammenarbeit zwischen Reichswehr und Roter Armee abgebrochen und die wirtschaftlichen und politischen deutsch-sowjetischen Beziehungen praktisch einfrieren lassen; dazu hatten die sowjetischen Führer ebenfalls aufmerksam „Mein Kampf" studiert. So kam es zu sowjetischen Avancen, die Frankreich zunächst durchaus freundlich aufnahm; am 2. Mai 1935 wurde ein französisch-sowjetischer Vertrag unterzeichnet, der die Sowjetunion mit der Front von Stresa zu verbinden schien. Auch das deutsch-britische Flottenabkommen vom 18. Juni 1935 sanktionierte lediglich, politisch gesehen, die Wiedereinführung einer Wehrpflichtarmee in Deutschland; eine Veränderung der internationalen Konstellation brachte es nicht.

Daß die Containment-Politik der europäischen Mächte das Jahr 1935 nicht überdauerte, war paradoxerweise gerade eine Folge des generellen Mißtrauens gegen das nationalsozialistische Deutschland. Am 3. Oktober 1935 griff Mussolini, vom japanischen Vorgehen in der Mandschurei ermuntert, das Völkerbundsmitglied Abessinien an. Dabei rechnete er fest mit der Toleranz der Westmächte, weil er darauf vertraute, für die Containment-Politik gegen Deutschland unentbehrlich zu sein. Tatsächlich war die Furcht der Westmächte vor Hitler inzwischen so gewachsen, daß sie das faschistische Italien in der Tat als unentbehrlichen Bundesgenossen ansahen und Mussolini deshalb, um ihn nicht in die Arme Hitlers zu treiben, sein afrikanisches Abenteuer nicht unmöglich machen wollten. Auf der anderen Seite war vor allem die britische Regierung der Ansicht, daß die Verpflichtungen gegenüber dem Völkerbund nicht völlig ignoriert werden dürften. Die Konsequenz war eine Politik der moralischen Appelle und der schwächlichen Sanktionen, die Mussolini nicht ernstlich behinderte, jedoch erboste und immerhin in gewisse Schwierigkeiten brachte. Beides veranlaßte ihn zu einer radikalen Änderung seiner Politik in Europa, nämlich zur Anlehnung an Deutschland. Bereits im Januar 1936 ließ er Hitler mitteilen, daß er nichts unternehmen werde, wenn Österreich aus der italienischen in die deutsche Schirmherrschaft wechsle; am 11. Juli 1936 nötigte daraufhin Hitler die Wiener Regierung zu einem Abkommen, das der bislang verbotenen österreichischen NSDAP die Gleichberechtigung verschaffte und die österreichische Außenpolitik ausdrücklich der deutschen Führung unterwarf. Für den Augenblick fast noch wichtiger war aber Mussolinis im Februar 1936 erfolgende Erklärung, daß Italien seine Rolle als Garantiemacht von Locarno als erloschen betrachte. Dies gab Hitler die im März sofort genutzte Chance, relativ gefahrlos das Rheinland zu remilitarisieren; nach dem Willen zur Intervention verlor Frankreich damit nun auch die Möglichkeit zu billigeren Repressalien gegen Deutschland, künftig konnte es Hitler nur noch mit Krieg zu stoppen versuchen. Ganz Ost- und Südosteuropa registrierte die Verschiebung der Machtlage sogleich und begann sich nach Berlin zu orientieren. Wenig später, im Juli 1936, intervenierten Deutschland und Italien gemeinsam im Spanischen Bürgerkrieg zugunsten der von General Franco geführten Aufständischen. Mussolini witterte eine Chance, sich im westlichen Mittelmeer festzusetzen, und war ganz offen darauf aus, sich seine Hilfe von Franco mit Militärstützpunkten in Spanien bezahlen zu lassen; auch machte er kaum mehr ein Hehl daraus, daß ihm das französische Tunis ins Auge stach. Nachdem Mussolini so die französisch-italienischen Beziehungen ruiniert hatte, stand er jetzt vor der Gefahr der Isolierung, und die Anlehnung an Deutschland verwandelte sich aus einem momentanen diplomatischen Aushilfsmittel in schiere Notwendigkeit. Hitler *hatte* sein Bündnis mit Italien: Am 1. November 1936 verkündete Mussolini die Existenz einer „Achse" Berlin – Rom. Im Laufe eines Jahres – für die nationalsozialistische Außenpolitik die zweite Phase – hatte sich die Lage in Europa völlig verwandelt. Durch das imperialistische Unternehmen des faschistischen Italien war dem eben noch isolierten nationalsozialistischen Deutschland die außenpolitische Bewegungsfreiheit geradezu geschenkt worden.

Das britische Bündnis kam freilich nicht zustande. Schon zu Beginn der dritten Phase im Ablauf nationalsozialistischer Außenpolitik, die von 1937 bis 1941 reichte, begann Hitler von seiner

Handlungsanleitung abzuweichen. Wohl war Großbritannien bereit, Hitler weit entgegenzukommen. Aus wirtschaftlichen Gründen an der Beruhigung Europas dringend interessiert, in einem gesellschaftspolitischen Gleichgewicht lebend, das Aggressivität nach außen praktisch verhinderte, in Erinnerung an den Weltkrieg vor einer Wiederholung aus humanitärem Entsetzen zurückscheuend, schlecht gerüstet und nach der Meinung gerade vieler Konservativer zu größeren Rüstungsanstrengungen nicht fähig, steigerte Großbritannien seine seit den zwanziger Jahren praktizierte Appeasement-Politik jetzt bis zur Bereitschaft, auf „balance of power" in Europa zu verzichten. Auch spürte das gesamte Commonwealth im Fernen Osten den zunehmenden Druck Japans, und der doppelten Belastung konnte Großbritannien, solange die USA isolationistischen Tendenzen folgten, erst recht nicht gewachsen sein. Hitler hatte den Briten die Wechselwirkung zwischen deutschem und japanischem Expansionismus deutlich vor Augen geführt, als er am 25. November 1936 zur Vorbereitung seiner Rußlandpolitik und zur Einschüchterung Londons den ebenso antisowjetischen wie antibritischen Antikominternpakt mit Japan abschloß. Im November 1937 kam Lord Halifax, im britischen Kabinett Lordpräsident und wenig später Außenminister, nach Berchtesgaden, um Hitler eine umfassende Verständigung anzubieten. Deutschland sollte – auf friedlichem Wege – Österreich nehmen dürfen, dazu die Sudetengebiete und ehemals deutsche Territorien in Polen; außerdem offerierte Lord Halifax Kolonien. Mit anderen Worten: Die britische Regierung servierte Hitler die Anerkennung jener Position, die vor dem Weltkrieg das wilhelminische Deutschland innegehabt hatte, erweitert um die deutsche Vorherrschaft in Ost- und Südosteuropa, was zusammen auf eine hegemoniale europäische Stellung des Deutschen Reiches hinauslaufen mußte. Als Bedingung verlangte Halifax allerdings den deutschen Verzicht auf über das britische Angebot hinausgehende territoriale Ansprüche, Beschränkung der Rüstung und Rückkehr Deutschlands in das System der kollektiven Sicherheit. Das hieß, im ganzen genommen: deutsche Hegemonie ja – freie Hand für Deutschland im Osten nein! Letzteres zuzugestehen, war die britische Regierung

121

nicht in der Lage. Damit wäre Kontinentaleuropa nicht bloß der deutschen Hegemonie überantwortet, vielmehr deutscher Herrschaft ausgeliefert worden, und die Herrschaft eines nationalsozialistischen Deutschland hätte nicht allein die britische Großmachtstellung zerstört, sondern die politische Kultur Großbritanniens gefährdet.

Hitler hat den Charakter der britischen Offerte durchaus verstanden. Eine simple Annahme kam ihm bezeichnenderweise nicht in den Sinn. Er ging auf die wesentlichen Punkte der Vorschläge Londons überhaupt nicht ein. Es wäre nun naheliegend gewesen, zunächst trotzdem der Handlungsanleitung zu folgen, d. h. zu testen, ob die britische Konzessionsbereitschaft nicht doch weiter gehe, ob die bislang für unverzichtbar gehaltene britische Tolerierung einer deutschen Ostexpansion nicht doch erreichbar sei. Als Voraussetzung hätte Hitler freilich selbst eine Konzession machen und die Beziehung zu Japan mindestens etwas lockern müssen, zumal die antibritische Tendenz dieser Beziehung stärker und deutlicher hervortrat, seit Japan im Sommer 1937 in China eingefallen war, offensichtlich auf ganz Südostasien zielte und sich mit Riesenschritten einem Konflikt mit den angelsächsischen Seemächten näherte. Andererseits hätte ihm das japanische Engagement in China die Trennung von Japan eigentlich erleichtern sollen, da nach einem halben Jahr klar zu sehen war, daß sich Japan in ein endloses und kräftezehrendes Unternehmen verstrickt hatte, sich einen weiteren Krieg gegen eine stärkere Landmacht für längere Zeit gar nicht mehr leisten durfte und daher als Bundesgenosse gegen die Sowjetunion ohnehin ausfiel. Hitler entschied sich ganz anders. Gerade im November 1937 schärfte er mit dem Beitritt Italiens die antibritische Spitze des Antikominternpakts. Mit der Proklamierung des „weltpolitischen Dreiecks" Berlin – Rom – Tokio wurde zugleich die Koordinierung der drei Imperialismen öffentlich angemeldet und allen Verteidigern des Status quo eine Kampfansage überreicht, die den Krieg bereits unausweichlich machte. „Die Nationen", so notierte der italienische Außenminister Graf Ciano damals in seinem Tagebuch, „betreten gemeinsam den Pfad, der sie vielleicht zum Kriege führt. Zu einem Kriege, der notwendig ist, um die Kruste zu durchbrechen, die die Energie und die Bestrebungen der jungen Nationen erstickt."

Vor die Alternative gestellt, sich mit großen Gewinnen zu bescheiden bzw. weiterhin die Verständigung mit Großbritannien zu suchen oder aber die zur Ostexpansion führende Politik fortzusetzen, wählte Hitler ohne Zögern die Expansion. Zwar wurden die Bemühungen um die Neutralisierung Großbritanniens bis zum Kriegsausbruch, ja bis zum Sommer 1940 halbherzig fortgesetzt, im Grunde aber begann Hitler schon im Herbst 1937 ohne Rücksicht auf Großbritannien zu handeln, legte er schon jetzt die gleiche Haltung an den Tag, die ihn 1941 dazu brachte, seinen Krieg gegen Rußland zu beginnen, obwohl er ein feindliches Großbritannien unbesiegt im Rücken hatte. Als sich zeigte, daß es ein Rezept zur außenpolitischen Abschirmung der Ostexpansion nicht gab, legte Hitler die Handlungsanleitung, die er entworfen hatte, eben beiseite und leitete gleichsam einen Verzicht auf Außenpolitik ein; mehr und mehr setzte er alles auf die Armee. Für diese Option war gewiß auch eine hybride Überschätzung der Machtmittel verantwortlich, die ihm mittlerweile zur Verfügung standen. Den Ausschlag gab jedoch, daß er nicht bereit war, vom imperialen Traum Abschied zu nehmen. Die Hybris war ja wohl nur ein notwendiges Produkt der zwanghaften Jagd nach der Erfüllung des Traums. Die damals in der Tat beginnende Krise der deutschen Wirtschaft, der Staatsfinanzen und der Währung hat ihn dabei kaum berührt. Er begriff sie ohnehin nicht als Wirtschafts- und Währungskrise, sondern lediglich als Rohstoff- und Produktionskrise. Als solche hat er sie nicht völlig ignoriert, von ihr jedoch nicht seine grundsätzlichen Entschlüsse bestimmen, sondern nur seinen bereits vorhandenen Drang zu einer Beschleunigung des Tempos bestätigen lassen. Schon im Ursprung Folge und nicht etwa Ursache der Kriegsvorbereitung, verschlimmerte sich die Krise deshalb, weil Hitler die Kriegsvorbereitung nicht drosselte, sondern noch schneller vorantrieb. Er nahm es ferner in Kauf, daß sein Kurs gewisse innenpolitische Risiken heraufbeschwor. Nachdem er mit seiner Rußland- und Polenpolitik bereits einen Teil der eingefleischten Revisionisten in die Anfänge einer Opposition zum Regime getrieben hatte, verlor er jetzt auch noch die Gefolgschaft der Wirtschaftsimperialisten wilhelminischen Stils, die mit einer Position, wie sie London anerkennen wollte, vollauf zufrieden gewesen wären und Hitlers offensichtlich bevorstehenden Übergang zu einer weiterzielenden Gewaltpolitik mit Entsetzen betrachteten. Im November 1937 verließ Schacht das Wirtschaftsministerium, und selbst in der bislang so gehorsamen Armee regte sich Widerspruch. Allerdings war Hitler mit Recht der Meinung, daß ihm diese Opposition, die er sehr wohl wahrnahm, nicht ernstlich gefährlich werden könne.

Im übrigen interpretierte er das Angebot, das ihm Halifax unterbreitet hatte, als Anzeichen dafür, daß er ohne militärischen Konflikt mit den Westmächten seine Hand auf Österreich und die Tschechoslowakei legen dürfe. Auch damit hatte er recht. Da er aber, an seine Utopie gebunden, beim Anschluß Österreichs, der ihm im März 1938 eher zufällig gelang, und bei der Annexion der Sudetengebiete, die er im Herbst 1938 mit einer planmäßig inszenierten großen internationalen Krise erzwang, nicht stehenzubleiben vermochte, blieben diese Triumphe dubiose politische Gewinne und stellten nur Schritte zum Krieg dar. Als Hitler den Machtzuwachs für ausreichend erachtete, um nun endlich Ernst zu machen und die letzten vorbereitenden Züge für die Ostexpansion zu tun, d. h. als er im März 1939 die Rumpf-Tschechoslowakei unmittelbarer deutscher Herrschaft unterwarf und gleichzeitig die Unterwerfung Polens einleitete, weil es die ihm zugedachte Satellitenrolle beim Feldzug gegen die Sowjetunion hartnäckig verweigerte, trat die Unmöglichkeit einer politischen Absicherung des Ostkriegs voll und endgültig zutage. Die Westmächte sahen die beiden Aktionen zurecht als definitiven Beweis an, daß Hitler als Autor von „Mein Kampf" ernstgenommen werden müsse, erklärten sich mit Polen solidarisch und erklärten Deutschland den Krieg, als Hitler davon unbeeindruckt am 1. September 1939 Polen angriff.

Hitler war mit seinem politischen Latein am Ende. Zwar hatte er noch einen Trumpf ausgespielt, nämlich den Pakt mit Stalin, die deutsch-sowjetische Verständigung über eine Teilung Polens.

Schon Jahre zuvor war ihm dieses Manöver eingefallen, falls Polen sich nicht freiwillig unterordnen würde und die Westmächte Miene machen sollten, ihm in den Arm zu fallen. Aber der Trumpf hatte nicht gestochen. Die Haltung der Westmächte wurde davon nicht beeinflußt, dafür aber der künftige eigentliche Gegner eher gestärkt. Daß es dem nationalsozialistischen Deutschland gelang, Polen zu schlagen, Westeuropa zu besetzen, Großbritannien vorübergehend vom Kontinent zu vertreiben, dazu Norwegen, Jugoslawien und Griechenland zu erobern, bewirkte keine Änderung der politischen Situation. Nach wie vor verweigerte das unbesiegte Großbritannien die Anerkennung der von Hitler geschaffenen Verhältnisse; die freie Hand im Osten – d. h. jetzt auf dem ganzen Kontinent – war nicht zu haben, und damit blieben alle Gewinne politisch ungesichert. Auch das Bündnis mit Italien war ohne Effekt auf die Haltung der Westmächte gewesen; als Italien im Juni 1940 an der Seite Deutschlands in den Krieg eintrat, war das politische Ergebnis gleich Null, statt dessen erwuchsen Deutschland daraus militärische Belastungen. Selbst der einzige verwirklichte Teil aus Hitlers Handlungsanleitung erwies sich mithin als völlig untaugliches Mittel.

Daß sich Hitler in dieser Lage entschloß, Großbritannien zu ignorieren und Rußland ohne vorherige deutsch-britische Verständigung anzugreifen, bedeutete nur, daß er den 1937 eingeleiteten Verzicht auf Außenpolitik nun tatsächlich vollendete. Zugleich setzte er freilich eine Entwicklung in Gang, die ihm auch das militärische Ende bringen mußte. Mit dem Überfall auf die Sowjetunion, gleich ob der geplante Blitzkrieg gelang oder zu einem längeren Konflikt führte, lud er die japanischen Imperialisten zu einem Angriff auf die britischen und amerikanischen Besitzungen im Pazifik förmlich ein, da er die russische Drohung in der japanischen Flanke neutralisierte. Mit eigener Hand half er damit das Bündnis zwischen Großbritannien und den USA schmieden, das ihn wahrscheinlich auch bei einem schnellen Sieg in Rußland erledigt hätte und das ihn dann, im Verein mit dem Scheitern des Blitzkriegs in Rußland, wirklich erledigen sollte. Die Niederlage begrub die Utopie vom Ostimperium. Doch fand mit der Niederlage nicht nur der nationalsozialistische Traum sein Ende. Mit der dadurch bewirkten Präsenz der beiden Weltmächte UdSSR und USA in Mitteleuropa, die Hitlers Verfolgung des Traums erzwungen hatte, zerbrach auch der deutsche Nationalstaat.

Hellmuth Auerbach

Führungspersonen und Weltanschauungen des Nationalsozialismus

Vielen Zeitgenossen der frühen dreißiger Jahre erschien der Nationalsozialismus als eine große dynamische Bewegung, die – im Gegensatz zu den meisten Parteien der Weimarer Republik – alle Kreise des Volkes zu umfassen suchte und allgemeine politische, soziale und geistige Regeneration Deutschlands postulierte. Weit über die 25 Punkte ihres „Programms" hinausgehend, machte sich die NSDAP zum Artikulator und Auffangbecken der Ängste und Hoffnungen der Gegner der Republik, soweit sie nicht zur marxistischen Linken tendierten. Die ideologische Ausrichtung der Partei blieb dabei bei aller Vehemenz ihrer Propaganda nach außen wie innerhalb ihrer Anhängerschaft bewußt vage. Ihr amorpher Inhalt stellte sich bei genauerer Betrachtung als ein Bündel offener Möglichkeiten dar, das sehr unterschiedliche Hoffnungen und Erwartungen zuließ. Die Grundkomponenten der politischen Haltung dieser Bewegung – antidemokratische und antimarxistische Einstellung, extremer Nationalismus und ein im wesentlichen mittelständisches Wirtschaftsprogramm – entsprachen dem politischen Denken eines beträchtlichen Teils des deutschen Volkes.

Die Demokratie galt ihnen als Kind des Marxismus und der Siegermächte. Der häufige Regierungswechsel und die zunehmende Radikalisierung der innenpolitischen Auseinandersetzungen in der Weimarer Republik weckten den immer stärker werdenden Wunsch nach Sicherheit und Ordnung und Rückkehr in die vermeintlich heile Welt eines neuen Kaiserreichs. Die Forderung nach Revision des Versailler Vertragssystems und Rückgewinnung der alten Machtstellung des Deutschen Reiches, die Fortführung eines teils heißen, teils kalten Krieges der Freikorps und Wehrverbände gegen die „Feinde des Reichs" außen und innen verband sich mit einer extremen Fremdenfeindlichkeit, die nun in zunehmendem Maße auch die in Deutschland lebenden Juden mit einschloß. Die nationalsozialistische Idee einer „Weltverschwörung des Judentums gegen das Deutschtum", die letztlich Ursache sowohl der Niederlage von 1918, der Revolution, des Versailler „Diktatfriedens" wie auch der Inflation und der Wirtschaftskrise ab 1930 sei, fand immer mehr Anhänger.

Die Inflation von 1922/23 und die Wirtschafts- und Agrarkrise 1930 verschärften die schon seit dem Ende des 19. Jahrhunderts deutlicher gewordenen sozialen Spannungen, die nur während des Weltkriegs teilweise verdeckt waren. Sie bedrohten und zerstörten vielfach die ökonomische Basis und den Lebensstandard des Mittelstands und des Bauernstands. Davon profitierte die NSDAP mit ihren illusionären kleinbürgerlichen wirtschafts- und agrarpolitischen Forderungen. Die aus dem Kameradschaftserlebnis und nationalen Gemeinschaftsgefühl des Weltkriegs entwickelte Parole der „echten Volksgemeinschaft" fand gerade auch in diesen Kreisen Widerhall, da sie als Forderung der Abschaffung des Klassenkampfes verstanden wurde.

Der vom Nationalsozialismus aufgegriffene und weiter entwickkelte Mythos vom „Dritten Reich" bot den enttäuschten, entwurzelten oder depossedierten Nationalisten, seien sie nun Soldaten, Kleinbürger, kleine Bauern oder Arbeitslose, einen illusionären Bezugspunkt auf eine künftige neue „bessere" Ordnung, so unklar sie auch sein mochte. Dieser Mythos wurde für sie zum „Symbol einer Fluchtchance" (Lepsius) aus der verdammten und verachteten Realität der Weimarer Republik.

Die Illusionen und Widersprüchlichkeiten der nationalsozialistischen Programmatik, die bei aller Dynamik ausgesprochen reaktionären Züge und die mit zunehmendem Erfolg und Machtstreben ab 1930 offen opportunistische Haltung Hitlers wurden schon in der zeitgenössischen kritischen Literatur über den Nationalsozialismus und Hitler angeprangert.

„Aber man hat zugleich ein lebendiges Gefühl dafür", schrieb Theodor Heuß 1931 im Hinblick auf die beschlossene „Unabänderlichkeit" des nationalsozialistischen Programms nicht ohne ironischen Unterton, ,,daß in dieser Gegenwart, voll von weltanschaulichen Fragwürdigkeiten, von Lockerungen überkommener sozialer, wirtschaftlicher Begriffe, ein starrer unbedingter Doktrinarismus, ... Stoßkraft, Anziehung, Bindung besitzt. Schwankenden Gemütern, suchenden Seelen, Enttäuschten und Hoffenden erscheint das feste Wort als Gewähr der Erfüllung. Was bedarf es mühsamer Rechenschaft über Inhalte? Sei's drum, daß dies und jenes Stück davon falsch, vielleicht Unsinn. Hier ist doch ein Wille, der nicht handeln und bandeln, der siegen will."

Viel leidenschaftlicher und zwiespältiger war dagegen die Kritik von Ernst Niekisch in seiner 1932 erschienenen Schrift ,,Hitler – ein deutsches Verhängnis", die mit den Sätzen beginnt: ,,Die nationalsozialistische Bewegung ist vieldeutig und vielsinnig; mannigfache Strömungen, Gefühlswallungen, Willensrichtungen und Wunschträume schießen in ihr wie in einem gemeinsamen Bett zusammen. Sie ist das *eine,* ein vielgestaltig *anderes* zugleich aber auch. Bis zum Rande ist sie mit Gegensätzen gefüllt; sie birgt ebensoviel Widersprüche in sich, wie der gesamte Umkreis des Lebendigen selbst es tut. In ihr spricht die Stimme des Blutes, aber auch die Stimme der sozialen Rachsucht. Hinreißend ist der Schwung echten nationalen Gefühls; aber er wird doch wieder ohne Scham durch kleine persönliche Eitelkeit oder berechnenden Eigennutz mißbraucht. Die Flamme eines herrlichen Idealismus wird verdunkelt durch den Qualm widerwärtiger Korruption. Entschlossenen Tatendrang übertönt ein unerträglicher Lärm hohler Worte. Der starke Eindruck gesammelter Kraft wird verwischt durch abstoßende Ausbrüche zügelloser Rohheit."

Die Heterogenität und leere Formelhaftigkeit der Programmatik hatte aber gerade zur Folge, daß sich dem Nationalsozialismus die verschiedensten Menschen und Gruppen anschlossen, soweit sie nur der eingangs skizzierten politischen Grundhaltung zustimmten. Im einzelnen vertraten sie ihre eigenen verschiedenartigsten ,,Weltanschauungen" und interpretierten den Nationalsozialismus nach ihren Wunschvorstellungen, füllten ihn mit ihren eigenen Inhalten. Nicht wenige zog allein schon das nationale Pathos und pseudorevolutionäre Gehabe der Bewegung an; sie fanden Genüge am dynamischen Aktionismus dieser Jahre, ohne geistige Ambitionen zu hegen.

Eine Typologie der geistigen Herkunft der Mitglieder der NSDAP in den frühen dreißiger Jahren – vor der großen Beitrittswelle des Jahres 1933 – müßte außer dem gesamten Spektrum der deutschvölkischen Bewegung bis zu ihren extrem rassistischen germanomanischen Auswüchsen, die das Gros der frühen Anhängerschaft stellte, nicht nur alte und junge Adepten aus dem nationalkonservativen (um Moeller van den Bruck, Wilhelm Stapel u. a.) und dem nationalrevolutionären Lager (um Ernst Jünger, Franz Schauwecker u. a.) einbeziehen, sondern auch Angehörige der bündischen Jugendbewegung und der Landvolkbewegung, Vertreter des Ständestaatsgedankens, des militanten Auslandsdeutschtums, der deutschen Christen und andere mehr. Dazu kamen zahlreiche ehemalige aktive Kriegsteilnehmer, die in Freikorps und Wehrverbänden ihre soldatischen Ideale weiterpflegten und nicht den Weg in einen zivilen Beruf fanden. Unter den Führungskräften der Partei, nicht nur der SA und SS, ist dieser Typ in besonders hohem Maße vertreten. Sehr stark war der Anteil der Jugendlichen in der NSDAP dieser Jahre. In der Deutschen Studentenschaft errangen die Nationalsozialisten schon im Sommer 1931 die Mehrheit. So bot der Nationalsozialismus in diesen Jahren weder in seinem ideologischen Habitus noch in der Zusammensetzung seiner Anhängerschaft ein einheitliches Bild.

Doch in sehr viel stärkerem Maße als verwandte Regime der sogenannten „Epoche des Faschismus", der Zwischenkriegszeit, war die nationalsozialistische Herrschaft 1933–1945 durch einzelne Personen geprägt und weniger durch Interessengruppen oder bestimmte Bevölkerungsschichten. Ja es war im wesentlichen nur eine Person, deren Vorstellungen und deren Wille sich durchsetzten und für 12 Jahre das Deutsche Reich beherrschten – weit stärker als dies etwa Mussolini in Italien oder Franco in Spanien zuwege brachten. Ungeachtet der Frage, ob Adolf Hitler ein starker oder eher schwacher Diktator war, oder ob das nationalsozialistische Herrschaftsgebilde einen monokratischen oder polykratischen

Charakter hatte, ist festzustellen, daß der „Führer" in sehr hohem Maße die Geschicke des „Dritten Reiches" bestimmte.

Klopft man das ideologische Konglomerat des Nationalsozialismus auf seine Essenz ab, schält man diejenigen Elemente heraus, die während der nationalsozialistischen Herrschaft politische Wirkung erlangten, so stellt man bald fest, daß sie sich in allen wesentlichen Punkten mit der Weltanschauung Hitlers decken. Seit der Neugründung der NSDAP 1925 unter der diktatorischen Führung Hitlers und noch mehr nach der „Machtergreifung" wurde Hitlers Weltanschauung, wie er sie vor allem in „Mein Kampf" dargelegt hat, zur verbindlichen Ideologie des Nationalsozialismus. Aus ihr erwuchsen die Grundsätze seiner Politik – und diese wurden letztlich allein maßgebend für den politischen Weg des „Dritten Reiches". Die Entwicklung Hitlers bis zum Diktator der Partei und die recht einfachen Grundzüge seines Weltbildes müssen deshalb am Anfang dieser Betrachtung stehen.

Wohl haben vor und nach 1925 auch andere führende Mitglieder der Partei auf deren ideologische Ausrichtung, innere Gestaltung und äußere Erscheinung Einfluß genommen, aber nur wenige erreichten wirklichen Einfluß, die meisten wurden noch vor der „Machtergreifung" oder bald danach ausgeschaltet.

An der Ausarbeitung des Parteiprogramms von 1920, das von Hitler zwar als sakrosankt erklärt worden war, aber bald keine praktische Bedeutung mehr hatte, ist maßgeblich der völkische Wirtschaftstheoretiker Gottfried Feder mit seiner Forderung einer „Brechung der Zinsknechtschaft" und anderen kleinbürgerlich-sozialistischen Ideen beteiligt gewesen. Doch auch er wurde schon ab 1930 verdrängt und verlor trotz staatlicher Ämter nach 1933 jeglichen Einfluß.

Noch mehr als Feder wurde der Deutsch-Balte Alfred Rosenberg in den frühen Jahren zum Mentor Hitlers und der jungen Partei, vor allem für deren Antisemitismus und Antibolschewismus. Leitartikler des „Völkischen Beobachters" und Verfasser eines umfangreichen völkisch-germanischen Religionsbuches – des „Mythus des 20. Jahrhunderts" –, sah er sich als Hauptideologe, ja Dogmatiker des Nationalsozialismus. Aber sein schwülstiges

Buch konnte sich in der Partei nicht durchsetzen und wurde von Hitler als private Arbeit deklassiert. Obwohl Rosenberg 1934 mit der ,,Überwachung der gesamten geistigen und weltanschaulichen Schulung und Erziehung der NSDAP" beauftragt und noch 1941 zum Reichsminister für die besetzten Ostgebiete ernannt wurde, spielte er in der Partei schon ab 1933 keine Hauptrolle mehr und wurde von seinen Rivalen Goebbels und Himmler – in bezug auf seine außenpolitischen Ambitionen sogar von Ribbentrop – überrundet, in seinem Wirkungskreis immer mehr beschränkt und aus der engeren Umgebung Hitlers verdrängt.

Der Hauptexponent und Führer des linken Flügels der NSDAP, Gregor Straßer, der die Parole eines ,,nationalen Sozialismus" ernst zu nehmen gewillt war und durch seinen nicht unbeträchtlichen Anhang vor allem in Nord- und Westdeutschland für Hitler gefährlich zu werden begann, als er eine immer offenere Oppositionshaltung zu diesem einnahm, wurde Ende 1932 ausgeschaltet und am 30. Juni 1934 erschossen.

Das gleiche Schicksal traf einen der wichtigsten Förderer Hitlers aus dessen politischen Anfängen und als SA-Chef mächtigsten Führer in der NSDAP der frühen dreißiger Jahre, den ehemaligen Hauptmann Ernst Röhm, als er nach der nationalsozialistischen Machtergreifung die SA zu einer Volksarmee ausbauen wollte und damit zum Konkurrenten der Reichswehr wurde. Dabei war es gerade Röhm gewesen, der vor 1923 die Verbindungen der noch kleinen Partei zur Reichswehr hergestellt, in der NSDAP das soldatische Element verkörpert und wesentlich dazu beigetragen hatte, daß ihr ganze Scharen politisch heimatlos gewordener Frontsoldaten zugelaufen waren.

Neben der über alle hinausragenden und letztlich allein bestimmenden Figur des ,,Führers" Adolf Hitler waren es nur wenige weitere Personen, die den Nationalsozialismus während seiner Herrschaft in Spitzenpositionen repräsentierten, die ihnen tatsächlichen und dauerhaften Einfluß auf die ideologische und gesellschaftliche Entwicklung des ,,Dritten Reiches" ermöglichten.

Es sind eigentlich nur vier Amtsträger des Regimes, von denen dies ohne Einschränkung gesagt werden kann. Sie verkörpern zugleich die wichtigsten Machtbereiche der nationalsozialistischen Diktatur, wenn auch mit sehr unterschiedlicher Gewichtigkeit. Hermann Göring war mehr der Repräsentant des Militärs und (als Beauftragter für den Vierjahresplan) der Industrie, als daß er diese führte. Heinrich Himmler hatte dagegen den Machtapparat der SS und Polizei sehr wohl im Griff und wurde mit dessen Hilfe zum „Hüter" und „Reiniger" des deutschen „Volkstums" im national-sozialistischen Sinne. Der Intellektuelle Joseph Goebbels bestimmte in immer stärker werdendem Maße die geistige und künstlerische Ausrichtung der Nation. Robert Ley bemühte sich mit einigem Erfolg, Betreuer und Anwalt der Arbeiter und Angestellten zu sein. Führer der Bauernschaft war Reichsernährungsminister Walther Darré, der aber nach Kriegsbeginn mit Hitler in Konflikt geriet und 1942 aus seinen Ämtern entlassen wurde.

Im zweiten Teil dieses Beitrags sollen die vier erstgenannten Personen näher vorgestellt werden, wobei uns vor allem interessiert, woher sie kamen, aus welchen Motiven sie sich der NSDAP anschlossen und was sie zu dieser beitrugen.

Im dritten, abschließenden Teil möchte ich noch auf einige allgemeine Aspekte der nationalsozialistischen Weltanschauung hinweisen sowie Mentalität und Zeitsituation skizzieren, die wesentlich zum Erfolg der Bewegung beigetragen haben.

I.

Es gibt wohl kaum einen zweiten führenden Politiker im neuzeitlichen Europa, über dessen gesamte Jugendzeit bis zu seinem 30. Lebensjahr so wenig gesicherte Fakten bekannt sind, wie Hitler. Das gilt vor allem für seine geistige Entwicklung. Fest steht aber, daß der 1889 in Braunau am Inn, also an der deutschen Grenze, geborene Österreicher, Sohn eines Zollbeamten, schon während seiner Schulzeit in Linz und später in Wien deutschnationales und alldeutsches Gedankengut aufgenommen hat und die multinationale Staatsidee der Österreichisch-Ungarischen Monarchie ablehnte. Nachdem er die Aufnahmeprüfung an die Kunstakademie nicht bestanden hatte, lebte er in Wien mittels einer Waisenrente so vor sich hin, machte Gelegenheitsarbeiten, sank gesellschaftlich immer tiefer und wohnte zuletzt dreieinhalb Jahre in einem billigen Männerheim. In dieser Zeit hat Hitler offensichtlich viel gelesen: militärische und historische Literatur nationaler Gesinnung, aber auch sehr viel pseudowissenschaftliche sozialdarwinistische und antisemitische Schriften. Wann immer es ihm finanziell möglich war, besuchte er die Opern Richard Wagners, der ihn auf das stärkste beeindruckte und beeinflußte. „Rienzi" wurde ihm zum Vorbild, und in späteren Jahren versicherte Hitler, er habe nur einen einzigen „Vorläufer" gehabt: Richard Wagner.

Zweifellos stand Hitler aber auch unter dem Einfluß der tonangebenden deutschösterreichischen Politiker des damaligen Wien, des alldeutschen, antiklerikalen Politikers Georg Ritter von Schönerer und des christlich-sozialen, virtuos demagogischen Bürgermeisters von Wien, Karl Lueger. Beide waren betont antisemitisch. Über dem Bett Hitlers soll ein Wahlspruch Schönerers gehangen haben: „Ohne Juda, ohne Rom / wird gebaut Germaniens Dom. Heil!"

1913 zog Hitler nach München, um nicht im österreichischen Heer dienen zu müssen. Bei Kriegsausbruch meldete er sich freiwillig zur deutschen Armee, wurde als Meldegänger an der Westfront eingesetzt und erhielt als Gefreiter das Eiserne Kreuz I. Klasse, was damals selten war. Im Oktober 1918 erlitt er eine Gasverwundung und kam in ein Lazarett nach Pommern. Dort, in Pasewalk, erfuhr er die Nachrichten von Waffenstillstand, Revolution und Ausrufung der Republik. Das war für ihn ein tiefgehender Schock der Desillusionierung. Ob nun durch ein halluzinatorisches Erweckungserlebnis ausgelöst (wie der amerikanische Psychologe und Historiker Binion meint) oder nicht, jedenfalls verstärkten diese Ereignisse Hitlers politisches Interesse. Die tiefe Enttäuschung und Verbitterung über den verlorenen Krieg und die Revolution machten ihn für nationalistische, antikommunistische und antisemitische Parolen noch zugänglicher. Er sog sie wie ein Schwamm in sich auf und reproduzierte sie bei jeder Gelegenheit. Von seinem Regiment in München als Vertrauensmann auserkoren, machte er bei den „weißen" Militärs politische Lehrgänge mit, um gegen die „Roten" eingesetzt zu werden.

Als Hitler 1919 der „Deutschen Arbeiterpartei" beitrat, erfreute sich dieser antirevolutionäre Arbeiterzirkel einer kräftigen Förderung durch die in nationalistischen Kreisen Münchens hoch angesehene völkische Thule-Gesellschaft. Ihre besonderen Mentoren waren der schon genannte Bauingenieur Gottfried Feder und der Schriftsteller Dietrich Eckart. Der Gründer der DAP, Anton Drexler, Werkzeugschlosser bei der Eisenbahn, hatte eine Programmschrift unter dem Titel „Mein politisches Erwachen" veröffentlicht, in der die ideologischen Grundelemente der Bewegung schon vorgezeichnet waren: nationaler deutscher statt internationaler Sozialismus; Deutschland kämpfte einen gerechten Krieg und seine territorialen Kriegsziele waren gerechtfertigt; die Internationalisten, nämlich Sozialisten, Juden und Freimaurer, haben Deutschlands Untergang herbeigeführt; die Bolschewisten, die die Revolution gemacht haben, verführen die deutschen Arbeiter und liefern sie den Juden aus; die Juden sind die größten Kapitalisten, sie sind das Unglück der Deutschen.

Auch die meisten Punkte des im Februar 1920 von Hitler verkündeten Programms der nun „Nationalsozialistische Deutsche Arbeiter-Partei" (NSDAP) genannten Partei sind noch ganz von dieser Gründergruppe geprägt und im Geist eines kleinbürgerlichen nationalistischen Vulgärsozialismus abgefaßt, etwa mit der Forderung nach Bodenreform, Aufhebung der Groß-Warenhäuser und Feders Idee der „Brechung der Zinsknechtschaft".

Hitler wurde der Werbeobmann der kleinen Partei, und auch als er 1921 in schon recht diktatorischer Manier ihren Vorsitz übernommen hatte, betrachtete er sich in erster Linie als „Trommler" der „nationalen Bewegung", die im Bayern dieser Jahre ja nicht nur aus der NSDAP bestand, sondern aus einem breiten Spektrum „vaterländischer Verbände". Durch Hitlers Eifer und seine sich nun offenbarende erstaunliche Rednergabe, vor allem aber durch die Unterstützung einflußreicher Reichswehroffiziere, wie des Hauptmanns Röhm, wurde die NSDAP mit ihrer paramilitärischen Truppe, der Sturm-Abteilung (SA), zu einem der wichtigsten Faktoren im Rahmen des militanten Flügels dieser Verbände. Ihr Idol und Führer war Erich Ludendorff, der militärische „Diktator" der zweiten Hälfte des Weltkriegs. Der kleine Gefreite Hitler brachte es fertig, binnen weniger Jahre gleichberechtigt neben dem berühmten General zu stehen und zu marschieren – bis der Putschversuch vom 8./9. November für beide zum Debakel wurde. Für Ludendorff bedeutete dies das politische Ende, für Hitler eine lehrreiche Erfahrung. Im darauffolgenden Prozeß spielte der Gefreite den General gänzlich an die Wand.

Über den Prozeß wurde in allen Zeitungen breit berichtet, und Hitler benutzte ihn zur Fortsetzung seiner politischen Propaganda, die damit über Bayern hinaus und in ihm fern stehenden Blättern verbreitet wurde. In endlosen Monologen übernahm er die Verantwortung für die ganze Aktion und schlug nationalvaterländische Töne an, die nicht ohne Eindruck auf die Richter blieben. Er wurde schließlich zu fünf Jahren Festungshaft verurteilt, von denen ihm aber vier Jahre mit Bewährung erlassen wurden. Während der Haft in Landsberg schrieb er den ersten Band seines politischen Bekenntnisbuches ,,Mein Kampf", dessen zweiter Band 1926 erschien. 1928 schrieb er noch ein zweites Buch, das aber erst 1961 veröffentlicht wurde. Schon im Laufe des Prozesses war Hitler eindeutig zur Hauptfigur der völkischen Rechten geworden. In Landsberg entwickelte er das Sendungsbewußtsein des künftigen diktatorischen Führers der Bewegung. Die fixen Ideen seiner politischen Weltanschauung wurden demzufolge nun die Grundlagen, die ,,ehernen Wahrheiten", der nationalsozialistischen Ideologie. Denn Hitler wollte Politiker und ,,Programmatiker" zugleich sein.

Hitlers ,,Weltanschauung" bestand aus einer Kompilation aus zweiter oder dritter Hand aufgegriffener pseudowissenschaftlicher Theoreme und politischer Wunschvorstellungen. Er hatte keine eigenen Ideen. Letztlich lassen sich seine Vorstellungen sämtlich auf sozialdarwinistisches Gedankengut zurückführen; insofern ist seine Weltanschauung von primitiver und brutaler Logik: Grundprinzip der Natur ist der Kampf ums Dasein, bei Tier und Mensch gleich. Da der Mensch ein soziales Wesen ist, sind die Grundkategorien der Menschheitsgeschichte Familie, Volk und Rasse. Die Geschichte ist im wesentlichen Lebenskampf der Völker um den

,,Lebensraum", den jedes Volk braucht. Kriege sind also eine ganz natürliche, normale Sache zur Erhaltung eines Volkes. Politik ist die Durchführung des Lebenskampfes eines Volkes. In der Natur zeigt sich der aristokratische Grundgedanke vom Sieg des Stärkeren als Mittel zur ,,Höherzüchtung des Lebens", das ist auch die Vorbedingung allen menschlichen Fortschritts. ,,Minderwertiges Leben" muß ausgeschaltet werden. Der ,,arische" Mensch allein ist der schöpferische, der höchste, und folglich zum Herrschen bestimmt; die Menschen ,,niederer Rasse" sind zum Dienen geboren!

Die Juden sind aber nach Hitlers Auffassung nicht einmal Menschen niederer Rasse, sondern Ungeziefer, Ausgeburten des Teufels. Weil sie nicht fähig seien, einen eigenen Staat zu bilden, leben sie als ,,Parasiten" in anderen Völkern von deren Arbeit und schöpferischer Tätigkeit. Ihr letztes Ziel sei die Versklavung der anderen Völker. Die Juden müßten deshalb nicht nur aus dem deutschen Volk, sondern zumindest aus ganz Europa entfernt, ,,ausgemerzt", ,,ausgerottet" werden. Schon im März 1921 schrieb Hitler im ,,Völkischen Beobachter": ,,Man verhindere die jüdische Unterhöhlung unseres Volkes, wenn notwendig durch die Sicherung ihrer Erreger in Konzentrationslagern." Und in ,,Mein Kampf" äußert er ganz offen die Idee, Juden mit Giftgas zu bekämpfen, so wie es mit ihm und vielen anderen Soldaten geschehen sei.

Alles, was für Hitler und die nationalsozialistische Idee von Übel war, wurde letztlich als das Werk der Juden angesehen: der Marxismus, die Revolution, die Republik, die Demokratie, das Parlament, das Kapital, die Entente, der Völkerbund und alles, was international ist. ,,Jüdisch" und ,,international" wurden im NS-Sprachgebrauch fast zu Synonyma. Wenn das Judentum beseitigt wäre, dann gebühre Deutschland das Tausendjährige Reich und die Weltherrschaft. Die ,,Ausmerzung" der Juden war ganz offensichtlich von Anfang an das zentrale Motiv für Hitlers politische Mission. Er bezeichnete sie einmal als seine ,,Zyklopenaufgabe". Die Ermordung der Juden in den Gaskammern, ob nun seit Beginn der NS-Diktatur geplant oder nicht, war jedenfalls die konsequente Folge des nationalsozialistischen Glaubens an den „kosmischen Kampf der arischen Rasse mit dem Weltjudentum".

Die zweite große Aufgabe sah Hitler in der Schaffung von „Lebensraum" für das deutsche Volk. Schon bald nach seinen ersten Begegnungen mit Ludendorff begann er 1921/22 dessen Idee einer deutschen Machterweiterung nach Osten aufzugreifen und zu propagieren: die Gewinnung der Wirtschaftsräume des Baltikums und der Ukraine. Im Gegensatz zu den meisten anderen nationalen Politikern ging er also schon sehr früh über die Forderung einer bloßen Revision der Versailler Friedensordnung hinaus. Ein gesundes, kraftvolles Volk müsse ständig wachsen und für seinen Geburtenüberschuß eigenen Grund und Boden suchen, um autark zu sein. Im zweiten Band von „Mein Kampf" forderte er, daß Deutschland seinen Geburtenüberschuß nicht in ferne Kolonien, sondern nach Osten lenken müsse. Das Riesenreich im Osten sei reif zum Zusammenbruch, denn es werde ja von Juden beherrscht. Schon drei Tage nach seiner Machtübernahme führte Hitler vor den Befehlshabern des Heeres und der Marine aus, daß die durch Wiedereinführung der allgemeinen Wehrpflicht neu zu gewinnende Macht zur „Eroberung neuen Lebensraums im Osten und dessen rücksichtsloser Germanisierung" benutzt werden müsse. In seiner programmatischen Rede vor dem politischen Führernachwuchs auf der Ordensburg Sonthofen am 23. November 1937 bezeichnete Hitler als Ziel des Nationalsozialismus die Schaffung einer geschlossenen deutschen Volksgemeinschaft in einem großen „Germanischen Reich deutscher Nation". Der Zweite Weltkrieg sollte schließlich zum großen Kampf um den Lebensraum des germanischen Volkes werden.

Hermann Rauschning gegenüber soll Hitler geäußert haben: „Wer den Nationalsozialismus nur als politische Bewegung versteht, weiß fast nichts von ihm. Er ist mehr noch als Religion: er ist der Wille zur neuen Menschenschöpfung." Das ist zwar auch eine Phrase, aber dahinter steckt die Absicht der Erziehung des Einzelmenschen zu einem willenlosen, gehorsamen Glied der Bewegung. In der Sonthofener Rede von 1937 (die übrigens damals nicht veröffentlicht wurde) machte Hitler das sehr deutlich: „Heute beanspruchen die Volksführung *wir*, d. h. wir allein sind befugt, das Volk als solches – den einzelnen Mann, die einzelne Frau – zu führen. Die Lebensbeziehungen der Geschlechter regeln *wir*. Das Kind bilden *wir!"* Dann wandte er sich direkt gegen die Kirchen: „Wir geben euch unbedingte Freiheit in eurer Lehre oder in eurer Auffassung der Gottesvorstellung. Denn wir wissen ganz genau: wir wissen darüber auch nichts. Eines aber sei ganz klar entschieden: Über den deutschen Menschen im Jenseits mögen die Kirchen verfügen, über den deutschen Menschen im Diesseits verfügt die deutsche Nation durch ihre Führer. Nur bei einer so klaren und sauberen Trennung ist ein erträgliches Leben in einer Zeit des Umbruchs möglich."

Die eben zitierte Rede ist auch ein gutes Beispiel für die Absolutsetzung der Idee der Volksgemeinschaft, die die Nationalsozialisten über den Staatsgedanken stellten. „Du bist nichts, dein Volk ist alles!", lernte man schon als Pimpf im Jungvolk. Die Freiheit des Einzelmenschen galt nichts mehr. Den Ausschließlichkeitsanspruch der nationalsozialistischen Weltanschauung vertrat Hitler schon in „Mein Kampf": „Denn die Weltanschauung ist unduldsam ... und fordert gebieterisch ihre eigene, ausschließliche und restlose Anerkennung sowie die vollkommene Umstellung des gesamten öffentlichen Lebens nach ihren Anschauungen." Und in seinem zweiten Buch schrieb er: „Die nationalsozialistische Bewegung hätte kein Recht, sich als eine wahrhaft große Erscheinung im Leben des deutschen Volkes ansehen zu wollen, wenn sie nicht den Mut aufbrächte, die von ihr vertretenen Lebensgesetze allen Widerständen zum Trotz dem deutschen Volke aufzuzwingen."

In diesen Worten kommt der ungeheure Fanatismus zum Ausdruck, mit dem Hitler seine Überzeugungen – das waren sie wohl bei aller Plakativität und Brutalität – und seine Ziele verkündete und durchzusetzen suchte. In all seinen Reden offenbarte er eine monomanische Besessenheit, die viele Menschen faszinierte und mitriß, viele aber auch abstieß. Er sprach ständig von seinem „Glauben" an Deutschland, an die germanische Rasse, an die Zukunft usw. und weckte Emotionen. Zweifellos hatte Hitler eine große Fähigkeit, charismatische Autorität zu entwickeln. Hitler sprach von der „Vorsehung", die ihn eingesetzt habe. Der Redner Hitler war schon in der Frühzeit der Bewegung zum überzeugendsten Sprachrohr der völkischen, nationalsozialistischen Wunschvorstellungen geworden; als Propagandist und Missionar war er allen anderen überlegen. Dies und seine fanatische Entschlossenheit und Willenskraft machten ihn zur Integrationsfigur der „Bewegung" und befähigten ihn, sich nach der Neugründung der Partei in den Jahren 1924 bis 1926 als unbestrittener und unumschränkter Führer der NSDAP durchzusetzen.

Dessenungeachtet konnte die Partei gerade während der „Kampfjahre" nicht ausschließlich auf Hitlers Charisma aufgebaut werden. Zur Gewinnung neuer Anhänger, vor allem im Bürgertum, waren andere, prominentere Figuren unerläßlich. Die meisten dieser Personen aus dem Mittelstand oder den sogenannten besseren Gesellschaftskreisen, die schon vor 1923 zur NSDAP stießen, spielten nur eine vorübergehende oder untergeordnete Rolle in der Partei, wie etwa Gottfried Feder oder Ernst Hanfstaengl. Einer von ihnen aber wurde später der zweite Mann im nationalsozialistischen Staat, obwohl er zeitlebens kein fanatischer Nationalsozialist war.

II.

Als Hermann Göring im Frühjahr 1923 zur NSDAP stieß, soll Hitler begeistert geäußert haben: „Glänzend! Ein berühmter Kampfflieger und sogar Pour-le-mérite-Träger! Hervorragende Propaganda! Außerdem hat er Geld und kostet mich keinen Pfennig! Das ist sehr wichtig." Damit ist eine der Hauptfunktionen Görings in der Partei schon umschrieben: Aushängeschild zu sein. Hermann Göring, 1893 geboren als Sohn eines höheren Beamten des Auswärtigen Dienstes (der am Aufbau der Kolonialverwaltung in Südwestafrika beteiligt war), war als aktiver Offizier und Flieger an der Westfront zuletzt Kommandeur des Jagdgeschwaders Richthofen gewesen und dadurch eine bekannte Persönlichkeit geworden. 1919 bis 1921 lebte er als Kunstflieger und gelegentlicher Pilot in Holland und Schweden, wo er eine vermögende

Gräfin heiratete. 1922 kam er nach München und wurde für einige Semester an der Universität immatrikuliert. Er sah sich aber gleichzeitig bei den zahlreichen militanten nationalistischen Verbänden um und trat schließlich der NSDAP bei, weil sie ihm am aktivsten schien. Motivation dafür war seine Verbitterung über die nationale Schmach des roten „Dolchstoßes" und des „Diktats von Versailles" und ganz allgemein seine Feindschaft gegen die Republik. Während des Nürnberger Prozesses erklärte Göring rückblickend, er sei aus revolutionären Beweggründen zur NSDAP gegangen, „nicht etwa wegen des ideologischen Krams".

Hitler übertrug Göring den Oberbefehl über die SA, und dieser war glücklich, wieder Leute kommandieren zu können. Bei der Schießerei vor der Feldherrnhalle am 9. November 1923 wurde er schwer verwundet. Mit Hilfe seiner Frau, die ebenfalls begeisterte Nationalsozialistin geworden war, setzte er sich über Österreich und Italien nach Schweden ab und konnte erst 1927 aufgrund einer Amnestie nach Deutschland zurückkehren. Als Vertreter von Flugzeugwerken in Berlin tätig, seit 1928 auch Reichstagsabgeordneter der NSDAP, wurden er und seine Frau so etwas wie „Diplomaten der Bewegung", die für Hitler Verbindungen zu konservativen Kreisen öffneten, auch zur Umgebung des Reichspräsidenten Hindenburg. 1930 wurde Göring politischer Bevollmächtigter des Führers, 1932 Präsident des Reichstags, 1933 unter anderem Preußischer Ministerpräsident und Reichsluftfahrtminister, 1935 Oberbefehlshaber der Luftwaffe, 1936 Beauftragter für den Vierjahresplan und 1940 Reichsmarschall. Als Hitlers unbedingt treuer Gefolgsmann, der keine Hausmacht in der Partei hinter sich hatte, aber großes Ansehen im Volk genoß, wurde er 1939 offiziell zum Nachfolger des Führers bei dessen Tod bestimmt. 1933/34 spielte Göring bei der Machtergreifung, bei der Gleichschaltung des Staatsapparats, bei der politischen „Säuberung" und in der Röhm-Affäre eine sehr aktive Rolle. In den Kriegsjahren entwickelte er sich, von Macht und Wohlleben korrumpiert, nach Hitlers eigenen Worten zum „größten Versager". Ideologisch hat Göring zur NS-Bewegung kaum etwas beigetragen, war aber insofern sehr wichtig, weil er (wie Röhm und in weit stärkerem Maße als Hitler) die

Idee des kämpferischen Frontsoldatentums verkörperte und die Figur des nationalen Politikers, der auch in konservativen Kreisen der alten Gesellschaft akzeptabel war und im Ausland Renommée besaß. Seine Bonhomie und Menschlichkeit machten ihn zum populärsten „Bonzen" des Regimes.

Während Göring am 9. November 1923 mit Hitler auf den Odeonsplatz zu marschierte, stand am anderen Ende des Platzes, vor dem Kriegsministerium in der Ludwigstraße, Heinrich Himmler mit der alten Reichskriegsflagge in der Hand. Er gehörte damals noch nicht zur NSDAP, sondern zu Röhms Kampfverband, der sich ebenfalls am Putsch beteiligte und vergeblich versucht hatte, das Ministerium zu stürmen.

So schlecht die geistige Entwicklung Hitlers in seiner Jugend dokumentarisch belegbar ist, so gut ist es diejenige Himmlers. Von ihm sind Tagebücher, viele Briefe und sogar eine mit Kommentaren versehene Liste aller Bücher, die er gelesen hat, erhalten. Aus diesen Dokumenten geht hervor, daß der 1900 in München geborene Sohn eines Gymnasialprofessors sehr darunter gelitten hat, daß er trotz Meldung als Freiwilliger und Ausbildung zum Fahnenjunker 1918 nicht mehr zum Fronteinsatz gekommen war. Deshalb trat er nach dem Abitur 1919 einer Reservekompanie des Freikorps „Oberland" bei und nahm während seines Landwirtschaftsstudiums in München an Wochenendübungen teil. In dieser Umgebung und durch entsprechende Lektüre entfernte er sich zusehends von seinem streng katholischen Elternhaus, obwohl er in materiellen Dingen lange von diesem abhängig blieb. In ihm und seinen Kameraden blieb die Angst vor einem bolschewistischen Umsturz latent, sie glaubten an eine Verschwörung der Juden und Freimaurer gegen Deutschland und waren natürlich antirepublikanisch gesinnt. Bei Himmler kamen zunehmend völkisch-rassistische Vorstellungen hinzu. Während des landwirtschaftlichen Praktikums entwickelte er große Sympathie für altes bäuerliches Brauchtum. Als er nach der Diplomprüfung eine Zeitlang in Schleißheim arbeitete, bekam er Kontakt zu dort operierenden paramilitärischen rechtsradikalen Gruppen und schloß sich Röhms

Kampfverband an. 1923/24 arbeitslos, entwickelte er sich immer mehr zum völkisch-germanischen Fanatiker und geriet in gesellschaftliche Isolierung von seinem früheren großen Bekanntenkreis, was seine immer vorhanden gewesene innere Unsicherheit noch steigerte. Im Juli 1924 nahm er eine Stelle als Sekretär von Gregor Straßer an, der damals in Landshut niederbayerischer Gauleiter der „Nationalsozialistischen Freiheitsbewegung" war, einer Nachfolgeorganisation der verbotenen NSDAP. Als Hitler im Februar 1925 die NSDAP neu gründete, trat Himmler zusammen mit Straßer in diese über. Da ihm administrative Tätigkeit am meisten lag, blieb er auch nach seinem Umzug in die Münchener Reichsleitung der Partei auf Verwaltungsposten; an den damaligen Auseinandersetzungen zwischen Hitler und Straßer um das Programm beteiligte sich Himmler nicht. 1927 wurde er stellvertretender Führer der zwei Jahre vorher als Ersatz für die noch verbotene SA ins Leben gerufenen „Schutzstaffel" (SS), 1929 ernannte ihn Hitler zum Reichsführer-SS.

Himmler kam als suchender, unreifer Mensch zur Partei, in der er seine Heimat fand und die fortan sein Denken prägte. Seine Rolle als Parteifunktionär ließ ihn seine Identitätsprobleme überwinden. Seine Buchhalter- und Oberlehrermentalität war ihm aber anerzogen und blieb ihm sein Leben lang; er hatte etwas „engstirnig Gewissenhaftes, unheimlich Methodisches" an sich, wie Carl Jacob Burckhardt schrieb. Er war es denn auch, der die nationalsozialistische Ideologie am wörtlichsten nahm, sie methodisch ausbaute und in die Praxis umsetzte. Noch vor Walther Darré, seinem späteren Mitarbeiter und nachmaligen Chef des „Reichsnährstands", der das Schlagwort von „Blut und Boden" prägte, verknüpfte er die rassenideologischen Grundsätze mit dem Bauerntum und erhob die Bauernschaft zum wesentlichsten Teil der nationalen Volksgemeinschaft. In der SS suchte er die Idee eines germanischen „Blutadel-Ordens" zu verwirklichen, den reinsten Träger der nationalsozialistischen Weltanschauung, der die Treue zum Führer als oberstes Prinzip des völkischen Glaubens absolut setzte: indem der SS-Angehörige auch zur Ausführung an sich unmenschlicher, verbrecherischer Taten bereit sein mußte, sofern diese in der Konsequenz der nationalsozialistischen Weltanschauung lagen. Für den SS-Mann wurden Gehorsam, Treue und Ehre gleichbedeutend. Eine als „germanisch" ausgegebene Ahnen- und Heldenverehrung trat an die Stelle des Christentums, dessen kultische Formen und Feiertage aber inhaltlich abgewandelt zum Teil übernommen wurden.

Als Reichsführer-SS spielte sich Himmler nach vorne, unterstützt von dem ihm intellektuell überlegenen Chef des Sicherheitsdienstes der SS, Reinhard Heydrich. Entscheidend wurde für ihn der 30. Juni 1934, als seine SS die SA ausschalten half. 1936 wurde er zusätzlich Chef der deutschen Polizei und führte in der Folgezeit die personelle und organisatorische Verschmelzung von SS und Polizei durch. Als Reichskommissar für die Festigung des deutschen Volkstums wurde er ab Oktober 1939 auch für die Umsiedlungs- und Germanisierungsaktionen in den besetzten Ostgebieten zuständig. Damit zusammen hingen die unter seinem Oberbefehl durchgeführten Aktionen zur systematischen Vernichtung der Juden. 1943 ernannte ihn Hitler außerdem zum Reichsinnenminister und nach dem 20. Juli 1944 auch noch zum Oberbefehlshaber des Ersatzheeres. So wurde Himmler zum Chef der Exekutivorgane zur Bekämpfung der Gegner des Regimes im Inneren wie später auch im Äußeren; er erlangte eine Machtstellung wie kein anderer der Gefolgsleute Hitlers. Der Apparat seiner SS mit seinen verschiedenen Hauptämtern und Referaten, seinen bevölkerungspolitischen, rassenpolitischen, siedlungspolitischen und wissenschaftspolitischen Ambitionen (dem Rasse- und Siedlungs-Hauptamt der SS, dem „Lebensborn", dem „Ahnenerbe", um nur einige zu nennen) und nicht zuletzt der Waffen-SS, entwickelte sich mehr und mehr zu einem eigenen Staat im Staate. Auch die Ideologie wurde in der SS differenziert und ausgebaut. Gegen Ende des Krieges suchte sich Himmler zusehends von Hitler zu lösen und entfaltete eigene außenpolitische und wirtschaftspolitische Initiativen innerhalb der SS.

War Himmler der Hauptexekutor der nationalsozialistischen Ideologie, so war Joseph Goebbels ihr Hauptpropagandist – nach Hitler natürlich. Er war der einzige Intellektuelle in der Spitzenmannschaft des NS-Regimes. 1897 im linksrheinischen Rheydt geboren, aus einer katholischen kleinbürgerlichen Familie stammend, studierte er 1917 bis 1921 Philosophie und Germanistik und promovierte in Heidelberg bei Friedrich Gundolf. Von kleiner und schmächtiger Statur und durch einen Klumpfuß behindert, war er vom Kriegsdienst befreit worden und suchte seine vaterländische und heldische Gesinnung in Zeitungsaufsätzen und dramatischen Dichtungen unter Beweis zu stellen. Da er bei renommierten Zeitungen keine Anstellung fand, verdingte er sich 1924 bei der ,,Deutschvölkischen Freiheitspartei" (zu der ihn ein Freund geführt hatte) als Redakteur der ,,Völkischen Freiheit" in Elberfeld. Ein knappes Jahr später war er Mitglied des Vorstands des Gaues Rheinland-Nord der neugegründeten NSDAP, bald darauf Mitarbeiter Gregor Straßers bei den ,,Nationalsozialistischen Briefen". Mit Straßer vertrat er damals die Idee eines nationalen deutschen Sozialismus, dessen natürlicher Verbündeter der russische Kommunismus sei. Kommunisten und Nationalsozialisten wollten ja beide den Staat der Zukunft durch eine konsequente Revolution erreichen. ,,Lenin oder Hitler?" ist eine bemerkenswerte 1925/26 gehaltene und gedruckte Rede Goebbels' betitelt. Er entschied sich für Hitler, nicht nur in der Agitation. Bei der 1926 offen ausgebrochenen Auseinandersetzung um die programmatische Festlegung der Partei, betont nach links, wie Straßer und die meisten Norddeutschen wollten, oder bürgerlich, wie Hitler es durchsetzte, schlug sich Goebbels auf die Seite Hitlers. Zur Belohnung wurde er noch im gleichen Jahr zum Gauleiter von Berlin ernannt. Hier bewährte er sich mit großem persönlichem Einsatz als geschickter Organisator und Propagandist. Binnen weniger Jahre machte er aus einem kleinen Häuflein eine funktionierende Parteiorganisation und eine Kampftruppe, die sich in spektakulären Saal- und Straßenschlachten mit den Kommunisten herumschlug.

Ende 1929 wurde Goebbels Reichspropagandaleiter der NSDAP und hatte fortan die Wahlkämpfe der Partei zu organisieren. 1928 war er selbst Reichstagsabgeordneter geworden, um im Schutze der Immunität und mit der Reichsbahnfreifahrkarte die Demokratie besser bekämpfen zu können. Goebbels war ein glänzender Redner, noch besser als Hitler, aber es fehlte ihm dessen charismatisches Fluidum. Er wurde in diesen Jahren der Organisator des Führerkults der NSDAP. Wohl hatte schon Hermann Esser in München 1922, nach Mussolinis Marsch auf Rom, die Parole ausgegeben: der deutsche Duce heißt Adolf Hitler. Aber erst Goebbels führte 1931 die Bezeichnung „Führer" und den Gruß „Heil Hitler" ein. Er und Hitlers treuer Adlatus Rudolf Heß schufen den Mythos um den Führer: „Adolf Hitler ist Deutschland und Deutschland ist Adolf Hitler!". Nach den Märzwahlen 1933 ernannte ihn Hitler zum „Reichsminister für Propaganda und Volksaufklärung".

Goebbels war zwar sehr früh ein fanatischer Nationalist, Nationalsozialist ist er aber eher aus opportunistischen und machtpolitischen Erwägungen geworden, auch angezogen von der agitatorischen Dynamik dieser revolutionären Bewegung. Seine Bindung an Hitler wurde sehr eng und erreichte fast mystische Züge. Aus seinen frühen persönlichen Erfahrungen als Behinderter entwickelte er eine tiefreichende Menschenverachtung, sein Haß gegen das Bürgertum und die katholische Kirche resultierte aus seinem Renegatentum, sein Antisemitismus aber war mehr das Produkt verletzter Eitelkeit: die jüdische Intelligenz Berlins hatte ihn nicht für voll genommen.

Robert Ley kam wie Goebbels aus der rheinischen NSDAP. Beide sind durch Zeitungsberichte über den Hitler-Prozeß 1924 erstmals auf ihren späteren Führer aufmerksam geworden. Ley wurde 1890 als Sohn eines Kleinbauern im Bergischen Land geboren; er studierte Chemie, wurde als Kriegsfreiwilliger Leutnant d. R., verwundet geriet er 1917 in französische Kriegsgefangenschaft. Nach seiner Entlassung 1920 promovierte er und war ab 1921 als Nahrungsmittelchemiker bei I. G. Farben in Leverkusen angestellt. Als einziger in der Spitzengruppe der NS-Führung übte er bei seinem Eintritt in die NSDAP also einen normalen bürgerlichen Beruf aus. Schon 1925 wurde er Leiter des Gaues Rheinland-Süd und

Mitglied der „Arbeitsgemeinschaft Nord-West" Straßers. Hier stieß er auf die Idee einer universalen ständischen Wirtschaftsordnung, wie sie auch in Kreisen der „Konservativen Revolution" vertreten wurde. Man dachte an organisierte Standesvertretungen der Arbeitnehmer, die frei waren vom Klassenkampf. Es entstand die Nationalsozialistische Betriebszellen-Organisation (NSBO), Vorläufer der 1933 gegründeten Deutschen Arbeitsfront (DAF), deren Leitung Ley übernahm. Ley war inzwischen zum unbedingten Gefolgsmann Hitlers geworden, der ihn deshalb als Stellvertreter Straßers und quasi dessen Aufpasser in die Organisationsleitung der Partei einsetzte. Nach dem endgültigen Bruch zwischen Hitler und Straßer 1932 wurde Ley dessen Nachfolger als Reichsorganisationsleiter, blieb aber auf die technischen Kompetenzen beschränkt. Die Deutsche Arbeitsfront wuchs rasch zu einer Massenorganisation heran, die nach Zahl und Beitragsaufkommen ihrer Mitglieder die NSDAP weit überrundete. Ihre Idee war die Aufhebung des Klassenkampfes, die Zusammenführung der „Soldaten der Arbeit" und der „Führer der Wirtschaft" in der Betriebsgemeinschaft zu einer „wirklichen Volks- und Lebensgemeinschaft der schaffenden Deutschen", die natürlich nach dem Prinzip Führung und Gefolgschaft organisiert sein sollte.

Die DAF und ihr ehrgeiziger, aber inkompetenter Führer verloren jedoch sehr an Einfluß, als 1934 die maßgeblichen sozialpolitischen Entscheidungen an die „Treuhänder der Arbeit" übergingen. Die DAF wurde auf die sozialpolitische Beratung, weltanschauliche Schulung und soziale Betreuung der betrieblichen „Gefolgschaftsmitglieder" beschränkt. Ihre populärste Einrichtung wurde die Organisation „Kraft durch Freude". Gerade diese Organisation mit ihrem weitreichenden und vielseitigen Freizeit- und Urlaubsgestaltungsprogramm und ihrem Volksbildungswerk trug aber viel bei zur Indoktrination und Popularisierung des Nationalsozialismus bei den Werktätigen und damit zur Integration der Mehrheit der deutschen Arbeiter und Angestellten in die nationalsozialistische deutsche „Volksgemeinschaft". In diesem Bereich entwickelte Ley großen Ehrgeiz und Aktivität. Insofern gehörte er zur Spitzengruppe der nationalsozialistischen Politiker.

III.

Der Nationalsozialismus ist Produkt des neurotischen Klimas der Nach-Weltkriegszeit. Sowohl Hitler selbst wie sehr viele seiner Gefolgsleute sind aus einer psychologischen Konfliktsituation heraus in die Politik geraten. Geprägt vom nationalen Pathos des Gemeinschaftsgefühls von 1914 und vom Erlebnis der Extremsituation des Krieges – Kampfbereitschaft und Frontkameradschaft –, konnten sie nach dessen Ende nur schwer einen Weg in die Normalität des bürgerlichen Lebens finden. Die Niederlage nach vierjährigem Kampf, die Revolution von innen und der Zusammenbruch der alten Ordnung des Kaiserreiches führten bei vielen zu einem starken Frustrationserlebnis, zu Enttäuschung, Verbitterung, moralischer und gesellschaftlicher Entwurzelung. Sie weigerten sich, die neue Situation zu akzeptieren, und waren gewillt, den Kampf um die ,,Ehre der Nation" fortzuführen. Man glaubte an die bald auftauchende Parole vom ,,Dolchstoß" der ,,jüdischen" und ,,bolschewistischen" Revolutionäre in den Rücken der Front, zumal sie von so hochangesehenen Heerführern wie General Ludendorff verbreitet wurde. Man suchte eine Einbindung in neue soldatische Gemeinschaften, die sich aktionistisch und gegenrevolutionär gaben: Freikorps und nationale Kampfverbände bildeten für viele Vorstufe und Übergang zu NSDAP und SA. Zur Sehnsucht nach einer neuen Gesinnungs- und Kampfgemeinschaft kam der Ruf nach dem starken Mann, einem ,,Führer und Retter Deutschlands aus der Not". Nach dem Pomp und Pathos des Kaiserreiches bot die Weimarer Demokratie ein allzu farbloses und schwächliches Bild, auch für viele, die in ihr nicht von vornherein das Produkt der roten Revolutionäre und der Siegermächte sahen.

Wie eingangs schon angedeutet, standen in den ,,Kampfjahren" der NSDAP nicht der Antisemitismus und die Forderung nach größerem Lebensraum im Vordergrund der Agitation, sondern Parolen, die in weiten Kreisen des national gesinnten Bürgertums, des Landvolkes, der Kriegsveteranen und unter den Arbeitslosen auf starke Resonanz stießen: Kampf gegen die ,,marxistische Gefahr", gegen die liberale Republik, gegen das ,,Diktat von Versailles" und gegen die Reparationen, die schuld an der Wirtschaftskrise seien. Das Eintreten für „Deutschlands nationale Erneuerung", für die Schaffung einer „echten Volksgemeinschaft" und für eine „Gesundung der Landwirtschaft" und des Mittelstands fand großen Anklang. Zudem war aber auch eine antisemitische Haltung zumindest latent weit verbreitet, und Hitlers biologistische Thesen über Rassen und Kulturen kamen in einer Zeit der grassierenden Halbbildung, in der Wilhelm Bölsche und Houston Stewart Chamberlain als große Geister angesehen wurden, sehr wohl an.

Der irrationale, illiberale, antiintellektuelle und antimodernistische Charakter der neuen Bewegung und ihre Gefahr wurden nicht nur auf seiten der Linken, sondern auch im kritisch-liberalen bürgerlichen Lager sehr früh erkannt. Anfang 1923 charakterisierte der Münchener Korrespondent des „Berliner Tageblatts" die NSDAP sehr zutreffend: „Der Nationalsozialismus ist keine Partei, sondern ein Gefühl, eine zum Fanatismus aufgepeitschte Leidenschaft, die aus der seelischen und wirtschaftlichen Not und Verwirrung der Zeit entstanden ist. Sein politisches Weltbild ergibt sich nicht aus den Forderungen der realen Politik, sondern aus der Vorstellungswelt der Romantik."

Der Vorstellungswelt der Romantik und ihrer völkisch-nationalen Ableger entsprangen auch die neofeudalistischen Elemente im Nationalsozialismus: Der Ständestaatsgedanke stammte schon aus der Gründungsphase, fand in der Organisation der Wirtschaftsverbände seinen Niederschlag, wurde aber im politischen Bereich von Hitler verworfen, da er seine Diktatur beeinträchtigen konnte. Die Idee vom germanischen Herrenmenschentum wurde in späteren Jahren in der SS ausgebaut und konkretisiert: nach der Landnahme im Osten sollte dort ein neuer, aus „germanischem Blut und Boden" gewachsener Neu-Adel über die slawischen Bauern herrschen.

Das mit Musik, Fahnen, Umzügen und perfekt inszenierten Kundgebungen sich auch äußerlich von den demokratischen Parteien stark abhebende Auftreten der NSDAP und Hitlers charismatische Wirkung erhöhten die Anziehungskraft der Partei. Hitler war der einfache Frontsoldat, der Mann aus dem Volke, mit dem sich viele identifizieren konnten. Er riß in seinen fanatischen Reden viele Leute mit sich, weil er ihnen sozusagen „aus der Seele sprach", ihren traumatischen Ängsten und Gefühlen Ausdruck gab. Rudolph Binion hat ihn sehr treffend als „Akkumulator des Volksgrimms über den verlorenen Krieg" bezeichnet. Ganz allgemein repräsentierte er den Willen zur Veränderung. Die Erwartungshaltung gegenüber den Nationalsozialisten war groß und sehr verschiedenartig. Auch vor 1933 wählten sehr viele Hitler, ohne im ideologischen Sinne Nationalsozialisten zu sein. Trotzdem gaben vor 1933 nicht viel mehr als ein Drittel aller Deutschen der NSDAP ihre Stimme, und auch bei den schon durch Terror beeinflußten Wahlen vom 5. März 1933 blieb die NSDAP mit 43,9% unterhalb der absoluten Mehrheit.

Aber mit den wirtschaftlichen, sozialpolitischen und außenpolitischen Erfolgen Hitlers in den Jahren 1934 bis 1940 wuchs die Zustimmung zum Nationalsozialismus im deutschen Volk ganz beträchtlich. Die überwiegende Mehrheit der Deutschen stand nun hinter Hitler und folgte ihm. Der Glaube an die Kraft und Unfehlbarkeit des „Führers" nahm fast religiöse Züge an und hielt auch angesichts der Niederlagen und Opfer des Krieges weitgehend stand. Dieser Führer-Mythos wurde mit Recht als der wichtigste Integrations- und Stabilitätsfaktor des „Dritten Reiches" bezeichnet.

Durch seinen Absolutheitsanspruch, die Erfassung aller Berufsgruppen und Lebensbereiche und den Rigorismus der Gegnerbekämpfung wurde der Nationalsozialismus zu einer totalitären Ideologie eo ipso. Für den Erfolg der Partei spielten die ideologischen Grundsätze aber letztlich nur eine untergeordnete Rolle; Eberhard Jäckel hat mit Recht darauf hingewiesen, daß das Verhältnis der Deutschen zu Hitler weitgehend auf bewußter Täuschung und Selbsttäuschung beruhte. Hitler war ein Taktiker, der sich im Kampf um die Macht nicht auf ein bestimmtes Programm festlegte. Wenn nötig, rückte er auch von seinem eigenen Buch ab. Die darin fixierten Weltanschauungsziele können eher als Aktionsrichtungen angesehen werden, „ideologische Metaphern", wie

Martin Broszat sie nennt. Soweit sie realisiert wurden, hatten sie in der Folgezeit der nationalsozialistischen Herrschaft allerdings schreckliche Wirkungen. Die Konsequenzen des Nationalsozialismus wurden aber lange Zeit von der Mehrheit seiner Anhänger – und seiner deutschnationalen Koalitionspartner von 1933 – nicht erkannt oder stark unterschätzt.

Zum Abschluß sei kurz auf die alte und immer wieder neu gestellte Frage eingegangen: ist der Nationalsozialismus nicht doch lediglich ein Hitlerismus gewesen? Ja und nein, möchte ich sagen. Wohl war Hitler in der Zeit seiner Führung der Bewegung *die* Verkörperung der nationalsozialistischen Weltanschauung und die allein bestimmende Integrationsfigur der Partei. Alle anderen Führer blieben Zuträger und Gehilfen. Aber der Nationalsozialismus als völkische Bewegung existierte schon, bevor Hitler zu seinem Trommler und Führer wurde. Und es gab zumindest in der SS Anzeichen eines selbständigen Ausbaus der Ideologie und der Organisation, die den Tod des Führers überlebt hätten – wenn das Reich weiterbestanden hätte. Nicht Hitlers Tod, sondern dem von ihm nach seinem Scheitern bewußt herbeigeführten totalen Zusammenbruch des Deutschen Reiches und seiner vollständigen Besetzung durch die Alliierten haben wir das Ende des Nationalsozialismus zu verdanken.

Norbert Frei

Nationalsozialistische Presse und Propaganda

Zu den vielen Begriffen, die nach dem Ende des Dritten Reiches sprachbewußte Menschen als desavouiert und nicht mehr benützbar empfanden, zählte auch der Begriff der Propaganda. Noch heute bevorzugen Politiker wie die Fachleute jener Branche, die ihnen ihre Wahlplakate gestalten, den Begriff der Werbung. Bewußt oder unbewußt ist dies eine Reaktion auf die unbestreibare Erkenntnis, daß das Instrumentarium moderner Propaganda für die Nationalsozialisten schon bei der Erringung der politischen Macht und nicht weniger bei der anschließenden Errichtung und Stabilisierung ihres Regimes von zentraler Bedeutung war.

Zunächst werde ich etwas ausführlicher auf die noch kaum erforschte Frage nach Funktion und Organisation von Propaganda in der sogenannten Kampfzeit der NSDAP eingehen und anzudeuten versuchen, warum es sinnvoll sein könnte, die NSDAP in dieser Phase geradezu als eine *Propagandabewegung* zu charakterisieren (Teil I). Daran schließt sich – exemplarisch für Rundfunk und Tagespresse – eine Skizze der nationalsozialistischen Gleichschaltung der Massenmedien im Rahmen der Machtübernahme an (Teil II). Schließlich frage ich nach Ausmaß und Bedeutung von Propaganda für das NS-System; in diesem Zusammenhang stehen einige Bemerkungen zur Einschätzung der Wirksamkeit dieser Propaganda (Teil III).

I.

Der Augenblick, in dem die NSDAP aus dem konturlosen Vielerlei nationalistisch-alldeutscher und völkisch-antisemitischer Gruppierungen des nachrevolutionären Deutschland herauszutreten begann, kam mit dem Parteieintritt Hitlers im September 1919. Nahezu alle öffentliche Wirksamkeit, die die Partei dann bis 1923 erreichte, verdankte sie dem außergewöhnlichen rednerischen Talent und propagandistischen Geschick dieses einen Mannes.

Aufgrund welcher Erlebnisse feindlicher Kriegspropaganda, Teilnahme an Propagandakursen und Lektüre massenpsychologischer Literatur auch immer: Hitler verfügte schon zu Beginn seiner politischen Karriere über präzise Vorstellungen von den Möglichkeiten, die das Instrumentarium der modernen Propaganda bereithielt – und über einen besonderen Sensus dafür. Hitler war es, der die Splitterpartei NSDAP 1920 zum kaum finanzierbaren Erwerb eines eigenen Parteiblattes drängte; Hitler war es, der auf unverwechselbare Parteisymbole Wert legte und in einer Münchener Kunststickerei Muster anfertigen ließ. Hitler war es, der die Aufwertung des Saalordnerdienstes zur schlagkräftigen Parteitruppe durchsetzte. *Völkischer Beobachter,* rote Hakenkreuz-Standarten und SA waren für ihn bewußt gewählte und gezielt einzusetzende Mittel der Propaganda. Freilich konnten es nur Zutaten sein zu einem Rezept, in dessen Mittelpunkt der spektakuläre öffentliche Auftritt des unbestreitbar wirkungsvollsten Redners der Partei stand. Veranstaltungen der Hitler-Bewegung, wie die NSDAP bezeichnenderweise bald genannt wurde, galten in den politisch nicht eben ereignisarmen frühen zwanziger Jahren als ein besonderes Erlebnis; vorausgesetzt, das Plakat kündigte Hitler an. Öffentliche Kundgebungen, nicht die kärgliche völkische Publizistik, waren das Hauptinstrument der NS-Propaganda und -Wahlwerbung. Daran änderte sich bis 1933 im Grunde nichts. Während die Mitglieder konkurrierender Gruppen in öden Wirtshaus-Hinterzimmern politische Nabelschau betrieben, vermittelte Hitler seiner noch mitgliederschwachen Partei mit kühnen Großveranstaltungen, bei denen Marschmusik, Fahnenschmuck, SA-Aufmarsch und Bierdunst auch genügend Gaudi garantierten, rasch das Image einer dynamisch-kämpferischen, unverbrauchten und zukunftsträchtigen Bewegung. Die wohlinszenierten Reden des geschulten Demagogen Hitler bestätigten das Auditorium nicht nur in seinen politischen und sozialen Ressentiments; das vermochten andere im reaktionären Lager auch. Ausschlaggebend für den Erfolg der

NSDAP war, daß ihr „Trommler" Hitler es verstand, politische Stimmungen und Mentalitäten in organisierte Kampfbereitschaft und Durchsetzungswillen zu verwandeln, aus bloßen Gesinnungsgenossen entschlossene Aktivisten zu formen.

Dies galt für die erste Phase der Partei bis zum gescheiterten Putsch am 9. November 1923, und dies galt verstärkt für die Zeit nach ihrer Wiedergründung 1925, in der es der NSDAP gelang, sich zum „Alleinerben" (Broszat) der völkischen Rechten zu machen und die relativ stabilen Jahre der Republik bis zum Beginn der Wirtschaftskrise zu „überwintern". Während dieser Zeit schwacher öffentlicher Resonanz wurde das organisatorische Fundament der Partei weiter vertieft. Es wurden jene inneren Strukturen ausgebaut und systematisiert, die es erlauben, die NSDAP sowohl von ihrer Binnenorganisation als auch von ihrem öffentlichen Auftreten her als *Propagandabewegung* zu charakterisieren.

Anstelle des organisatorisch wenig effektiven Münchener Hitler-Spezis Hermann Esser übernahm im Sommer 1926 Gregor Straßer, Gauleiter von Niederbayern und – weitaus wichtiger – Leiter der Arbeitsgemeinschaft der nordwestdeutschen NSDAP-Gaue, das Amt des Reichspropagandaleiters. Erst dadurch wurde der stärkste Mann neben Hitler und Repräsentant des linken Flügels auch Mitglied der NSDAP-Reichsleitung in München. Wie schon in Niederbayern überließ der begabte und gefragte Agitator, dessen Hauptinteresse dem Ausbau der wirtschafts- und sozialpolitischen Programmatik galt, die Führung der Geschäfte des Reichspropagandaleiters weitgehend seinem Adjutanten Heinrich Himmler. Das Netz sogenannter Propagandazellen bei Gauleitungen und Ortsgruppen, die der Reichsleitung direkt unterstanden, wurde nun kräftig ausgebaut, die Propaganda intensiviert.

Zu Heiligabend 1928 gab Himmler allgemeine Richtlinien für Propagandaaktionen heraus, in denen er die Parteifunktionäre damit vertraut machte, daß „von Zeit zu Zeit für jedes Gebiet Deutschlands eine wohlvorbereitete, das Maß der sonstigen Propaganda-Anstrengungen überschreitende Tätigkeit notwendig" sei (Tyrell, S. 255 ff.). Himmlers dann folgende Einzelvorschläge vermögen die – zumindest intendierte – generalstabsmäßige Vorbereitung nationalsozialistischer Propagandaaktivitäten exemplarisch zu illustrieren: Zunächst sei die Bevölkerung eines zu „bearbeitenden" Gaues allein durch die zahlenmäßige Massivität von NSDAP-Veranstaltungen zu beeindrucken. Als Richtwert nannte Himmler, je nach Gaugröße, 70 bis 200 Veranstaltungen innerhalb von sieben bis zehn Tagen. Dies zwinge auch die gegnerische Presse und die politisch nicht interessierte Bevölkerung, von dem Treiben Kenntnis zu nehmen – zumal, wenn gleichzeitig große Mengen von Handzetteln und Flugblättern verteilt und eifrig Plakate geklebt würden. Im Anschluß an die jeweilige örtliche Veranstaltung mit einem „Gau-" oder gar „Reichsredner" der Partei sollten die lokalen Parteigenossen eine Werbewoche starten, mit je einem Abend für SA, Hitlerjugend und einem Tag der NS-Presse, an dem neben entsprechend geschmückten Autos hermarschierende SA Zeitungen und Broschüren zu verkaufen und zu verteilen hatte.

Das alles sollte nun keineswegs in sachlicher Nüchternheit vor sich gehen wie die langweiligen Veranstaltungen der „Systemparteien", nein: gerade in der agrarischen Provinz kam es auch auf eine gehörige Portion karnevalistisch-festlicher Elemente an. Was Himmler in seinen Richtlinien empfahl, gehörte während des sogenannten Endkampfs gegen die Weimarer Republik zum allgemeinen Repertoire nationalsozialistischer Propagandainszenierungen, wenngleich es in den sich nun herausbildenden protestantisch-bäuerlichen und -mittelständischen Hochburgen leichter auf die Beine zu stellen war als in der NS-Diaspora, etwa im katholisch-konservativen Bayern oder in sozialistisch geprägten Industriearbeiterstädten. Ein guter Werbeabend also enthielt: „sportliche Vorführungen, lebende Bilder, Theaterstücke, Singen von Liedern, Vorträge von SA-Leuten, Vorführung des Parteitagfilms".

Dies wie stärker noch sogenannte Gauveranstaltungen (neben diversen Feiern im Jahreskreis gehörten dazu auch NS-Flug- oder Sporttage mit Fackelzügen, Paraden und Goulaschkanonen) oder gar Reichsparteitage sollten nicht nur Eindruck auf die Umwelt machen, auf jene – wie es hieß –, „die heute noch abseits stehen";

diese *Aktionspropaganda* hatte auch enorme Bedeutung für die innere Stabilisierung der Partei. Nicht zuletzt wurde damit in neuer, für revolutionär erklärter Form einem wachsenden Bedürfnis nach Engagement und nach Integration (bei Abhebung von überkommen scheinenden Formen bürgerlicher Geselligkeit und Partizipation am öffentlichen Leben) Nahrung gegeben und die Bereitschaft der überdurchschnittlich jungen Anhängerschaft aufgegriffen, sich einer Sache „ganz und gar", kompromißlos und unbedingt, zu verschreiben – in der Erwartung des einzelnen freilich, daß ihm das auch emotionale Geborgenheit und kameradschaftliches Aufgehobensein eintragen werde, wie dies, in anderem gesellschaftlichen Kontext und mit gewissen Auflösungserscheinungen, sonst vor allem bei der „von der Wiege bis zur Bahre" Solidarität stiftenden Gemeinschaft der alten Sozialdemokratie zu haben war.

Indiz für den verstärkten Ausbau des NS-Propagandaapparates war auch ein Fernschulkursus für Parteiredner, den Fernhandelsschuldirektor Fritz Reinhardt, zugleich Gauleiter von Oberbayern-Schwaben, im Sommer 1928 etablierte. Ein Jahr später (Reinhardt hatte seine Fernhandelsschule aufgegeben) war sein Institut in Herrsching am Ammersee bereits offizielle Rednerschule der NSDAP, die bis 1933 rund 6000 Propagandisten ausgebildet haben soll.

Bezeichnenderweise dominierte die Tätigkeit der Reichspropagandaleitung bald die der Reichsorganisationsleitung, deren Führung Anfang 1928 auf Gregor Straßer überging. Die konkrete Propagandaarbeit lag nun noch stärker als bis dahin bei Himmler; als ihr Leiter fungierte formell Hitler selbst. Der noch heute häufig zum singulären Propagandagenie stilisierte – und dämonisierte – Berliner Gauleiter Joseph Goebbels wurde erst am 27. April 1930, also erst während der Phase des Durchbruchs der NSDAP zur Massenpartei, Reichspropagandachef. Auch dann allerdings besaß Goebbels nur die Kompetenzen eines „Reichspropagandaleiters I", denn Hitler hatte Reinhardts Rednerschule zu einer eigenständigen Abteilung II aufgewertet.

Der Stellenwert, den führende Nationalsozialisten der Propaganda beimaßen, zeigte sich unter anderem in regelmäßigen „Sondertagungen über Propaganda und Organisation", die anläßlich der Reichsparteitage veranstaltet wurden. ,,Sondertagungen für Pressefragen (kaufmännischer Teil)" galten der Betreuung der regionalen Parteiblätter, an deren Ausbau der Münchener Führung trotz der mit dem *Völkischen Beobachter* beanspruchten Leitfunktion gelegen sein mußte: Erst das persönliche, auch finanzielle, Engagement lokaler und regionaler Parteiführer ermöglichte den Aufbau eines gleichwohl noch dürftigen eigenen Pressewesens, das Voraussetzung war für eine elementare Präsenz der NSDAP auf dem Gebiet der aktuellen Publizistik. Abgesehen von der temporären Bereitschaft eines Teils der Rechtspresse, im Kontext gemeinsamer politischer Aktionen wie etwa dem Volksbegehren gegen den Young-Plan auch dem politischen Juniorpartner etwas Raum zur publizistischen Selbstdarstellung zu geben, stieß die NSDAP nämlich nahezu bei allen Zeitungen der Republik auf geschlossene Redaktionstüren. Das war die Folge einer extrem parteipolitisch fixierten, noch kaum je am Prinzip nachrichtlicher Universalität orientierten Praxis der Berichterstattung – und hatte erhebliche Konsequenzen für die Propagandakonzeption der NSDAP. Denn sich dem Defizit an pluralistischer Kommunikationskultur einfach zu fügen, das die NSDAP wie andere politische und gesellschaftliche Minderheiten daran hinderte, über die Presse öffentlich Gehör zu finden, dazu war diese *Propagandabewegung* unter keinen Umständen bereit.

Hier lag der Einsatzpunkt einer Technik persuasiver Selbstdarstellung, die ich schon als *Aktionspropaganda* charakterisiert habe. Sie machte die Frage der Öffentlichkeitswirksamkeit aller Aktivitäten zu einer zentralen Kategorie der gesamten Parteiarbeit und gehört zu den wenigen wirklich originären ,,Leistungen" der NS-Bewegung. Es war dies auch der Punkt, an dem sich die Neuartigkeit der NSDAP gegenüber den anderen Parteien der Weimarer Republik besonders deutlich zeigte.

Im Unterschied zu den noch weitgehend honoratiorenhaft-informell geführten bürgerlichen Interessenparteien mit schwach ausgebildetem Apparat, im Unterschied aber auch zu den auf ideologisch-weltanschaulich geschlossenen Bevölkerungsblöcken basierenden Parteien des politischen Katholizismus und der Sozialdemokratie, für die sich zu Wahlzeiten wohl die Notwendigkeit der Mobilisierung, kaum aber der Werbung ergab, führte die NSDAP einen Wahlkampf in Permanenz. Noch am ehesten vergleichbar war die *Aktionspropaganda* der NSDAP dem großstädtischen Auftreten der Kommunisten. Deren Prinzip der Straßen- und Betriebszellenorganisation kopierte übrigens Goebbels in Berlin. Der grundlegende Unterschied blieb freilich die theoretisch-systematische Basis der Kommunisten – trotz einer aus Taktik wie auch immer verzerrenden Agitation. Dieser theoretischen Basis vermochten die Nationalsozialisten nichts auch nur annähernd Entsprechendes entgegenzusetzen. Ein solches theoretisches Fundament war allerdings, wie sich in der politisch-wirtschaftlichen Krise zeigen sollte, für den Wahlerfolg durchaus nicht notwendig.

Um ganz zugespitzt zu sagen, worauf noch zurückzukommen sein wird: Die Ideologie der NSDAP erschöpfte sich weitestgehend in ihrer Propaganda; ihre Propaganda war bereits die Ideologie. Die NSDAP war keine Programmpartei, sondern eine *Propagandabewegung*. Die Formulierung, die Hitler dafür bereithielt, lautete: nicht ,,geistige Waffen'', sondern ,,fanatische Entschlossenheit'' seien es, die den Weg zum Ziel ebneten. Um einen festen Kern nicht näher begründeter Anti-Haltungen (Antisemitismus, Antimarxismus, Antiparlamentarismus, Antiliberalismus) gruppierten sich wenige, von Opportunität diktierte, keineswegs widerspruchsfreie Programmaussagen. Das Schicksal des vorwiegend auf die Interessen des alten Mittelstands ausgerichteten 25-Punkte-Programms von 1920, Gregor Straßers gescheiterte Revisions- bzw. Konkretisierungsbemühungen von 1926, das Ausscheiden des linken Flügels um Otto Straßer 1930, der einen nationalen Sozialismus propagierte, und zuletzt auch der Rücktritt Gregor Straßers Ende 1932, kennzeichnen den Erfolg von Hitlers stetem Bemühen, eine deutliche programmatische Festlegung ebenso wie eine vorzeitige Regierungsbeteiligung der Partei unter allen Umständen zu vermeiden. (Zur Illustration: Als sich im Sommer 1921 ein Zusammenschluß der gerade 2000 Mitglieder starken NSDAP mit anderen völkischen Gruppen abzeichnete und sich der

Schwerpunkt der Parteitätigkeit von der Aktionspropaganda auf Programmdiskussion zu verlagern schien, erklärte Hitler seinen Austritt. Nach reichlich zwei Wochen konnte ihn die Partei mit seiner Wahl zum Vorsitzenden und einem in der Satzung für unabänderlich erklärten 25-Punkte-Programm zurückholen.)

Doch wäre es ganz und gar verfehlt, eine auf konkrete politische Sachprobleme bezogene Pragmatik zu vermuten, wo theoretisch fundierte Programmatik nicht zu erkennen war. Im Gegenteil: Sich der systemimmanenten Mitarbeit in jeder Form zu verweigern, lag in der Logik der nationalsozialistischen Absicht, die parlamentarische Republik, das System der „Novemberverbrecher", wie sie es nannten, zu beseitigen. Hitler, Goebbels, aber auch kleinere Chargen wußten diese Zwischenlage – entstanden aus der nach Mandaten schielenden Legalitätstaktik einerseits und dem doch als revolutionär apostrophierten antiparlamentarischen Kampf andererseits – zynisch zu erläutern. Vor ihren großen Wahlerfolgen, als der NSDAP die Mittel für teure Rundreisen geschulter Redner fehlten, legte Hitler größten Wert darauf, daß die wenigen Abgeordneten der Partei die Reichsbahn-Freifahrkarte für optimal organisierte Propagandatouren ausnutzten. Reichstagsmitglied Goebbels kommentierte dies: „Ich bin kein Mitglied des Reichstages. Ich bin ein IdI. Ein IdF. Ein Inhaber der Immunität, ein Inhaber der Freifahrkarte. [Ein IdI.] beschimpft das ‚System' und empfängt dafür den Dank der Republik in Gestalt von siebenhundertfünfzig Mark Monatsgehalt" (Tyrell, S. 228).

In den Jahren, die man später die Phase der Auflösung der Weimarer Republik genannt hat, zeigte sich auch die geistige und tatsächliche Gewalttätigkeit, die hinter diesem Zynismus stand: Die aggressiv inszenierte Propaganda war die eine Seite, die andere Seite war eine propagandistisch herausgestellte Aggressivität. Daß Propaganda und Terror zusammengehören, war für Hitler, wie schon eine Denkschrift von 1922 zeigt, eine pure Selbstverständlichkeit. Seine bildhafte Quintessenz lautete damals: „Der Ausbau der Propagandaorganisation bedeutet die günstige Vorbereitung des späteren Erfolges. Was durch Papierkugeln zu gewinnen ist, braucht dereinst nicht durch stählerne gewonnen zu werden" (Tyrell, S. 51).

Ab 1930 gab es zahlreiche, immer auch propagandistisch ausgemünzte nationalsozialistische Verbrechen, die schwerlich noch als „politische" Straftaten zu bezeichnen sind. In der gewalttätigen Auseinandersetzung mit dem parteipolitischen Feind Nr. 1, den Kommunisten, waren der „Altonaer Blutsonntag" und der Mord von Potempa nur die am meisten bekanntgewordenen. An die – zumal in den Großstädten – schließlich fast täglichen Straßen- und Saalschlachten zwischen SA und Kommunisten, auch sozialdemokratischen Reichsbanner-Männern, ist in diesem Zusammenhang ebenso zu erinnern wie beispielsweise an die von der NS-Propaganda als Beweis dynamischen Aufbauwillens und -erfolgs interpretierte erste Rathausmehrheit 1928 in Coburg oder an die ebenso perfide wie populäre Kampagne Goebbels' gegen den jüdischen Vizepräsidenten der Berliner Polizei, dessen Haß und Lächerlichmachung gleichzeitig ausdrückender Spottname „Isidor" am Ende allgemein bekannter war als sein richtiger Name Dr. Bernhard Weiß. Goebbels war einer der ersten Berufspolitiker, die begriffen, daß man für Propagandazwecke Ereignisse auch eigens *machen* kann, und daß man sich nicht nur auf die Ausschlachtung von Vorkommnissen beschränken muß.

Umgekehrt verstand es die NS-Propaganda perfekt, die eigenen Opfer im sogenannten Endkampf zu edelmutigen Märtyrern und Heiligen zu stilisieren. Das Gedenken an den von einem Kommunisten tödlich verletzten SA-Führer Horst Wessel oder den am 30. Januar 1933 ebenfalls in Berlin erschossenen SA-Sturmführer Hans Maikowski nahm pseudoreligiöse Formen an. Ähnliches galt natürlich seit langem für die „Blutzeugen der Bewegung" vom 9. November 1923 oder den während der Ruhr-Besetzung von den Franzosen als Saboteur hingerichteten Leo Albert Schlageter, dessen Heroisierung ein Jahrzehnt später in der Formel „erster Soldat des Dritten Reiches" ihre Krönung erfuhr.

Im Reichstagswahlkampf vom Sommer 1930 bewiesen die Nationalsozialisten erstmals „reichsweit", zu welchem Propaganda-Aufgebot sie mittlerweile organisatorisch und finanziell fähig waren. Obwohl hauptsächlich aus Mitgliedsbeiträgen und Eintrittsgeldern finanziert (Industriespenden flossen erst 1932 in stärkerem

Umfang), lieferte die Massenpartei mit Plakatierungen und Groß-
kundgebungen eine Wahlkampagne, wie man sie in Aufwand und
Modernität bis dahin nur aus Berichten über amerikanische Präsi-
dentenwahlen kannte.

Im spannungsgeladenen Dauerwahljahr 1932 (mit, was noch nie
dagewesen war, zwei Wahlgängen zur Wahl des Reichspräsidenten, zwei Reichstags- und mehreren Landtagswahlen) diktierte die
NS-Propagandamaschine Themen und Tempo über weite Strek-
ken allein. ,,Hitler über Deutschland" lautete nicht von ungefähr
eine doppelsinnige Parole: Während Reichskanzler Brüning und
der greise Hindenburg unprätentiös die Bahn benutzten, kam Hitler vom Himmel. Seine spektakulären Deutschland-Flüge waren
meist so arrangiert, daß die Massenkundgebungen im Freien unmittelbar neben dem Landeplatz der Führer-Maschine stattfinden
konnten. Die ebenso beeindruckende wie effektive Organisation
machte es möglich, den Spitzenkandidaten der NSDAP innerhalb
weniger Tage vor Hunderttausenden sprechen zu lassen. Wie bekannt, blieb der durchschlagende politische Erfolg trotz großer
Zugewinne vorerst dennoch aus.

II.

Nachdem Hitler am 30. Januar 1933, eigentlich fünf nach zwölf,
doch noch an die Macht gehievt worden war, nahm die nationalsozialistische Propaganda vorher unerreichte Ausmaße und neue institutionelle Formen an. Was formal eine der für Weimarer Verhältnisse nicht eben außergewöhnlichen Kabinettsneubildungen
war, definierte die nationalsozialistische Propaganda noch in der
Nacht zum Monatsletzten zum historischen Ereignis um. Der von
Gauleiter Goebbels organisierte Fackelzug von 25000 SA-Män-
nern, die am 30. Januar stundenlang an der Reichskanzlei vorbei-
marschierten, bekräftigte dies. Nicht nur die Berliner wurden
Zeugen dieses Spektakels: Goebbels hatte mit der Autorität der
neuen Regierung dafür gesorgt, daß der Rundfunk eine große
Live-Reportage brachte sowie Interviews mit Göring und Hans
Hinkel, Goebbels' späterem Staatssekretär. Für sich selbst reser-

vierte Goebbels das nächtliche Schlußwort – zum ersten Mal ,,über alle deutschen Sender", wie er etwas zu großzügig in sein Tagebuch schrieb.

In den fünf Wochen bis zur letzten noch frei zu nennenden Reichstagswahl am 5. März schien sich die NS-Propagandamaschinerie, die nach dem Mißerfolg bei den Septemberwahlen 1932 finanziell wie von ihrer Motivation her ins Stottern gekommen war, nun aber auf den Staatsapparat sich stützen konnte – zumal in Preußen –, geradezu zu überschlagen. In 45 Wahlsendungen, die die Rundfunkstationen übertrugen, kamen ausschließlich Regierungsvertreter zu Wort. Dabei versuchte die NSDAP schon jetzt weitgehend erfolgreich, den deutschnationalen Koalitionspartner auszuschalten. Der Reichstagsbrand am 27. Februar war der absolut ideale Gegenstand zur propagandistischen Totalmobilmachung und völligen Ausschaltung der kommunistischen, sowie zeitweiligen Lähmung der sozialdemokratischen Presse und Wahlpropaganda. Der neue Reichsinnenminister Frick (NSDAP) setzte nicht nur in Preußen, sondern auch in Bayern und Württemberg begrenzte Erscheinungsverbote selbst konservativer und bürgerlicher Blätter durch. Staatliche Eingriffe in die Presse, schon in der Früh- und Endphase der Republik keine Seltenheit, wurden nun zur Regel. Sie stützten sich jetzt auf die Notverordnungen vom 4. und 28. Februar 1933, die neben anderen Grundrechten auch das der Presse- und Meinungsfreiheit suspendierten.

Am Vorabend der Reichstagswahl inszenierten die Nationalsozialisten einen sogenannten ,,Tag der erwachenden Nation", den Emil Dovifat, als Publizistikprofessor und Zentrumspolitiker sachverständiger Zeuge, rückblickend ein ,,agitatorisches Meisterwerk" nannte: ,,Es erweckte in leider nicht kleinen Teilen des deutschen Volkes den Eindruck, man *werde* nicht erst nationalsozialistisch, man *sei* es ja längst." Reichskanzler Hitler hielt an diesem Abend eine Rede in Königsberg, die über vorsorglich bewachte Sender im gesamten Reichsgebiet ausgestrahlt wurde. Mindestens für Wahlkampfzwecke hatte man den Rundfunk, wie dies zeigte, bereits fest im Griff. Das war vor allem Folge einer äußerst staatsnahen Organisation dieses neuen Mediums, dem auch die Weimarer Regierungen völlig legal jederzeit sogenannte Auflagesendungen hatten oktroyieren können. Die Nationalsozialisten taten das, so mochte es zunächst scheinen, eben nur ein bißchen häufiger.

Nach dem 5. März, der angesichts der terroristischen Begleitumstände für die NSDAP mit 43,9 Prozent ein letztlich enttäuschendes Ergebnis brachte, begann die politische und gesellschaftliche Gleichschaltung. Für den Gesamtbereich der Medien muß allerdings – wie ich meine: exakter – von Eroberung gesprochen werden. Denn hier wurde sehr schnell klar, daß es mit einer zunächst eher formalen Gleichschaltung nicht sein Bewenden haben würde. Neben sofortiger Ausschaltung gab es wohl die zentral organisierte Gleichschaltung, aber – und erst das war die Ursache für einen rasch einsetzenden strukturellen Wandlungsprozeß – vor allem eine von der nationalsozialistischen Basis her betriebene Eroberung.

Noch am ehesten mit dem mechanistischen Begriff der Gleichschaltung ist die nationalsozialistische Indienstnahme des Rundfunks zu fassen: Bereits nach gut drei Monaten hatte Goebbels, seit dem 14. März 1933 Chef des neugegründeten Reichsministeriums für Volksaufklärung und Propaganda, die zentrale Lenkung der bis dahin selbständigen regionalen Rundfunkgesellschaften unter der Regie seines Ministeriums durchgesetzt; in Preußen und Bayern gegen Widerstände der auf ihre Hoheitsrechte pochenden NS-Landesregierungen. Die Zuständigkeit für Programmüberwachung und Personalpolitik der Reichsrundfunkgesellschaft hatte der Reichsinnenminister schon am 16. März an Goebbels abgetreten; kurz darauf der Postminister die wirtschaftliche Kontrolle und die Rechte an den Hörergebühren, die nun zum Teil zur Finanzierung des Propagandaministeriums dienten. Der Rundfunkkommissar im Postministerium, Hans Bredow, die konservative Gründungsfigur des deutschen Rundfunks, hatte noch am 30. Januar 1933 seinen Rücktritt erklärt; die Nationalsozialisten hatten seine Ablösung schon vor einem halben Jahr gefordert. Im April schieden die beiden Direktoren der Reichsrundfunkgesellschaft, dann in rascher Folge fast sämtliche regionalen Intendanten aus. Eugen Hadamovsky, bisher Goebbels' Gaufunkwart in Berlin, wurde erst

Reichssendeleiter, dann auch Direktor der Reichsrundfunkgesellschaft. Binnen kurzem war damit das gesamte Rundfunksystem, seit Jahren als „verjudet" und als Instrument von „Kultur- und Salonbolschewisten" von den Nationalsozialisten diffamiert (wobei diese Hetze optimiert wurde durch die gezielte Unterwanderung der Hörerorganisation Reichsverband Deutscher Rundfunkteilnehmer und die Infiltration der Programm-Überwachungsausschüsse in den Ländern), sowohl institutionell wie von der Programmgestaltung her fest unter der Kontrolle des Regimes.

Die ziemlich reibungslose, rasche Gleichschaltung des Rundfunks zeitigte fast schon kontraproduktive Wirkungen: Im April 1934 rügte Goebbels vor den Intendanten die zu „energische Politisierung" des Rundfunks und forderte ein lockereres Programm (Diller, S. 147). Offensichtlich leitete den Propagandaminister die Sorge, allzu viele Übertragungen offizieller Veranstaltungen und Reden könnten das Publikum überfüttern. Dadurch glaubte Goebbels die Attraktivität des Mediums und damit den Erfolg seines ehrgeizigen Ziels gefährdet, mit der Billigkonstruktion des Volksempfängers und des noch billigeren Deutschen Kleinempfängers in wenigen Jahren annähernd eine Vollversorgung zu erreichen. Bis zum entscheidenden Termin, bis Kriegsbeginn, hatten 70% aller Haushalte ein Radio.

Ähnliche Warnungen vor Uniformität und Überpolitisierung sprach Goebbels auch gegenüber der Presse aus, als die Gesamtauflage der Zeitungen zwischen 1934 und 1935 um rund neun Prozent auf 18,7 Millionen zurückgegangen war. Beide Medien, Rundfunk wie Presse, brauchte man zur Indoktrination und für gezielte politische Aktionen; da war es notwendig, daß sie möglichst jeden „Volksgenossen" erreichten und keinen Überdruß erzeugten. Als Goebbels im Mai 1940 die vergleichsweise niveauvolle neue Wochenzeitung *Das Reich* kreierte, hing dies mit solchen Überlegungen zusammen.

Der Rundfunk, dessen Möglichkeiten Goebbels erst relativ spät in der „Kampfzeit" erkannt hatte, war ein geradezu ideales Instrument zur Herstellung des angestrebten Bewußtseins einer Identität von Führung und Gefolgschaft gemäß der Parole „Ein Volk, ein

Reich, ein Führer". Namentlich vor und bei wichtigen außenpolitischen Entscheidungen – etwa beim Saar-Referendum 1935, dem Anschluß Österreichs 1938 oder bei innenpolitischen Großveranstaltungen wie den Reichsparteitagen in Nürnberg – diente der Rundfunk der Erzeugung massenhafter Anteilnahme. Der propagierte „Gemeinschaftsempfang" solcher Übertragungen in Gaststätten, kommunalen Gebäuden und auf öffentlichen Plätzen verstärkte noch den gewünschten Effekt. Im Kontext der permanenten Volksgemeinschafts-Propaganda war es für den einzelnen Teilnehmer solcher Rundfunkdarbietungen wohl schwer, nicht der Vorstellung zu erliegen, nur Teil eines übergeordneten großen Ganzen, gegebenenfalls opferbereites Glied einer Gemeinschaft zu sein, in der das Volk alles, der einzelne nichts zu gelten hatte.

Die Kernelemente nationalsozialistischer Ideologie und/oder Propaganda wurden auf solche Weise allgegenwärtig, zumal keineswegs nur Rundfunk und Presse sie in direkter wie indoktrinatorischer Form unentwegt ventilierten: Film, Theater, Buchproduktion, wie überhaupt das gesamte Kulturleben, die Künste und nicht zuletzt das Erziehungswesen („weltanschauliche Schulung") stellten kaum weniger wirkungsvolle Instrumente einer häufig geschickt beiläufigen Propaganda dar. Und was bis 1933 die Großveranstaltungen einer Massenpartei waren, das fand nun seine gesteigerte staatsoffizielle Fortsetzung im sogenannten NS-Feierjahr mit schulfreiem Führer-Geburtstag, einem erst ab 1933 arbeitsfreien 1. Mai, germanisierenden Sonnwendfeiern, dem blut- und bodennahen Erntedankfest, dem Heldengedenken des 9. November usw., usf.

In noch sehr viel geringerem Maße als auf die Zustimmung der Wählerschaft konnte das neue Regime anfangs auf die Unterstützung der Presse rechnen. Goebbels, aber auch die lokalen NS-Funktionäre wußten: Nur wenige der 3400 Tageszeitungen, die es Anfang 1933 im Deutschen Reich gab, konnten als nationalsozialistisch gelten. Die offizielle Parteipresse der NSDAP, zu der man noch einige sympathisierende Blätter hinzurechnen darf, umfaßte unmittelbar vor der Machtübernahme 59 Tageszeitungen mit einer Auflage von zusammen 780000 Exemplaren; das entsprach deutlich weniger als fünf Prozent der damaligen Gesamtauflage. Das Zentralorgan *Völkischer Beobachter* druckte damals etwa 116 000 Exemplare täglich; bis 1941 sollten es 1,2 Millionen werden.

Die brutale Ausschaltung erst der kommunistischen und sozialdemokratischen Presse, deren enteigneter Verlage sich die NS-Gaupresse parasitär bemächtigte, sodann die sukzessive Eroberung der bürgerlichen Privatverlage, führten bis Kriegsende zu einer beispiellosen ökonomischen Konzentration. Mit einem Marktanteil von zuletzt 82,5 Prozent (nach kriegswirtschaftlich begründeten Stillegungsaktionen 1941, 1943 und 1944 standen 350 parteieigenen Zeitungen noch 625 Privatblätter gegenüber, die sich die restlichen 17,5 Prozent teilten) verfügte die NSDAP unter dem Dach des Eher-Verlags über den größten Pressekonzern der Welt. Der vom Reichsleiter für die Presse, Max Amann, Hitler-Vertrauter schon aus Soldatenzeiten, zusammengeschacherte Trust hatte neben vielen anderen auch den Vorzug, dank eines Gespinsts von Holdinggesellschaften durchaus unauffällig zu bleiben. Im Vergleich zu dieser ökonomischen Unterwanderung, die seit 1935 systematisiert wurde mit den sogenannten Amann-Anordnungen zur ,,Wahrung der Unabhängigkeit des Zeitungsverlagswesens'', zur ,,Beseitigung der Skandalpresse'' und über die ,,Schließung von Zeitungsverlagen zwecks Beseitigung ungesunder Wettbewerbsverhältnisse'', geschahen Goebbels' inhaltliche Eingriffe geradezu auf offener Bühne.

Daß der Propagandaminister in so ungehemmter Weise sein Zensursystem errichtete, hing auch damit zusammen, daß er für die Forderungen nach ,,konstruktiver Mitarbeit'', die der ,,neue Staat'' an die Presse richtete, zunächst mit einem gerüttelt Maß an Verständnis rechnen konnte – außer bei der linksliberalen Zeitschriftenintelligenz, bei Leuten wie Schwarzschild, Tucholsky, von Ossietzky, die freilich entweder schon im Exil oder im Konzentrationslager saßen. Zugespitzt formuliert: Gegen beginnende Eingriffe in das private Eigentumsrecht an Verlagen und Zeitschriften gab es im bürgerlich-konservativen Lager zu diesem Zeitpunkt weitaus mehr Empfindsamkeit als bei Eingriffen in das Recht auf Presse- und Meinungsfreiheit. Das war auch die Folge einer in der Republik nicht aufgegebenen obrigkeitsstaatlichen Zensurtradition. Ihr verdankten die Nationalsozialisten lange Zeit den verharmlosenden Eindruck scheinbarer Kontinuität, wo in Wirklichkeit damit begonnen worden war, die Presse zu einem exakt einsetzbaren Instrument totalitärer Propaganda zu machen. Das Schriftleitergesetz vom 4. Oktober 1933 bildete dabei bereits einen gewissen Abschluß: Es entband den Journalisten in redaktionellen Dingen vom Weisungsrecht seines Verlegers – und nahm ihn in die Pflicht des Staates, dessen offizieller Wille auf der täglichen Reichspressekonferenz verkündet wurde. Schriftleiter konnte nur noch sein, wer „arisch" und Mitglied der Reichspressekammer innerhalb der kurz zuvor gegründeten Reichskulturkammer war, der Zwangsorganisation aller „Kulturschaffenden" unter Goebbels' Präsidentschaft. Alle jene Zeitungen, die in Berlin keine Korrespondenten hatten (und das war die überwältigende Mehrheit), erhielten die sprachregelnden Anweisungen – im Krieg gab es zusätzlich sogenannte Tagesparolen – über eines der Reichspropagandaämter, die Goebbels seit Sommer 1933, über das ganze Reichsgebiet verteilt, hatte errichten lassen. Bei der Berichterstattung über die große Politik waren die Provinzblätter ohnehin auf die Meldungen des Deutschen Nachrichtenbüros (DNB) angewiesen, der amtlichen Einheitsagentur, zu dem das schon immer offiziöse Wolff'sche Telegraphen-Büro und die vorher Hugenberg gehörende Telegraphen-Union Ende 1933 zusammengelegt wurden. Das System der Vorzensur, in Verbindung mit harten Strafandrohungen und sogenannten Berufsgerichten der Presse, funktionierte erstaunlich rasch ohne große Schwierigkeiten. Politisch und rassisch unerwünschte Presseleute wurden auch aus eher unbedeutenden Stellungen entfernt. Bei den wenigen großen Verlagsunternehmungen, vor allem in Berlin bei Ullstein, Mosse, aber auch Scherl – letztere gehörte dem deutschnationalen Koalitionspartner und Pressezar Hugenberg – wurden gleich nach der Märzwahl nationalsozialistische Vertrauensleute eingesetzt. Ullstein, später auch Hugenberg, wurden zum Verkauf an den Eher-Konzern gezwungen.

Daß das jüdische Familienunternehmen Ullstein kräftige Konzessionen machen müsse, war in der Verlagsspitze, wie die Entlassung des Generaldirektors und ehemaligen Staatssekretärs im Reichsfinanzministerium Hans Schäffer am 11. März 1933 belegt, rasch sich durchsetzende Ansicht. Aber auch die Redaktionen anderer bedeutender Blätter, die ob ihres publizistischen Glanzes und ihrer republiktreuen Liberalität noch heute gerühmt werden, nahmen die nationalsozialistischen Zumutungen vielfach erstaunlich sprachlos hin. Das galt für die *Frankfurter Zeitung,* der das Regime außenpolitischer Wirkung halber bis zum Verbot 1943 überdurchschnittlichen Spielraum ließ, das galt für *Berliner Tageblatt, Münchner Neueste Nachrichten, Hamburger Fremdenblatt* und andere. Wohl hing diese – zumindest in der Anfangsphase des Regimes – eher passive Haltung mit einem vielleicht in erster Linie bürgerlich-liberalen Unvermögen zusammen, den Wesenskern dieser nun zur Macht gekommenen politischen Bewegung zu erfassen; eine Schwierigkeit, die viele republikanische Publizisten dazu geführt hatte, schon den Aufstieg des Nationalsozialismus mit merkwürdig ratlosen Kommentaren zu begleiten. Ludwig Marcuse, in den zwanziger Jahren Theaterkritiker des *Frankfurter Generalanzeigers,* hat dies in seiner Autobiographie (,,Mein 20. Jahrhundert'') am Beispiel der *Frankfurter Zeitung* sehr eindrucksvoll als ,,Rückzug in das Reich der reinen Ideen'' beschrieben; eine ähnliche Beurteilung gibt Margret Boveri (,,Verzweigungen'').

Die deutsche Zeitungslandschaft des Jahres 1933 war aber, wie schon erwähnt, vor allem geprägt von den nach Tausenden zählenden, publizistisch äußerst leistungsschwachen Kleinverlagen. Die vom Stabschef des Reichsleiters für die Presse, Rolf Rienhardt, ab 1934/35 ins Werk gesetzte ökonomische und organisatorisch-technische Strukturbereinigung hatte insoweit einen tatsächlichen Modernisierungseffekt; ihr Motiv freilich war die pure Bereicherung der Partei. Aber diese Struktureingriffe halfen auch der Absicht weiter, die Indoktrination effektiver zu gestalten. Die nationalsozialistische Parteibasis, also Ortsgruppenleiter, Kreisleiter, Orts-, Kreis- und Gaupressewarte, nicht zuletzt die Gauleiter, spielten bei alledem einen wichtigen Part. Zur konkreten Durchsetzung der ideologischen Ausrichtung war die Beteiligung der Basis in der

Phase der Machtkonsolidierung absolut notwendig. Danach war diese Beteiligung von den pressepolitischen Zentralinstanzen freilich nicht einfach abzustellen, weder von Goebbels noch von Amann. Die Basis, anfangs durchaus eigenständig aktiv geworden und keineswegs nur Ausführungsorgan einer höherenorts konzipierten Politik, entwickelte immer mehr eigene Interessen. Zum Beispiel das, die zahllosen selbständigen bürgerlich-konservativen Kleinzeitungen einer Region zu Kopfblättern der expandierenden Gauzeitung zu machen, deren Geschicke der Gauleiter oft höchstpersönlich lenkte (auch nach der wirtschaftlichen Zusammenfassung der Gauverlage im Amann-Trust). Hieraus ergaben sich durchaus Dysfunktionalitäten totalitärer Propaganda, zumal gerade lokale Kleinverleger in der konkreten Auseinandersetzung mit der Parteibasis eine oft erstaunliche Resistenz entwickelten, vor allem gegen wirtschaftliche Benachteiligungen, aber auch gegen politische Zumutungen.

Ein Beispiel aus dem wirtschaftlichen Konfliktbereich ist der Kampf um das Abdruckrecht für amtliche Bekanntmachungen; ein Beispiel für Resistenzverhalten gegenüber Inhalten der Propaganda die von Goebbels initiierte Kampagne der sogenannten Priesterprozesse. In katholisch-konservativen Regionen wie etwa in Bayern stieß dieser Versuch, die Position der Kirche mit extensiver Berichterstattung über Gerichtsverfahren gegen Ordensgeistliche wegen angeblicher sittlicher Verfehlungen und Devisenschmuggels anzugreifen, auf allgemeine Ablehnung; entsprechend verhalten berichteten viele der noch in Privatbesitz befindlichen Lokalzeitungen.

Über Intensität und Ausmaß der publizistischen Lenkung im Dritten Reich abstrakt eine Vorstellung zu vermitteln, ist schwer möglich. In diesem Rahmen kann nur exemplarisch darauf hingewiesen werden, daß die Monopol-Nachrichtenagentur DNB sich als ein sorgfältig abgestuftes Informationssystem darstellte: Entsprechend ihrem Rang, erhielten Journalisten sowie Führungsfunktionäre in Partei und Staat einen mehr oder weniger stark propagandistisch ausgedünnten bzw. angereicherten Pressedienst. Nur die wenigsten durften alles wissen, was DNB an Informationen zu bieten hatte. Ein paar beliebig herausgegriffene Beispiele mögen illustrieren, daß es potentiell kein Thema gab, das auf den Reichspressekonferenzen nicht in Form von Anweisungen oder Sprachregelungen hätte behandelt werden können:

13. 6. 1936: „Der neue Verfassungsentwurf der Sowjetunion sei von einigen Zeitungen zu neutral behandelt worden, z. B. vom Berliner Tageblatt." (J. Hagemann, S. 321)

4. 3. 1937: „Daß La Guardia Jude sei, wisse man ja. Mit seiner neuesten Rede setze er seiner Hetztätigkeit die Krone auf. Man erwarte von der ganzen Presse eine massive Abwehr, abgestuft nach der Stellung, die das einzelne Blatt im publizistischen Leben einnehme." (S. 309)

14. 1. 1937: „Die Anzeigen-Abteilungen werden vom Propagandaministerium darauf aufmerksam gemacht, daß der Begriff ‚Rasse' bei Anzeigen nicht verwendet werden darf. Es ist unzulässig, mit dem Stichwort ‚Rasse' Propaganda für einen modernen Hut oder für einen bestimmten Motor der Auto-Industrie zu machen." (S. 116)

17. 1. 1940: „Der Minister kritisiert auf das schärfste einen Artikel im Lokalteil der Börsenzeitung über die Kälte." (S. 109)

14. 5. 1940: „Die Berliner Presse ist heute scharf kritisiert worden [...] Von der ersten bis zur letzten Zeile müsse alles auf das große Erleben abgestellt werden. Täglich müsse eine Greuelspalte gebracht werden [...] Für ein Feuilleton ist nur Platz, wenn es sich auf den Krieg bezieht." (S. 108f.)

15. 7. 1944: „Da nicht feststeht, ob der Bandenhäuptling Tito noch lebt, wird gebeten, seinen Namen nicht mehr zu nennen." (S. 241)

7. 4. 1945: „Feindliche Meldungen über deutsche Friedensfühler oder Kompromißabsichten sind keine Themen für die deutsche Öffentlichkeit. Das Wort ‚Frieden' muß in diesen Tagen höchster Kraftanstrengung aus dem Vokabularium der deutschen Nachrichtenmittel gestrichen werden." (S. 285)

Dies sind Zitate aus insgesamt 50 000 bis 80 000 Anweisungen, die bis zum Zusammenbruch des Dritten Reiches von Berlin aus an die gesamte deutsche Presse gegeben wurden. Sie sind zu einem Teil dadurch erhalten geblieben, daß Fritz Sänger, damals Berliner Korrespondent der *Frankfurter Zeitung,* seine Notizen von der Reichspressekonferenz versteckt hat, statt sie vorschriftsmäßig zu vernichten.

Mit der Formulierung bzw. der Überwachung der Einhaltung dieser Anweisungen war ein Heer von einigen hundert Beamten und Angestellten des Reichspropagandaministeriums und seiner Landesämter beschäftigt. Insgesamt dürfte der Propagandaapparat bis Ende des Krieges mehrere Tausend Mitarbeiter umfaßt haben. Mit den Wucherungen des Zensur- und Lenkungsapparates und seiner Bürokratisierung wuchsen auch die schon geschilderten Uniformierungstendenzen. Sie addierten sich zu den anderen Dysfunktionalitäten.

III.

Das gibt Anlaß zur Frage nach den Gesamtmöglichkeiten, aber auch nach den Grenzen totalitärer Propaganda. Ehe ich zuletzt einige Überlegungen dazu vorstelle, möchte ich den Versuch machen, die formale und inhaltliche Struktur der Propaganda im Dritten Reich in wenigen Sätzen zusammenfassend zu skizzieren.

Was Hitler in ,,Mein Kampf" mehrfach niederlegt und zu jedem halbwegs passenden Anlaß wiederholt hat, war schon seinerzeit keine ganz neue Erkenntnis und gehört heute zum Vulgärwissen über Propaganda: Die simple Tatsache nämlich, daß die Botschaft auf ihren Kern reduziert, einfach formuliert und ständig wiederholt werden muß, um von möglichst allen verstanden und schließlich befolgt zu werden. Die gedankliche Schlichtheit nationalsozialistischer Ideologie machte es besonders leicht, diesem Rezept zu folgen. Wie bereits gesagt, sind die Begriffe Propaganda und Ideologie für den Nationalsozialismus praktisch austauschbar, sieht man einmal davon ab, daß es den Nationalsozialisten selbst – aus Gründen der Propagandawirkung – zeitweilig opportun erschien, bestimmte Elemente dieser Ideologie stärker hervorzukehren als andere. Die Einhaltung des Grundschemas stand dabei aber nie in Frage: daß es nämlich Gut und Böse *per se* gibt auf der Welt, daß dies exakt zu trennen ist und daß dazu allein die Bewegung bzw. das Regime der Nationalsozialisten in der Lage sei. Alles andere waren nur Akzentuierungen des Grundschemas. In bezug auf die innere Verfassung des Dritten Reiches etwa lautete es: hier Volksgemeinschaft, dort Gemeinschaftsfremde. Ein auf Dynamik und

Kampf basierendes System brauchte den inneren und – im Sinne der Lebensraumideologie – den äußeren Feind. In der Logik des totalitären Anspruchs lag die Notwendigkeit der permanenten Sichtbarmachung, Abgrenzung, Ausmerzung von Minderheiten. Die propagandistischen Stereotype, die diese Methode zur Anwendung auf Linke, Juden, Zigeuner, Geisteskranke, Homosexuelle oder sogenannte Asoziale produzierte, müssen hier nicht ausgebreitet werden. Der wie auch immer – ob politisch, rassisch, oder sozialdarwinistisch – begründeten Ausgrenzung von Minderheiten entsprach die totalitäre Vereinnahmung der Mehrheit. Weil eine objektive gesellschaftliche Homogenisierung aber ausbleiben mußte, erlangte die bewußtseinsmäßige Uniformierung zentrale Bedeutung. In dem Versuch der totalen Regie des öffentlichen Lebens, den totalitarismustheoretisch inspirierte Untersuchungen in den fünfziger Jahren als zur Gänze gelungen darstellten, fand diese Absicht der bewußtseinsmäßigen Uniformierung ihren Ausdruck.

Wir wissen mittlerweile mehr über die Grenzen dieser Indoktrination. Und zwar vor allem aus den von Partei- und Staatsstellen – keineswegs nur vom Sicherheitsdienst der SS – verfaßten vertraulichen Lageberichten über die Stimmung der Bevölkerung, gleichsam dem für die Führung bestimmten Ersatz für die nur noch aus propagandistischen Aufbereitungen bestehende Presse. Diese Berichte geben ein authentisches Bild über die Haltungen und Meinungen der verschiedenen Bevölkerungsgruppen zu der Politik des Regimes. Dort immer wieder gebrauchte Begriffe wie ,,Meckerertum", ,,Miesmacher", ,,Kritikaster" oder ,,Heimtückevergehen" verdeutlichen, daß mit dem Instrumentarium von Indoktrination und Propaganda nicht *alles* möglich war. Auch geht daraus hervor, daß die Bevölkerung zwar nicht über die einzelnen Lenkungsbemühungen im Bereich der Publizistik informiert war und deren Gesamtausmaß wohl unterschätzte, daß aber der Propagandacharakter des publizistischen Angebots in konkreten Bereichen erkannt wurde.

Anders als für die Phase bis 1933, für die man unter dem Aspekt der Entfaltung ihrer politischen Wirksamkeit von der NSDAP als einer *Propagandabewegung* sprechen kann, gilt es für die Machtentfaltung in der Regimephase neben der Propaganda das Element der Indoktrination zu beachten. Das Element des Terrors, durchaus schon in der Bewegungsphase für die Effektivierung der Propaganda von Bedeutung, ihr (wie Hannah Arendt hervorhebt) in gewisser Weise immanent, erlangte in der Regimephase neue Qualität.

Vor diesem Hintergrund erweist sich die Frage nach der Wirksamkeit nationalsozialistischer Propaganda als mindestens sehr vielschichtig. Nicht zuletzt die Ergebnisse der Kommunikationsforschung, die über die Wirkung der Massenmedien bislang nur ambivalente Auskünfte zu geben vermag, lassen Skepsis angebracht erscheinen: Eine einfache Antwort gibt es mit Sicherheit nicht. Weder kann davon die Rede sein, daß ein perfekt funktionierender Propaganda- und Indoktrinationsapparat unter dem Eindruck ständiger terroristischer Bedrohung die Menschen zu willenlosen, robotergleich lenkbaren Massen habe formen können, noch sind die Wirksamkeit des sorgfältig aufgebauten Hitler-Mythos (in der Grußformel allgegenwärtig) und des Mythos der Volksgemeinschaft zu unterschätzen. Freilich würde sich bereits hier die Notwendigkeit der Differenzierung nach soziologischen Gruppen und politischen Mentalitätsstrukturen ergeben: historische Wirkungs-Analysen, die pauschal von *den* Rezipienten ausgingen, wären schon im Ansatz verfehlt. Unterschiedliche Interessenlagen und Milieus sind mit Sicherheit von größter Bedeutung für die Wirkung indoktrinatorischer Propaganda.

Fragt man nicht nach der allgemeinen Wirkung, sondern nach der ,,Bilanz'' der NS-Propaganda, so ergibt sich fast zwangsläufig das zusätzliche Kriterium des materiellen politischen Erfolgs. Es erweist sich als zentral, gerade auf dem schließlich alles überlagernden Gebiet der Außenpolitik: Solange das Regime dort Erfolge vorweisen konnte, also bis 1942, hatte Goebbels leichtes Spiel. Im Grunde brauchte nur massenwirksam ,,gefeiert'' zu werden, was zuvor mit kaum weniger propagandistischem Aufwand als erstrebenswert verkündet worden war. Dies galt auch in der Innenpolitik, etwa im Hinblick auf die Wiederherstellung der Vollbeschäftigung.

Als die Kriegswende offensichtlich geworden war, die Wirklichkeit der Bombenangriffe auf deutsche Städte die Siegpropaganda zunehmend ad absurdum führte, zerfiel der Mythos vom „Führer", wie die vertraulichen Stimmungsberichte zeigen, ziemlich rasch (Ian Kershaw). Zwar kam es zu keiner Volkserhebung, sondern Apathie, der passive Wunsch, alles möge nun möglichst schnell vorüber sein, prägten die Situation, aber noch vor der militärischen Kapitulation war der Nationalsozialismus für die große Mehrheit der Deutschen politisch am Ende. Gewiß gab es Nachwirkungen und Spätfolgen nationalsozialistischer Propaganda und Indoktrination, aber daß sie nach 1945 politisch und öffentlich so wenig hervortraten, zeigt am besten, wie sehr die originäre Wirksamkeit des Nationalsozialismus an bestimmte Rahmenbedingungen außerhalb seiner Propaganda-Inhalte gebunden war.

Verfechter der Totalitarismustheorie (bes. Carl J. Friedrich) definieren die völlige Beherrschung der Instrumentarien der Massenkommunikation als eines der Grundcharakteristika totaler Herrschaft und gehen damit von der Möglichkeit einer totalen propagandistisch-indoktrinatorischen Manipulierbarkeit aus. Zwar wäre es töricht, den totalitären Anspruch des NS-Regimes in Zweifel ziehen zu wollen; aber zugleich muß doch deutlich darauf hingewiesen werden, daß eine so weitgehende Durchsetzung dieses Anspruchs auf propagandistischem Gebiet, die es erlauben würde, von völliger massenkommunikativer Manipulierbarkeit zu sprechen, empirisch nicht festzustellen ist. Dem Bemühen um totale Abschottung von nicht nationalsozialistisch instrumentierter Massenkommunikation, das erst während des Krieges durch das Verbot aller ausländischen Zeitungen und das Verbot des Abhörens ausländischer Sender absolut gesetzt wurde, stand in nicht geringen Teilen der Bevölkerung das bewußte Suchen solcher Informationen gegenüber; den überall angeschlagenen und von den Medien permanent wiederholten Propagandaparolen widersetzte sich eine breite Gerüchtekommunikation (Dröge), die einem auch von den Nationalsozialisten nicht ausrottbaren menschlichen Austauschbedürfnis entsprach. Und schließlich gab es in jeder Phase des Regimes Widerstandsgruppen, die Flugzettel und Broschüren verbreiteten; und eine – wenngleich aus erklärlichen Gründen von den damals journalistisch Tätigen lange Zeit überpointierte – publizistische Camouflage, den sogenannten Widerstand zwischen den Zeilen.

Gewisse Nischen bürgerlicher Normalität – ,,Ungleichzeitigkeiten" – blieben, wie neuere Arbeiten (Hans Dietrich Schäfer) zeigen, gerade auch im kulturellen und publizistischen Bereich erhalten.

Dies alles darf man in seiner Bedeutung nicht überschätzen. Aber es ist doch Indiz dafür, daß totalitär organisierte Massenkommunikation auch als solche durchschaut wird. Mit diesem Erkennen ist nicht schon die Fähigkeit entwickelt, sich ihrer Wirkung zu entziehen. Im Gegenteil wissen wir aus der Wirkungsforschung, daß ein Prozeß der Abschwächung von Kritikvermögen und Dissonanzbewußtsein dem Bemühen des Individuums stets entgegenläuft, einer unerwünschten, aber permanent wiederholten Propaganda zu widerstehen. Doch ohne konkrete Grundlage – sprich: ohne faßbare politische Erfolge – vermochte die NS-Propaganda auf Dauer ihren Zweck nicht zu erfüllen. Als die Erfolge ausblieben, gar katastrophale Mißerfolge offenkundig wurden, kamen die skizzierten Brechungen und Dysfunktionalitäten der nationalsozialistischen Presse- und Propagandalenkung voll zum Tragen. So könnte es sein, daß es *strukturell* nicht möglich ist, totalitäre Massenkommunikation im umfassenden Sinn dauerhaft zu organisieren. Vielleicht liegt darin auch ein Trost im Hinblick auf 1984.

Helmut Krausnick

Die Wehrmacht im nationalsozialistischen Deutschland

I.

Zunächst möchte ich einige wesentliche Voraussetzungen für die Entwicklung des Verhältnisses der Wehrmacht zum nationalsozialistischen Regime darlegen, Voraussetzungen, die aus Stellung, Haltung und Denkweise der Armee im Kaiserreich und in der Weimarer Republik resultierten.

Zwei schwere politische Belastungen aus der preußisch-deutschen Militärmonarchie wirkten in der demokratisch verfaßten Republik von Weimar fort: 1. Die ungelösten sozialen Spannungen. 2. Der Dualismus zwischen der zivilen Staatsleitung und der militärischen Führung.

1. Unter der Nachwirkung des Sozialistengesetzes erschien dem Großteil der sozialdemokratisch organisierten Arbeiterschaft das Offizierkorps wie die Schutzgarde eines monarchistischen Klassenstaates. Das Offizierkorps wiederum erblickte in der Sozialdemokratie seinen Todfeind. Der elementare Durchbruch des Nationalen im Juli 1914 dämpfte in den ersten Jahren des Ersten Weltkriegs den Gegensatz zwischen Armee und organisierter Arbeiterschaft. Bezeichnend für die aus einseitig-militärischer Sicht erfolgende Lagebeurteilung ist die drastische Bemerkung eines späteren preußischen Kriegsministers (8. 10. 1914) über die SPD: ,,Die Führer bleiben Halunken. Die Sozen in der Front sind untadelhaft. In der Armee gibt's keine Sozen. Nur brave Soldaten! Die Sozialdemokratie kann einpacken.''

2. Zwar konnte Bismarck eine einheitliche Politik durchsetzen, aber keine unzweideutige Überordnung der politischen Führung über die militärische erreichen. Die fortdauernde Unklarheit in der

Kompetenzverteilung zwischen politischer und militärischer Führung rächte sich im Ersten Weltkrieg. Ab 1916/17 gelang es der dritten Obersten Heeresleitung unter Hindenburg und Ludendorff, getragen von einer desinformierten öffentlichen Meinung, die Zügel an sich zu reißen und weit über die unmittelbaren Erfordernisse der Kriegführung hinaus die innere und äußere Politik des Deutschen Reiches zu bestimmen. Im Herbst 1918 stand dennoch die militärische Niederlage bevor. Der schwere Irrtum weiter Kreise unseres Volkes, es habe sozusagen bis 5 Minuten vor 12 alles noch ganz gut gestanden, bestärkte sie in der Meinung, es sei bei der „plötzlichen" Wendung des Krieges nicht mit rechten Dingen zugegangen. Die Legende vom „Dolchstoß der Novemberverbrecher" lag also schon in der Luft; aber sie wurde von Hindenburg, der es besser wissen mußte, mit seiner militärischen Autorität sanktioniert – „die große historische Legende, auf der die ganze Reaktion beruht", wie Ernst Troeltsch in seinen berühmten zeitgeschichtlichen Kommentaren schon im Dezember 1919 hellsichtig schrieb.

Der Kapp-Putsch brachte eine neuerliche Belastung des Verhältnisses von Armee und Arbeiterschaft. Eine Schlüsselrolle für die geistig-politische Entwicklung der neuen „Reichswehr" – welche aus von Offizieren des *alten* Heeres geführten Freiwilligenformationen entstanden war – gewann jedoch die Berufung des Generals v. Seeckt zum Chef der Heeresleitung. Um Einheit, Geschlossenheit und Zuverlässigkeit der bewaffneten Macht unter seiner persönlichen Führung zu sichern, proklamierte Seeckt nämlich einen *unpolitischen Charakter* der Reichswehr. Diese Leitlinie hatte aber keineswegs nur den Zweck, den Offizier vom politischen Tageskampf fernzuhalten. Vielmehr sollte sie vor allem den latenten Konflikt zwischen einer bewahrten monarchistischen Gesinnung und dem geleisteten Eid auf die Republik entschärfen, d. h. dem aus der Welt des Kaiserreichs kommenden Offizier eine innere Festlegung auf die republikanisch-demokratische Staatsform ersparen. Die scheinbar unpolitische Haltung war also tatsächlich ambivalent, konservierte und vertiefte sie doch die Kluft zwischen Denken und Handeln des Offiziers: Seine verstandesmäßig begründete Loyalität gegenüber der Republik verband sich mit der Vorstellung, er diene – statt einer Übergangserscheinung, wie sie der demokratische Staat der Gegenwart darstelle – dem ,,Staat an sich'' – einer idealen, ,,permanent-identischen'' Institution. Der Chef der Heeresleitung und seine Offiziere sahen sich selbst in der Rolle eines ,,Staatsersatzes'', als eine Art Treuhänder des wahren, überdauernden Deutschland und seiner nationalen Interessen, wie *sie* diese verstanden.

Die Wahl des kaiserlichen Feldmarschalls von Hindenburg zum Reichspräsidenten als Nachfolger des verstorbenen Friedrich Ebert stärkte naturgemäß die politische Stellung der Reichswehr. Damit hatte die Republik ein Staatsoberhaupt erhalten, das kein Demokrat war, dessen persönliche Loyalität aber – nicht nur gegenüber dem Buchstaben, sondern auch gegenüber dem Geist der Verfassung – in Anbetracht der präsidialen Notstandsbefugnisse nach Artikel 48 eine wichtige Voraussetzung für den Fortbestand der deutschen Demokratie bildete. Indes gab es in diesen Jahren einer gewissen Konsolidierung der Verhältnisse auch Anzeichen für eine Verringerung der Kluft zwischen Reichswehr und Republik, besonders nach 1928 während der Regierung der Großen Koalition aus Zentrum, DDP und DVP Stresemanns unter dem Sozialdemokraten Hermann Müller als Kanzler. Reichswehrminister war jetzt der – 1918 Nachfolger Ludendorffs gewesene – General Groener, mit dem vielgewandten Generalmajor von Schleicher als ,,Chef des [eigens für ihn geschaffenen] Ministeramts'', der faktisch also Staatssekretär war. Ganz im Stile Seeckts kennzeichnete Groener die Aufgabe der Reichswehr dahin, ,,abseits aller Parteipolitik nur der Idee des Staates zu dienen''. Er erklärte aber auch – und das sollten seine kritisch eingestellten ,,jungen Leute'' gefälligst anerkennen –, daß die Reichswehr ,,ein Machtfaktor im Staat'' geworden sei, ,,über den keiner hinweggehen'' könne. Groener ließ es andererseits nicht an lautstarken Versicherungen der Treue der Reichswehr zur Republik und Mahnungen zur Achtung der Farben Schwarz-rot-gold fehlen. Doch scheint es, als sollten solche Erklärungen in erster Linie ein diszipliniertes Verhalten der Truppe in innerpolitischen Streitfragen sichern, ,,gutwilligen'' Zivilisten ihr Mißtrauen ausreden, ,,böswilligen" aber Angriffsmöglichkeiten entziehen. Denn trotz des militärfreundlichen Verhaltens des Reichskanzlers und der SPD-Abgeordneten in den Reichstagsausschüssen *verstärkte* sich die kritische Gesamteinstellung der Reichswehrführung zur Sozialdemokratie durch die ablehnende Haltung der Partei zum Bau von Panzerkreuzern, ihre begrenzte Zugänglichkeit für Forderungen der Militärs in Haushaltsfragen *und* in den Angelegenheiten des sog. Landesschutzes; in bezug hierauf sprach Schleicher von der ,,wehrfeindlichen" Mentalität ,,gewisser Instanzen" der unter SPD-Führung stehenden preußischen Regierung.

Die wiederholten republikfreundlichen Erklärungen Groeners und Schleichers genügten jedoch für viele, vor allem jüngere Offiziere, um beiden einen ,,Mangel an Nationalgefühl" und einen ,,Linkskurs" zu attestieren. Eine ,,Vertrauenskrise" zwischen Truppe und Reichswehrführung entstand, als zwei Ulmer Offiziere, die mit der Reichsleitung der NSDAP in hochverräterische Verbindung getreten waren, 1930 vor das Reichsgericht in Leipzig gestellt und zu je 18 Monaten Festungshaft verurteilt wurden. Trotz Kritik an ihrer ,,Disziplinlosigkeit" vertraten die meisten Offiziere den Standpunkt, man hätte die ganze Sache ,,auf kaltem Wege", durch stille Verabschiedung der Beschuldigten, erledigen können, statt ,,vaterländische Begeisterung zum Hochverrat zu erklären". Viele hielten ,,auch" ihre ,,höchste militärische Führung" für ,,parlamentarisch verseucht" und trösteten sich mit der Hoffnung, ,,daß diese ganze Blase Schleicher pp. . . . eines Tages von der doch nicht aufzuhaltenden wahren nationalen Bewegung weggefegt werden" würde.

In der Distanzierung von der Weimarer Republik begegnete sich das Offizierkorps der Reichswehr mit den führenden deutschen Gesellschaftsschichten Großindustrie und Großgrundbesitz, aber auch mit weiten, von der politischen Rechten vertretenen Kreisen des bürgerlichen und bäuerlichen Mittelstandes. Wesentlich aus Angehörigen dieser Gesellschaftsgruppen rekrutierten sich ja auch Offiziere und Mannschaften der Reichswehr, und mit diesen standen die regionalen Heereseinheiten überdies im Grenz- und Landesschutz in einer permanenten Verbindung, die aufgrund der restriktiven Bestimmungen des Versailler Vertrages zwangsläufig zwielichtiger, also intimer Natur war. „Wir selbst sind zu schwach und müssen den Anschluß an wehrwillige Kreise haben", schrieb der damalige Oberleutnant Stieff im Oktober 1930 seiner Verlobten. Denn: „daß wir mit dem ‚Reichsbanner [Schwarz-rot-gold]' zusammen einen Grenzschutz nicht organisieren können, weil diese Schufte doch alles verraten würden, ist doch auch Dir klar": eine Äußerung, die ein Schlaglicht auf die Wirkung der rechtsradikalen Agitation wirft.

Es hatte sich in der Gefühlswelt vieler Offiziere gleichsam ein Vakuum gebildet, in das Hitler mit seinen nationalistischen Parolen hineinstoßen konnte. Die nationalsozialistische Presse berührte den wunden Punkt der Reichswehr-Konzeption, wenn sie bemerkte, die „Staatsidee an sich" sei nur ein Schlagwort; denn erst durch ihren Inhalt werde die Staatsidee eine lebendige Kraft, an der sich die Geister scheiden; die verkündete „Entpolitisierung der Reichswehr" sei ein „Armutszeugnis der Republik" und mache das Heer zu einem „lustlos funktionierenden Verwaltungsapparat". Vom „Zukunftsstaat" des Nationalsozialismus hingegen versprach man dem Offizierkorps den Einsatz für „große politische Ziele", statt ihrer gegenwärtigen „Blickrichtung nach innen". Hitler selbst verhieß der Reichswehr, sein Sieg werde sie von der peinlichen Rolle eines „Fremdkörpers im eigenen Volk" erlösen.

Die Sympathien nun, die um 1930 vor allem in der jüngeren Generation von Heer und Marine – aber nicht nur in ihr – für den Nationalsozialismus bestanden, galten weniger dem „Programm" als der Dynamik einer Bewegung, die den Kommunisten die Straße streitig machte und die imstande schien, die Arbeiterschaft aus der internationalen Solidarität des Sozialismus zu lösen, um so die „Volksgemeinschaft" als Voraussetzung der „Wehrhaftmachung" aller zu erneuern. Daß auch der von der Partei vehement vertretene Antisemitismus – der in und nach dem Ersten Weltkrieg starken Auftrieb erhalten hatte – die Sympathisanten des Nationalsozialismus in der Reichswehr nicht von ihm abschreckte, steht außer

Frage, auch wenn dieser Antisemitismus keine sichtbar extreme Form annahm.

Der im Offizierkorps jedoch gehegte Argwohn, Groener und Schleicher hätten einen politischen „Linkskurs" eingeschlagen, entbehrte tatsächlich jeder Grundlage. Das Gegenteil war der Fall: Die beiden Generale arbeiteten darauf hin, anstelle einer echten Integration der Reichswehr in die Republik im Bunde mit dem Reichspräsidenten Hindenburg zunächst einmal die *Struktur* der Republik im Sinne ihrer antiparlamentarisch-autoritären Staatsvorstellungen – und der *Belange der Reichswehr* selbst – zu verändern. Denn die letzteren lagen nach ihrer subjektiven Auffassung auch im nationalen Gesamtinteresse. Bereits bei der Regierungskrise von 1926/27 schwebte Schleicher folgende Lösung vor: „Betrauung eines Vertrauensmannes [des Reichspräsidenten] zur Bildung einer Regierung ohne Parteibindung, aber mit der Auflösungsordre in der Tasche" und auf „alle verfassungsmäßigen Möglichkeiten" des Reichspräsidenten nach Artikel 48 gestützt. (Noch wenige Wochen zuvor hatten übrigens Hindenburg und die Reichswehrführung jede Einschränkung dieses Artikels auf das entschiedenste abgelehnt!) 1926/27 kam es noch nicht zur Verwirklichung des bezeichnenden Projekts; doch das für die politische Rechte so unerfreuliche Ergebnis der Reichstagswahlen vom Mai 1928 ließ es wiederaufleben. Diese Wahlen hatten nämlich den Parteien der sogenannten Weimarer Koalition – also Sozialdemokraten, Demokraten und Zentrum – einen großen Wahlerfolg gebracht. Es kam daher im Juni 1928 unter dem SPD-Kanzler Hermann Müller, wie gesagt, zu einer Regierung der Großen Koalition. Äußerst bemerkenswert ist nun, *daß* und *wie* Hindenburg schon am 18. März 1929, knapp neun Monate nach diesem Regierungswechsel, persönlich und höchst vertraulich mit dem Vorsitzenden der nunmehr oppositionellen deutschnationalen Reichstagsfraktion, Graf Westarp, die Lage beriet. Gleich als erstes fragte er Westarp, ob er, Hindenburg (in seiner Eigenschaft als Reichspräsident) „bald einschreiten" [!] oder noch warten solle. Er solle noch etwas warten, meinte Westarp. Ungeniert erörterte Hindenburg dann – unter „voller Diskretion", versteht sich – bereits mehrere Kandidaturen für eine künftige Neubesetzung des Kanzlerpostens. Vor allem aber erklärte er unumwunden, daß in Zukunft ohne die Sozialdemokraten regiert werden müsse, und daß überhaupt nicht mehr mit den *Parteien* über die Bildung einer Regierung verhandelt werden solle. Ja, abschließend vergewisserte er sich – durch Fragen an seinen Gesprächspartner, d. h. einen Gegner des im Amt befindlichen Kabinetts – über den Umfang seiner verfassungsmäßigen Notstandsvollmachten. Nur etwa vierzehn Tage später führte Schleicher dann die erste seiner bedeutsamen Besprechungen mit dem Zentrumabgeordneten *Dr. Brüning*. Es ging bei ihr nicht nur um finanz- und sozialpolitische Reformen, sondern auch um Verfassungsreformen, die nach den von Brüning berichteten Worten Schleichers Hindenburg „zusammen mit der Reichswehr und den jüngeren Kräften im Parlament" durchzuführen entschlossen war; und zwar – ebenfalls Brüning zufolge – sogar um Verfassungsreformen mit dem Endziel einer Wiederherstellung der Monarchie.

Als sich nun 1929/30 die große Wirtschaftskrise verschärfte, war die Möglichkeit denkbar, daß zur Durchsetzung der nötigen finanziellen Sanierungsmaßnahmen der Reichspräsident seine verfassungsmäßigen Sondervollmachten der amtierenden, sozialdemokratisch geführten Regierung der Großen Koalition zur Verfügung stellte. Bezeichnenderweise sprach sich die Führungsspitze der Reichswehr Anfang März 1930 entschieden gegen einen solchen Schritt Hindenburgs aus. Denn damit, so hieß es in der betreffenden Vortragsnotiz Schleichers, würde der Reichspräsident „wieder offiziell für [die] SPD und gegen ... die gesamte Rechte Stellung" nehmen; die Folgen wären aber: „Maßlose Hetze gegen [den] Reichspräsidenten" und „großer Machtauftrieb bei SPD". Der Gegenvorschlag Schleichers lautete daher: Keine Sondervollmachten an die amtierende Regierung der Großen Koalition oder an eine Regierung der Weimarer Koalition – die ja übrigblieb, wenn die seit dem Tode Stresemanns ohnehin zu einem autoritären und „antimarxistischen" Regierungskurs neigende Deutsche Volkspartei von der Regierung der Großen Koalition absprang, wie Schleicher es bereits erwartete. Sondern – und das war der

Kern von Schleichers Gegenvorschlag: ,,Beim Platzen dieser Regierung [der Großen Koalition] ... Bildung einer neuen Regierung auf überparteilicher Grundlage" unter Brüning oder Scholz, und zwar *ohne* parlamentarische Bindung, jedoch unter ,,Ausstattung ... mit allen gesetzlichen und verfassungsmäßigen Mitteln", über die der Reichspräsident verfügte. Von einer ,,solchen Lösung" versprach sich die Reichswehrspitze als ,,Vorteile", daß die gesamte Rechte ..., die gesamte Grüne Front, Industrie-, Bank- und Handelskreise ... sich hinter diese Regierung stellen" würden, dazu der Frontsoldaten-Bund ,,Stahlhelm" – auf den der Reichspräsident Wert lege, wie zu vermerken Schleicher nicht versäumte.

Am Ende des gleichen Monats März 1930, in dem diese charakteristischen Planungen zu Papier gebracht wurden, waren sie größtenteils bereits durchgeführt, hatte Brüning sein ,,sozialistenreines", sogenanntes Kabinett der Frontsoldaten gebildet, mit dem er weitgehend unabhängig vom Parlament regierte. Wohl haben zu der eingetretenen Wende, die, historisch gesehen, schon das Scheitern der Weimarer Republik bedeutete, außer den Aktivitäten der Reichswehrspitze und Hindenburgs auch andere Faktoren beigetragen: So namentlich die mit der Wirtschaftskrise noch verschärften Gegensätze der gesellschaftlichen Gruppen und die dadurch reduzierte Kompromißfähigkeit besonders der beiden Flügelparteien der Großen Koalition, der SPD und der weitgehend von der Schwerindustrie getragenen Deutschen Volkspartei. Gewiß hätte ein durch größere Kompromißbereitschaft insbesondere der SPD noch einmal erwirkter Zusammenhalt der Regierungsparteien der Großen Koalition die Tendenzen der außerparlamentarischen Kräfte (sprich: Reichspräsident und Reichswehrführung) zunächst erschwert. Zu bedenken ist aber, daß auch nach der Meinung Brünings ,,die Lage mit Hermann Müller" nur noch ,,bis zum Herbst 1930" zu ,,halten" war. Der folgenschwere Rücktritt des Kabinetts der Großen Koalition am 27. März 1930 ergab sich daher m. E. in erster Linie nicht aus einem taktisch fragwürdigen Verhalten der SPD, sondern aus der von den Generalen so dringend befürworteten Weigerung Hindenburgs, einem sozialdemokratischen Reichskanzler die Vollmachten nach Artikel 48 RVV zur Verfügung zu stellen. Im Gegensatz zu mehreren Fachkollegen bin ich jedenfalls der Überzeugung, daß die von einer recht weitherzig ausgelegten Weimarer Verfassung gebotene – für alle Anhänger einer autoritären Umwandlung der Republik verführerische und von Reichswehrspitze und Reichspräsident zielstrebig geförderte – Alternative eines Präsidialkabinetts den Verlauf der Krise letztlich bestimmt hat. Nach meinem Dafürhalten kann daher von der „Selbstpreisgabe einer Demokratie", wie man es genannt hat, nur mit starker Einschränkung die Rede sein, da zu ihrem Scheitern außerparlamentarische Kräfte entscheidend beigetragen haben.

Trotz des großen Wahlsieges der Nationalsozialisten vom September 1930 lehnte Brüning im Einklang mit den Wünschen Schleichers und Hindenburgs die noch mögliche Bildung einer neuen Großen Koalition mit der SPD ab. In der Folge wurden, wie wir schon sahen, das rapide Anwachsen der NSDAP und ihre nationalistische Agitation zu einem Problem für die innere Geschlossenheit der Reichswehr. Schleicher erblickte in der Partei ein nützliches Gegengewicht gegen „Links", war aber nie gewillt, ihr die alleinige Macht zu überlassen und damit Staat und Armee auszuliefern. Vielmehr sollte sie durch Beteiligung an der Regierungsverantwortung „gezähmt", ihre starke „wehrfreudige" Anhängerschaft seinem militärpolitischen Ziel der Schaffung einer großen (staatsabhängigen) Miliz *dienstbar* gemacht werden und dem von ihm angestrebten autoritären Regime, mit der Reichswehr als Kern, die nötige Massenbasis liefern. Statt anderer, etwa demokratischer Grundwerte sollte ein national und sozial orientierter „Wehrgedanke" – unter Überwindung von Pazifismus, „Staatsverleumdung" und Klassenkampf – den neuen Staat tragen: Illusionen! Brüning seinerseits lehnte die von Hindenburg dringend gewünschte Erweiterung der Regierungsbasis nach rechts zwar nicht ab, wollte sie aber bis zur Lösung der akuten außenpolitischen Probleme verschieben. Durch die Obstruktion der äußeren Rechten war Brüning sogar wieder in eine gewisse Nähe zur SPD geraten, die seine Politik ja tolerierte; da er überdies keine Ablösung der sozialdemokratisch geführten Regierung in Preußen (durch Trennung seiner Partei von ihrem Koalitionspartner SPD) erwirkt hatte u ¹ auch in agrarpolitischen Gegensatz zum Kreis deutschnationaler Großgrundbesitzer um Hindenburg geraten war, ließ Schleicher Brüning fallen, und Hindenburg zwang ihn zum Rücktritt. Schleicher suchte nun sein autoritär-antiparlamentarisches Konzept durch Berufung einer „reinen" Präsidialregierung zu verwirklichen. Dies geschah mit einem noch weiter rechts stehenden Kanzler seiner eigenen, aber höchst unglücklichen Wahl – Franz von Papen –, an der Spitze eines „Kabinetts der Barone", wie es bald hieß – eines lebendigen Anachronismus. Dennoch vollzog dieses Kabinett – das nur äußerst geringen parlamentarischen Rückhalt besaß – am 20. Juli 1932 unter Einsatz der Reichswehr die staatsstreichartige Absetzung der preußischen Regierung Braun-Severing. Da Hitler aber bald darauf sein Versprechen brach, die neue Präsidialregierung zu tolerieren, andererseits die von Schleicher jetzt gewünschte führende Beteiligung Hitlers an der Regierung an dessen Verlangen nach der ganzen Macht bzw. an den ernsten Bedenken Hindenburgs scheiterte, wurde die Position von Papens immer schwächer. Er sah nur noch den Ausweg, zunächst die Neuwahl des aufzulösenden Reichstags *über die von der Verfassung zwingend vorgeschriebene Frist von 60 Tagen hinaus* zu verschieben, wofür ihm Hindenburg die dafür erforderliche Mitwirkung als Reichsoberhaupt am 30. August 1932 bemerkenswerterweise zugesagt hat. Im Anschluß hieran gedachten Papen und seine Minister dann eine fundamentale Reform der Verfassung einzuleiten. Schleicher selbst wollte vorerst noch nicht so weit gehen, offenbar weil er den fast allgemein abgelehnten Papen nicht mehr für tragbar hielt; auch glaubte er noch, die NSDAP für die Unterstützung einer von ihm geführten Regierung gewinnen zu können. So nötigte er Papen zum Rücktritt – was dieser ihm nicht vergaß und auch Hindenburg ihm verübelte – und wurde selber Reichskanzler. Damit war nunmehr die – mehr scheinbar als wirklich auf dem Gipfel ihrer Macht befindliche – Reichswehrführung nolens volens gegenüber dem Nationalsozialismus endlich in Kampfstellung gerückt. Die politische Vernunft – in der Realität selten anzutreffen – hätte es jetzt eigentlich geboten, daß sich alle rechtsstaatlich gesinnten politischen Kräfte bzw. Gegner Hitlers, vor allem die Sozialdemokratie, entschlossen hätten, die Regierung Schleicher zu stützen. Doch bestand hierfür keine Chance, weil für die SPD die Kluft zwischen ihr und dem Mann, der sie so zielbewußt von der Machtteilhabe verdrängt hatte – vollends seit der Aktion gegen ihre Regierung in Preußen – psychologisch kaum überbrückbar war. Daran wird erkennbar, welch schwere Belastung der Gegensatz zwischen bewaffneter Macht und organisierter Arbeiterschaft für die Republik bis zu deren Ende bedeutet hat. Freilich kommt hinzu, daß die Sozialdemokraten die große, mit der drohenden Alternative „Hitler" verbundene Gefahr für Recht und Menschlichkeit in Deutschland ebenso unterschätzten wie so viele andere auch.

Gegenüber einem möglichen Putschversuch der Nationalsozialisten stand die Zuverlässigkeit der Reichswehr – so wenig diese eine Säule der Demokratie geworden war – im ganzen außer Frage. Doch blieb die persönliche Position Schleichers stets vom Vertrauen Hindenburgs abhängig, und dieses besaß er eben keineswegs mehr im nötigen Maße. Auch scheiterte sein Versuch, über Gregor Straßer mindestens Teile der NSDAP für sich zu gewinnen, ebenso wie sein sonstiges Bemühen um Verstärkung der Regierungsbasis. Und wenn er glaubte, daß Hindenburg auf seinen Wunsch hin den Reichstag auflösen und – ebenso wie im August 1932 zeitweilig vorgesehen – die Neuwahlen über den von der Verfassung verlangten Termin hinaus verschieben würde, so irrte er sich.

Im übrigen hatte die eingetretene Verformung des Regierungssystems, durch welche die Entscheidungen in die Hände ganz weniger Personen, sprich: des Präsidenten und seiner engsten Umgebung, geraten waren, den Spielraum für Intrigen außerordentlich erweitert. Insgeheim verhandelte seit der Jahreswende *Papen* mit Keppler, Hitler, Ribbentrop, Meißner und Oskar von Hindenburg über eine Lösung der Krise. Hindenburg, der Reichspräsident, wollte zunächst noch eine neue Präsidialregierung Papen-Hugenberg berufen. Erst als Papen ihm schließlich die Aussicht auf ein Kabinett aller Rechtsgruppen eröffnete, in dem eine Mehrheit bürgerlich-konservativer Minister den Führer der NSDAP *„einrahmen"* würde, ließ er sich nach langem Widerstreben – vielleicht auch unter dem Eindruck von vermeintlichen (Schleicher damals fälschlich zugeschriebenen) Putschabsichten gegen ihn – dazu bewegen, Hitler zum Reichskanzler zu ernennen. Damit war die von Hindenburg und der Reichswehrführung lange verfolgte *autoritäre,* eventuell monarchistische Staatskonzeption gescheitert; doch hatte ihre jahrelange hartnäckige Verfolgung zum Siege der viel weiter gehenden Herrschaftsvorstellungen Hitlers erheblich beigetragen.

II.

Den Umbruch vom 30. Januar – wie konnte es nach allem, was wir festgestellt haben, anders sein? – haben die jüngeren Offiziere der Reichswehr in dem Gefühl begrüßt, zum ersten Mal seit 1919 dem Staat auch mit dem Herzen dienen zu können. Der neuen Führung traute man Willen und Kraft zu, die Beschränkungen des Versailler Vertrages abzuschütteln und damit dem Offizier eine Fülle positiver Aufgaben zu bieten, dazu die Aussicht auf raschere Beförderung. Der starke Anhang der Führung im Volk erschien als erhöhte Gewähr für eine Wehrhaftmachung aller. Die älteren, von Hause aus konservativer eingestellten Offiziere standen der NSDAP – auch wegen der Herkunft und des Gebarens mancher ihrer Funktionäre – reservierter gegenüber. Dem Umbruch selbst aber widerstrebten sie um so weniger, als Hitler ihn unter die Parole einer „nationalen Erhebung" zu stellen verstand. Auch verließen die Männer der neuen Reichswehrführung, der Minister General v. Blomberg und der Chef des Ministeramts, Oberst v. Reichenau, sehr bald die frühere sogenannte „unpolitische" Linie. Bereits Ende Februar, noch vor dem Reichstagsbrand, erklärte Reichenau bei einer Befehlshaberbesprechung: „Erkenntnis [ist] notwendig, daß wir in einer Revolution stehen. Morsches im Staat muß fallen, das kann nur mit Terror geschehen. Die Partei wird gegen Marxismus rücksichtslos vorgehen. Aufgabe der Wehrmacht: Gewehr bei Fuß. Keine Unterstützung, falls Verfolgte Zuflucht bei der Truppe suchen." Blomberg selbst verstieg sich am 1. Juni zu der Voraussage: „Es wird ein Glück sein, wenn diese [nationalsozialistische] Bewegung bald zu der von ihr erstrebten

Totalität kommt." Sein naiver Zusatz: „Viele Schwierigkeiten würden dadurch erspart" spricht nicht dafür, daß er wußte, wovon er eigentlich redete, sondern eher dafür, daß er sich von dem völligen Siege des Nationalsozialismus eine Art Klärung und Konsolidierung der Verhältnisse unter Ausschaltung aller störenden Rivalitäten versprach. Hatte er unmittelbar nach dem 30. Januar die „unpolitische Haltung" der Reichswehr noch gerühmt, weil sie ihre Überführung in das neue Regime erleichtert habe, so wertete der Minister diese unpolitische Haltung nunmehr als ein „bloßes Mittel" ab, das Heer „vor zu enger Verstrickung in das System der früheren Regierungen zu bewahren. ... Jetzt", so erklärte er, „ist das Unpolitischsein vorbei, und es bleibt nur eins: der nationalen Bewegung mit aller Hingabe zu dienen." Blomberg glaubte – ebenso wie Reichenau – damit natürlich auch die Behauptung einer privilegierten, von den Gliederungen der Partei respektierten Position der Reichswehr gemäß den Zusagen Hitlers zu sichern. Um so mehr forcierte Blomberg die weltanschauliche Schulung des Offizierkorps auf Grund des nationalsozialistischen „Gedankenguts" im Sinne der von Hitler vertretenen „geistigen Verwandtschaft" von Nationalsozialismus und Soldatentum. Dazu traf er Maßnahmen, die der Integration der Wehrmacht in den NS-Staat äußeren Ausdruck verleihen sollten. So befahl er am 21. Februar 1934 die Anbringung des sogenannten Hoheitszeichens der NSDAP an der Uniform. Am 28. Februar wurden sodann durch einen Erlaß Blombergs – ohne daß Hitler es bereits verlangt hätte – die Angehörigen der Wehrmacht dem sogenannten Arierparagraphen unterworfen und die hiervon betroffenen – 70 – Offiziere und Soldaten *„entlassen"*. Am 21. April schließlich – gleichfalls schon im Zeichen des schwelenden Konflikts mit der SA – ersuchte Blomberg die Befehlshaber sogar um eine Verstärkung der Propaganda für die Wehrmacht; und zwar sollte diese „mehr als bisher in Erscheinung treten – 1. als *alleiniger* Waffenträger der Nation, 2. als im Sinne der Regierung Hitler *absolut zuverlässig,* 3. als im nationalsozialistischen Denken *planmäßig* erzogen".

Unterdessen hatte Hitler alles getan, um – vorerst – der Reichswehr zumindest ihre organisatorische Eigenständigkeit innerhalb seines Regimes zu bestätigen. Seine Äußerungen gipfelten schließlich (17. 8. 1934) in der vielzitierten Formel:

> „Die Staatsführung ... wird von zwei Säulen getragen: politisch von der in der nationalsozialistischen Bewegung organisierten Volksgemeinschaft, militärisch von der Wehrmacht. Es wird für alle Zukunft mein Streben sein, dem Grundsatz Geltung zu verschaffen, daß der alleinige politische Willensträger in der Nation die Nationalsozialistische Partei, der einzige Waffenträger des Reiches die Wehrmacht ist."

Wer aber diese nach einem gleich großen Anteil beider „Säulen" an der Staatsführung klingende Formel kritisch aufnahm, konnte sich bei dem klaren Vorrang, den sie der Partei als dem „alleinigen politischen Willensträger" einräumte, über ihren Sinn keine Illusionen machen.

Inzwischen war zeitweilig die Existenz der Reichswehr bedroht worden durch den großen „Kampfverband" der Partei, die SA, unter ihrem Stabschef Röhm. Denn dieser plante die Umwandlung der SA zum nationalsozialistischen Volksheer in Form einer Miliz, welche die kleine Reichswehr umrahmen und aufsaugen sollte, um wohl gar die Hauptrolle bei der Organisation der Landesverteidigung zu übernehmen. Gleichzeitig bildeten Röhm und seine Unterführer in solchem Grade ein Element der Unbotmäßigkeit, daß Hitler eine Steigerung ihrer Macht schon im eigenen Interesse nicht zulassen durfte. Eine Begünstigung der militärpolitischen Ambitionen der SA mußte ihn aber auch mit den Offizieren der Reichswehr verfeinden, und deren Sachverstand konnte er für die von ihm für seine hochfliegenden außenpolitischen Zielsetzungen geplante Schaffung einer modernen Armee auf der Grundlage der allgemeinen Wehrpflicht ebensowenig entbehren wie den guten Willen der Reichswehrführung für die Regelung der Nachfolge des greisen Reichspräsidenten von Hindenburg zu seinen, Hitlers, Gunsten. Nach einem monatelangen Abwarten, das ihm durch die inzwischen zunehmende SA-Gefahr die Reichswehrführung vollends in die Arme trieb, leitete Hitler in der letzten Junidekade 1934 das mit Himmlers und Heydrichs Sicherheitsdienst von langer Hand vorbereitete Blutbad in die Wege, und Opfer dieses Blutbades wurden bekanntlich auch eine Reihe ehemaliger, jetzi-

ger und möglicher künftiger Gegner – besonders bürgerlich-konservativer Richtung.

Über die Mitwirkung der Reichswehr an Vorbereitung und
Durchführung der Aktion der SS ist man seit einiger Zeit genauer
unterrichtet. Danach hat in vollem Einklang mit Blomberg und in
enger Verbindung mit Himmler und Heydrich Reichenau den spezifisch politischen Teil der Kooperation mit der SS gestaltet. Dazu
gehörte namentlich eine *Sprachregelung,* welche die nachgeordneten örtlichen Befehlshaber in taktisch ,,zweckdienlicher" Weise
,,orientierte": da wurde nämlich hingewiesen auf angeblich unmittelbar bevorstehende bzw. für möglich gehaltene Aktivitäten der
SA (oder ,,kommunistischer Anhänger der SA", wie es gelegentlich gar hieß!). Zur Realisierung der umfangreichen technischen
Hilfe, welche die Reichswehr durch Bereitstellung von Transport-
raum, Waffen und Munition sowie von Unterkünften (Kasernen)
der SS gewährt hat, war aber auch die Mitwirkung des Chefs der
Heeresleitung und des Chefs des Truppenamtes nötig. Dies gilt
natürlich erst recht für die Ergreifung verstärkter Sicherheitsmaß-
nahmen durch das Heer bis zur förmlichen Alarmierung der Truppe bzw. eine für Notfälle vorgesehene militärische Rückendek-
kung der SS. Die Befehle zur Unterstützung des Vorgehens gegen
die SA bedeuteten allerdings noch kein Einverständnis mit seiner
Durchführung in Gestalt einer summarischen Mordaktion – welche die Männer der Heeresleitung vielmehr entsetzt hat; freilich
ohne daß einer von ihnen Konsequenzen zog.

Durch sein präventives, blitzschnelles persönliches Vorgehen
gegen Röhm und seine Clique konnte Hitler allerdings sofort vollendete Tatsachen – auch gegenüber der Reichswehr – schaffen und
das Erscheinungsbild des Geschehens bereits weitgehend in seinem
Interesse bestimmen. Das Gros der Offiziere sah vor allem die
Niederschlagung ihrer ,,Feinde", der SA-Führer, angeblich der
übelsten Elemente der Partei; der gleichzeitig ermordete General
v. Schleicher erschien ihnen eher als der unverbesserliche politische
Spieler denn als Soldat und Kamerad. Von den Morden an offenkundig Unbeteiligten hörten auch die meisten Offiziere erst nachträglich und schrieben sie Übergriffen untergeordneter Organe zu

oder beruhigten sich in dem Wunschgedanken, daß ein letzter, gegen politische Desperados gerichteter Gewaltakt die Revolution endgültig abgeschlossen habe. Den meisten Deutschen fehlte damals das nötige Empfinden für die Unaufgebbarkeit elementarer Rechtsnormen. Vor den militärischen Befehlshabern begründete Blomberg die „Säuberungsaktion" (wie er sagte), einschließlich der Beseitigung der Generäle Schleicher und Bredow, fast restlos nach der Lesart Hitlers und „auch im Interesse der Wehrmacht" als „unumgänglich nötig". Überzeugt hat er hiervon viele seiner Zuhörer offenbar nicht. Eine kriegsgerichtliche Untersuchung des Mordes an den beiden prominenten Kameraden aber, wie mehrere Befehlshaber sie forderten – ohne freilich darauf zu bestehen –, bezeichnete der Minister als unmöglich. Ja, Blomberg zahlte für das, was Hitler am 30. Juni schon im eigenen Interesse getan hatte, noch den Preis der folgenschweren Zustimmung zur Aufstellung einer Division bewaffneter SS.

Wenige Wochen später, nach dem Tode Hindenburgs (2. 8. 1934), bezahlte Blomberg für die Niederschlagung der SA noch eine weitere „Gegenrechnung". Ohne gesetzliche Grundlage, lediglich auf sein Verordnungsrecht als Minister gestützt, befahl er nämlich die „sofortige" Neuvereidigung der Reichswehr, und zwar jetzt nicht mehr, wie noch zufolge einer Zwischenregelung vom Dezember 1933, auf „Volk und Vaterland", sondern allein auf Hitler persönlich. Dies war der Schlußstrich unter einen Zeitabschnitt, in dem die Reichswehr sich als „sinnfälligen Ausdruck" der Staatsidee „an sich" begreifen wollte. Zudem ging mit der Verpflichtung zu „unbedingtem Gehorsam" diese neue Eidesformel über alle früheren hinaus. Der eine oder andere Offizier hat denn auch – aus Sorge vor einem Mißbrauch seines Eides – „die Herauslassung der Begriffe ‚Volk und Vaterland' aus der Formel als ominös empfunden". Und der gleiche Offizier, der vier Jahre zuvor nichts sehnlicher gewünscht hatte als den Sieg der „nationalen Bewegung", klammerte sich jetzt nur noch an den „Hoffnungsstrohhalm", daß durch die enge Bindung an den Führer „ein sehr verpflichtendes Gegengewicht gegen den *Wahnsinn der Einparrei-Herrschaft* geschaffen" werde – wie er nun immerhin schrieb.

191

Kaum drei Monate waren seit der blutigen Ausschaltung der SA-Gefahr für die Wehrmacht vergangen, da kam es auch zu Spannungen mit der SS. Denn die Heeresführung hatte Grund genug zu der Befürchtung, ,,daß sich [nun] die SS zu einer Armee neben dem Heer'' entwickele. Zwar gab Himmler ,,feierlich'' befriedigende Erklärungen ab und verstand sich vorerst auch zu praktischen Beschränkungen seiner Aspirationen. Aber es war keineswegs allein diese Kontroverse, die Spannungen hervorrief, es gab noch vielerlei andere Ursachen dafür; so Verstimmungen, Verdächtigungen und Zusammenstöße zwischen Angehörigen von Wehrmacht und Partei, irrige oder vergröbernde Meldungen der Auslandspresse und wilde Gerüchte über Putschpläne des Heeres, aber auch über entsprechende Absichten der SS. Diese Spannungen hatten gegen Jahresende 1934 einen solchen Grad erreicht, daß Hitler sich am 3. Januar 1935 auf einer ganz kurzfristig in die Berliner Staatsoper einberufenen Führerversammlung zu einer demonstrativen Kundgebung seines ,,unerschütterlichen'' Vertrauens zur Reichswehr veranlaßt sah – und damit den gewünschten Beschwichtigungseffekt auch erzielte.

Mit der Wiedereinführung der allgemeinen Wehrpflicht im März 1935 verlor das Offizierkorps der Reichswehr nach und nach seine bisherige Homogenität. Gleichzeitig betrieb Blomberg unablässig weiter die Integration der Wehrmacht in den neuen Staat. So befahl er z. B. am 30. Januar 1936 für die Kriegsschulen der drei Wehrmachtteile einen ,,nationalpolitischen Unterricht'' (auch in ,,Rassenlehre'') und verlangte vom Offizier, er müsse ,,die das Volks- und Staatsleben lenkende nationalsozialistische Weltanschauung in geistiger Geschlossenheit als persönliches Eigentum und innere Überzeugung'' besitzen. Im Mai 1936 ordnete ein Geheimbefehl an, politisch unzuverlässige Soldaten nach ihrer Entlassung der Gestapo zu melden. Die gewiß nicht ohne Grund immer und immer wieder ergangenen Befehle zur weltanschaulichen Schulung der Armee haben im militärischen Alltag auf der unteren Ebene natürlich nicht ganz die Rolle gespielt und die Wirkung geübt, die man sich ,,oben'' vorgestellt oder doch gewünscht hatte. Schon gar nicht hat sich Blomberg selbst durch diese Befehle, wie durch seine Nachgiebigkeit gegenüber der Partei überhaupt, im Heer beliebt gemacht. Doch glaubte er offenbar die Offiziere unter moralischen Druck setzen zu müssen. Die Wehrmacht, so erklärte er, sei „unpolitisch" allenfalls „im Sinne einer Nichtbeteiligung an den politischen Tageskämpfen", sonst aber im Gegensatz zu früheren Zeiten heute „im höchsten Grade politisch", und zwar „im Sinne der Gleichschaltung mit der nationalsozialistischen Weltanschauung"!

Im Schatten erster wirtschaftlicher und außenpolitischer Erfolge wurden in diesen Jahren – hinter einer Fassade scheinbarer Normalisierung – sämtliche deutschen Lebensbereiche dem Einparteistaat unterworfen. Trotz seiner Belastung mit der Aufgabe, das 100 000-Mann-Freiwilligen-Heer in ein Volksheer der allgemeinen Wehrpflicht umzuwandeln, blieb das Offizierkorps von diesen Vorgängen nicht unberührt. Männern wie dem Generalstabschef Beck und seinem späteren Nachfolger Halder begann denn auch die Mitverantwortung der Wehrmacht für die weitere deutsche Entwicklung bewußt zu werden. War die Wehrmacht doch nach der Beseitigung aller anderen Institutionen, die der Willkür des herrschenden Regimes noch hätten Schranken setzen können, als einzige übriggeblieben, die für eine Wiederherstellung geordneter Rechtszustände Machtmittel einsetzen konnte. Doch meinten die meisten der für entsprechende Bedenken empfänglichen Offiziere – durch das in der Weimarer Ära für die „unpolitische" Reichswehr gültige Verhaltensmuster auf eine ganz andersgeartete Umwelt schlecht vorbereitet –, sich auch jetzt von den „Unerfreulichkeiten" der Politik in die „reine Sachlichkeit des Dienstes" zurückziehen zu können. Zudem machte die große Mehrzahl der Offiziere nach wie vor zwischen den „Radikalen" der Partei und Hitler – als Staatsoberhaupt wie als Person – einen erheblichen Unterschied. Auch blieben schonungslose Bekämpfung des Kommunismus, Aufrüstung und Ausbau der Wehrmacht sowie Wiedergewinnung der deutschen Großmachtstellung die gemeinsamen Zielsetzungen des Offizierkorps und Hitlers.

Bei alledem ist jedoch unverkennbar, daß – weit stärker als andere elementare Rechtsverletzungen – die kirchen- und christentumsfeindlichen Tendenzen und Übergriffe von Partei und Staat die Wehrmacht in diesen Jahren geistig-politisch in Mitleidenschaft gezogen haben. Sicherlich ist nur einem kleinen Teil des Offizierkorps klargeworden, daß es hier letzten Endes um die Bewahrung der Gewissensfreiheit oder aber um die Anerkennung des Totalitätsprinzips mit der Konsequenz einer unbeschränkten Verfügbarkeit von Bürger und Soldat im Dienste eines omnipotenten Staates ging. Immerhin hat der „Kirchenkampf" manchen später zur Opposition zählenden Offizier den wahren Charakter des NS-Regimes erkennen lassen. Für den Standpunkt von Wehrmacht und Heeresführung hingegen ist es charakteristisch, daß sie die „Erörterung religiöser Streitfragen", wie es verfälschend hieß, in der Armee zu unterdrücken, Kirchenaustritte jedoch zu verhindern suchten. Im ganzen begnügte man sich mit der defensiven Abschließung des eigenen Bereichs.

III.

In der Geschichte des Verhältnisses der Wehrmacht zum NS-Regime bilden nun die Vorgänge um den Sturz des Kriegsministers v. Blomberg und den des Oberbefehlshabers des Heeres, Generaloberst von Fritsch, Ende Januar 1938 eine gewisse Zäsur. Knapp drei Monate zuvor – am 5. November 1937 – hatte Hitler dem berühmten Hoßbach-Dokument zufolge vor den Spitzen der Wehrmacht als seinen „unabänderlichen Entschluß" erklärt, das Problem der deutschen „Raumnot" durch „Gewinnung eines größeren Lebensraumes ... im unmittelbaren Anschluß an das Reich ... spätestens bis 1943/45" gewaltsam zu lösen. Da in der anschließenden Aussprache Blomberg *und* Fritsch starke fachlich-militärische Bedenken geäußert haben, wird die Amtsenthebung der beiden Generale im Januar 1938 vielfach als die Reaktion Hitlers auf ihr Verhalten bei jener Besprechung angesehen. Diese Erklärung überzeugt mich jedoch nicht. Denn erst der Heiratsskandal Blombergs, der allein genügte, um ihn als Minister und Oberbefehlshaber der Wehrmacht untragbar zu machen, war das auslösende Moment dafür, daß Hitler die sofortige Amtsenthebung auch Fritschs betrieb – und der Heiratsskandal Blombergs kam fraglos für Hitler unerwartet. Zudem hatte dieser eigentlich keinen akuten politischen Grund zur Unzufriedenheit mit Blomberg. Auch ist ja nachweislich auf Grund der Ausführungen Hitlers vom 5. November 1937 die bisher rein defensiv gefaßte „Weisung für die einheitliche Kriegsvorbereitung der Wehrmacht" schon im Dezember ausdrücklich im Sinne eines unter entsprechenden militärischen Voraussetzungen zu führenden „*Angriffskrieges* gegen die Tschechoslowakei" („auch ... wenn die eine oder andere Großmacht gegen uns eingreift"!) abgeändert worden – womit die Wehrmachtführung den damaligen konkreten Wünschen Hitlers nachgekommen war.

Hingegen muß sich Hitlers Verhältnis zum Oberbefehlshaber des Heeres stetig verschlechtert haben, ohne daß der Betroffene und seine Umgebung es bemerkt hätten. Denn Fritsch war Hitler persönlich in aufrichtiger Loyalität ergeben. Er hat es im übrigen als selbstverständlich bezeichnet, „daß die Grundlage unseres heutigen Heeres nationalsozialistisch ist und sein muß". Allerdings konnten eine Reihe von dienstlichen Äußerungen Fritschs auch auf einen Mangel an Konformismus schließen lassen. Meinungsverschiedenheiten über Tempo und Form der Aufrüstung mögen hinzugekommen sein. So erblickte wohl der mißtrauische Hitler in Fritsch – diesem „Offizier altpreußischen Stils" (wie Beck ihn einmal nannte) – zwar vielleicht nicht gerade einen „Turm der Opposition", wie Hitlers Marineadjutant gemeint hat, mindestens aber ein Hindernis der Gleichschaltung des Heeres.

Dies war denn auch der tiefere Grund dafür, daß Hitler im Jahre 1938, gleich nach dem Heiratsskandal des Kriegsministers von Blomberg, höchst zweifelhafte Beschuldigungen im Sinne des § 175 StGB gegen Fritsch benutzte, um auch diesen zu stürzen und damit das Heer in seiner ihm noch verbliebenen Eigenständigkeit wirksam zu treffen. Hitler, das Oberhaupt des Deutschen Reiches, hat es damals fertiggebracht, dem Oberbefehlshaber des deutschen Heeres in den Räumen der Reichskanzlei einen mehrfach vorbestraften, gewerbsmäßigen Erpresser als Belastungszeugen gegenüberzustellen. Bevor es schließlich – nicht ohne Mitwirkung sehr glücklicher Umstände – zum gerichtlichen Freispruch Fritschs „wegen erwiesener Unschuld" kam, hatte Hitler längst weitere vollendete Tatsachen geschaffen. War er bislang – als Staatsoberhaupt – *nominell* Oberster Befehlshaber der Wehrmacht gewesen, so hatte er durch Übernahme des bisher von Blomberg innegehabten *unmittelbaren* Oberbefehls über die Wehrmacht nunmehr auch deren *faktische* Leitung in Händen. Zugleich hatte er sich in dem neuerrichteten „Oberkommando der Wehrmacht" unter dem fügsamen General Keitel einen technischen Befehlsapparat „ohne eigene Autorität" zugelegt, kurz: die Wehrmacht organisatorisch vollständig gleichgeschaltet. Es nimmt kaum mehr wunder, daß Hitler am 17. August 1938 entgegen seinen früheren Versprechungen die bewaffnete SS nun auch der Form nach als besondere Einheit neben die Wehrmacht stellte.

Der perfide Schlag gegen Fritsch, ihren verehrten Oberbefehlshaber, erschütterte nun aber das Vertrauensverhältnis vieler Offiziere zu Hitler nachhaltig, und bei einigen von ihnen bahnte sich eine Wendung gegen ihn an. Es begann sich eine geheime Opposition zu bilden, die eine Art technisches Zentrum in der über die Vorgänge hinter den Kulissen des Dritten Reiches am besten informierten „Abwehrabteilung" unter dem Admiral Canaris und seinem Mitarbeiter Oberstleutnant Oster fand. Canaris hatte seine anfänglichen Illusionen über das NS-Regime verloren, während Oster dessen wahren Charakter schon seit längerem erkannt hatte.

Im Mai 1938 bekundete Hitler nun bekanntlich als seinen „unabänderlichen Entschluß", die Tschechoslowakei zu zerschlagen. Selbst der Generalstabschef Beck hat es damals als „richtig" bezeichnet, daß die Tschechoslowakei „in ihrer durch das Versailler Diktat erzwungenen Gestaltung für Deutschland unerträglich" sei und daß „ein Weg, sie als Gefahrenherd für Deutschland auszuschalten, notfalls auch durch eine kriegerische Lösung gefunden werden" müsse. Beck dachte damals also noch weitgehend in den Kategorien traditioneller Machtpolitik. In fundamentalem Unterschied zu den exzessiven Eroberungsplänen Hitlers vertrat er jedoch den Standpunkt, daß angesichts der seit über 1000 Jahren stabilisierten „Bevölkerungslage in Europa weitgehende Änderungen ohne schwerste Erschütterungen kaum noch erreichbar" seien. Zudem mußte im Frühjahr 1938 ein nüchterner Betrachter der internationalen Konstellation wie Beck für den Fall des von Hitler ja ursprünglich geplanten militärischen Vorgehens gegen die CSR mit einem allgemeinen Krieg rechnen, der mit größter Wahrscheinlichkeit in einer „Katastrophe für Deutschland" enden würde. Die Erkenntnis eines drohenden „Finis Germaniae" (wie Beck in seiner Vortragsnotiz für Brauchitsch vom 16. Juli sagte) erklärt auch den ungewöhnlichen Grad und Charakter der Reaktion des Generalstabschefs auf Hitlers Vorhaben. Denn diese Reaktion lief schließlich auf eine Forderung an die höchsten militärischen Führer hinaus, durch die kategorische Drohung mit ihrem geschlossenen Rücktritt Hitler zur Aufgabe seiner Kriegspläne zu zwingen. „Die Form" einer entsprechenden Erklärung, bemerkte Beck in einer weiteren Vortragsnotiz, „kann nicht eindrucksvoll, hart und brutal genug abgefaßt werden." Und er begründete die geforderte Stellungnahme der Generale mit den berühmt gewordenen Worten: „Ihr soldatischer Gehorsam hat dort eine Grenze, wo ihr Wissen, ihr Gewissen und ihre Verantwortung die Ausführung eines Befehls verbieten." Beck zielte also auf eine eindeutige, noch dazu weitgehend politisch motivierte Gehorsamsverweigerung ab, mit der die Führer eines auf unbedingten Gehorsam vereidigten Heeres sich in „soldatischer Geschlossenheit ... auf Gedeih und Verderb ... bedingungslos" hinter ihren Oberbefehlshaber Brauchitsch stellen sollten. Und das alles wurde diesem selbst von Beck nicht etwa hinter vorgehaltener Hand zugeflüstert, sondern schwarz auf weiß zu Papier gebracht und ihm unterbreitet: wer würde solche Ausführungen Becks überhaupt für authentisch halten, wären sie nicht schriftlich überliefert?

Wenn man aber schon so weit ging, in der Kriegsfrage den militärischen Gehorsam zu verweigern, dann lag es für Beck offensichtlich nahe, nun auch Maßnahmen zur Bereinigung der innerpolitischen Mißstände zu ergreifen, zumal er im Falle des besagten Einspruchs der Generale ohnehin „mit erheblichen innerpolitischen Spannungen" rechnete. Beck drängte Brauchitsch daher, „in unmittelbarer oder nachfolgender Verbindung mit einem Einspruch nunmehr eine klärende Auseinandersetzung zwischen Wehrmacht und SS herbeizuführen".

Drei Tage später wurde er noch deutlicher: Wenn man sich zu einem Einspruch „mit allen seinen Folgen" entschließe, so werde „zu prüfen sein, ob man diesen Schritt nicht dahin aktivieren soll-te, daß man es zu einer für die Wiederherstellung geordneter Rechtszustände unausbleiblichen Auseinandersetzung mit der SS und der Bonzokratie kommen lassen *muß*".

Beck schlug für die gedachte Aktion auch bereits werbewirksame Zielsetzungen in „kurzen, klaren Parolen" vor, von denen die erste zwar lautete: „Für den Führer!" die zweite aber bereits: „Gegen den Krieg!"; und weitere forderten: „Friede mit der Kirche! Freie Mei-nungsäußerung! Schluß mit den Tschekamethoden! Wieder Recht im Reich!" Mindestens diese vier Postulate waren mit Struktur und Politik des Hitler-Staates schlechterdings unvereinbar.

Nachdrücklich gab Beck schließlich zu bedenken, daß das Schicksal jetzt wohl die *letzte Gelegenheit* biete, die notwendige Aktion zur Bereinigung der innerpolitischen Mißstände zu unter-nehmen. Mit ebensoviel Recht hätte er sagen können, daß sich jetzt zum ersten Male die Gelegenheit zu einer solchen Aktion biete, denn schwerlich hätte er wohl auf ein Mitgehen des Offizier-korps gehofft – und hoffen dürfen, solange nicht, wie es eben jetzt der Fall war, eine Gefährdung der Existenz von Reich und Wehr-macht durch Hitlers Risikopolitik die psychologischen Vorausset-zungen für eine Aktivierung des Offizierkorps schuf. Man kann an diesem Tatbestand Anstoß nehmen, wird aber gerechterweise auch anerkennen müssen, daß die Armee ihrem Wesen nach durch ihre Situation in der NS-Diktatur an sich überfordert war.

Umstritten ist in der Forschung freilich die Frage, ob und inwie-weit die gegen die SS, d. h. immerhin gegen das Herrschaftsinstru-ment Hitlers gerichtete Aktion sich auch gegen Hitler selbst rich-ten sollte. Denn Beck betonte bei seinen Vorstellungen zu wieder-holten Malen, es könne und dürfe „kein Zweifel darüber aufkom-men, daß dieser Kampf [gegen „SS und Bonzokratie" und für die „Wiederherstellung geordneter Rechtszustände"] für den Führer geführt" werde. Zum mindesten hielt er es also nur mit Hilfe dieser Fiktion – daß das Vorgehen gegen die SS Hitler von dem verderblichen Einfluß der „Radikalen" befreien sollte – für möglich, die geschlossene Stellungnahme der Generale zustande zu bringen. Andererseits ist es schwer vorstellbar, daß Beck nicht schon mit einer scharfen Reaktion Hitlers auf eine nach seinem (Becks) eigenen Wunsch so „hart und brutal" wie möglich zu formulierende Gehorsamsverweigerung gerechnet und sich nicht vorzustellen versucht haben sollte, daß und wie die Heeresführung ihrerseits dann der Reaktion des Diktators zu begegnen haben würde. Vertrat er doch einen kollektiven „Einspruch" der Generale *„mit allen seinen Folgen",* und bezeichnete es deshalb als „notwendig", daß „das Heer sich ... auch auf eine innere Auseinandersetzung" vorbereite, „die sich" – wie er bezeichnend hinzufügte – „nur in Berlin abzuspielen braucht"; dafür sollte man, wie er schrieb, „Witzleben und Helldorf zusammenbringen", d.h. den Befehlshaber des Wehrkreises III/Berlin und den Berliner Polizeipräsidenten, der sich insgeheim vom NS-Regime abgewandt hatte. Im übrigen setzte ja eine Erreichung der von Beck proklamierten *innerpolitischen* Ziele eine Entmachtung Hitlers schlechterdings voraus! Gleichwohl erklärte Beck in derselben Vortragsnotiz (19. 7. 1938): „Auch nur die leiseste Vermutung etwa eines Komplottes darf nicht aufkommen", fügte aber hinzu: „Trotzdem muß die Geschlossenheit der höchsten militärischen Führer für alle Fälle [!] hinter diesem Schritt stehen."

Wie dem aber auch sei: Brauchitsch, der Oberbefehlshaber des Heeres, ließ sich nicht zu der mit dem militärischen Herkommen so wenig vereinbaren Aufkündigung des Gehorsames bewegen, und Beck trat als Generalstabschef zurück. Danach wurden von General v. Witzleben, Oberstleutnant Oster und Admiral Canaris in Verbindung mit dem neuen Generalstabschef Halder, zusammen mit zivilen Oppositionellen, Pläne für eine unmittelbar gegen Hitler gerichtete Umsturzaktion entworfen. Diese sollte ausgelöst werden, wenn und sobald Hitler den Befehl zum Angriff auf die CSR erteilte. Doch wurde solchen Plänen Ende September 1938 die Grundlage entzogen durch die überraschende Ankündigung der berühmten Münchner Konferenz, mit der – keineswegs zur reinen Freude Hitlers – in letzter Stunde eine „unblutige" Lösung der Krise und Übergabe der Sudetengebiete an Deutschland gesichert war. Den von Hitler aber unleugbar erzielten Triumph kommentierte der britische Militärattaché in Paris mit der Bemerkung: „Man hat überdies allen Grund zu der Annahme, daß er [Hitler] diesen Triumph wieder einmal im Gegensatz zu den Auffassungen seiner militärischen Führer erzielt hat. Hitlers Erfolg muß daher sein Ansehen in der Wehrmacht enorm steigern."

Tatsächlich steigerten sich in der Folge Einfluß und politischer Druck des Regimes auf das Heer. Manche bisher kritisch eingestellten Offiziere wurden anderen Sinnes oder resignierten. Als im Spätsommer 1939 Hitlers Kriegsabsichten keinem Zweifel mehr unterlagen, versuchte Canaris seinerseits (vergeblich), Italien zu einer rechtzeitigen eindeutigen Mitteilung an Hitler zu veranlassen, daß es neutral bleiben wolle, und erklärte dem italienischen Militärattaché, ein von Hitler entfesselter Krieg werde „das Ende Deutschlands" sein.

Der nun beginnende Krieg gab den im Nationalsozialismus wirksamen expansionistischen und rassistischen Tendenzen die Möglichkeit zu voller Entfaltung. Als in den deutschbesetzten Teilen von Polen die Einsatzgruppen der Sicherheitspolizei und des SD auf Hitlers Befehl Tausende von Angehörigen der führenden Schichten des polnischen Volkes ermordeten, kam es vor Ort zu heftigen Reibungen zwischen militärischen Dienststellen und jenen SS-Formationen. Der Oberbefehlshaber der deutschen Besatzungstruppen, Generaloberst Blaskowitz, äußerte sich über die begangenen Verbrechen und ihre Wirkung auf seine Soldaten in einer seiner Denkschriften wie folgt:

„Die Einstellung der Truppe zu SS und Polizei schwankt zwischen Abscheu und Haß. Jeder Soldat fühlt sich angewidert und abgestoßen durch diese Verbrechen, die in Polen von Angehörigen des Reiches und Vertretern der Staatsgewalt begangen werden. Er versteht nicht, wie derartige Dinge, zumal sie sozusagen unter seinem Schutz geschehen, ungestraft möglich sind." (6. 2. 1940.)

Darin lag eine klare Feststellung der Mitverantwortlichkeit der Wehrmacht. Schon sechs Wochen zuvor war der Oberstleutnant

Groscurth, Abteilungschef im Generalstab, an die Westfront gereist, wo er durch Vorlage der erwähnten Berichte aus dem Osten bei den Oberbefehlshabern und ihren Stäben „große Erregung" – auch über das Verhalten Brauchitschs – auslöste. In Groscurths Tagebuch heißt es darüber: „So haben wir die wichtigsten Teile der Westfront aufgeputscht. Hoffentlich mit Erfolg. Es wird fortgesetzt." So weit hatten die Verbrechen Hitlers einen nachweislich passionierten Soldaten getrieben! Brauchitsch aber gab seinen Befehlshabern die fadenscheinige Erklärung, die Einsatzgruppen handelten „in eigener Verantwortlichkeit", was praktisch nichts anderes bedeutete, als daß das Heer sie gewähren lassen sollte; und das, obwohl Brauchitsch beim Einmarsch in Polen als Repräsentant des Reiches feierlich versichert hatte: „Die Wehrmacht sieht in der Bevölkerung nicht ihren Feind. Alle völkerrechtlichen Bestimmungen werden geachtet werden." Jetzt, im Februar 1940, motivierte Brauchitsch in einem Erlaß an die Oberbefehlshaber die „sonst ungewöhnlichen harten Maßnahmen gegenüber der polnischen Bevölkerung" – wie er sich bezeichnend genug ausdrückte – mit der notwendigen „Sicherung des deutschen Lebensraumes". Daß Brauchitsch sich völlig klar darüber war, *was für „Maßnahmen"* er hiermit zu rechtfertigen suchte, zeigt seine fatale Schlußbemerkung: die „politischen Stellen" hätten ihm jedoch versprochen, „die im Zusammenhang mit diesem Volkstumskampf zu erwartenden [!], dem Geist und der Manneszucht des Heeres schädlichen Vorgänge und Handlungen von der Truppe fernzuhalten".

Weder vorher noch nachher war in solchem Maße, wie damals durch die empörenden Vorgänge im besetzten Polen, einem Oberbefehlshaber des Heeres eine Chance für eine einhellige Stellungnahme des Offizierkorps gegen eine verbrecherische Besatzungspolitik des Regimes geboten. Sie blieb ungenützt.

Inzwischen hatte Hitler – im Herbst 1939 – eine Offensive im Westen beschlossen. Nach der Überzeugung der Heeresführung war sie bei dem damaligen Kräfte- und Ausbildungsstand ihrer Truppen zu verlustreichem Scheitern verurteilt. Einige der Oberbefehlshaber erfüllte auch die beabsichtigte Verletzung der Neutralität Belgiens und Hollands mit Bedenken; die Berichte aus Polen motivierten die Aktivisten der militärischen Opposition wie Oster und Groscurth zusätzlich zum Handeln. Tatsächlich ließ Generalstabschef Halder Anfang November (1939) Groscurth zusammen mit dem Oberquartiermeister General v. Stülpnagel Vorbereitungen für einen Putsch treffen. Halder blies diese aber schnell ab, als Hitler etwas zu wittern schien und Brauchitsch nach seinem schweren Zusammenstoß mit Hitler wegen der geplanten Offensive am 5. November jedes Widerstreben aufgab. Im Winter 1939/40 unternahm dann der Kreis Beck-Oster geheime Sondierungen in London, die der von Dr. Josef Müller-München kontaktierte Papst Pius XII. über den britischen Gesandten beim Vatikan nach London weiterleitete; sie sollten die Bedingungen eines Friedensschlusses der Westmächte mit einem Deutschland „ohne Hitler" feststellen, um gegebenenfalls handlungsbereiten Generälen möglichst günstige Voraussetzungen für einen Umsturzversuch zu verschaffen. Tatsächlich reagierte die ja noch im Amt befindliche Regierung Chamberlain-Halifax positiver als im Herbst 1938. Doch war die Heeresführung nicht für eine Aktion zu gewinnen, vielmehr jetzt (im Frühjahr 1940) zu einer Offensive im Westen bereit und willens.

Der dann über jedes Erwarten große Sieg über Frankreich schien alle Skeptiker widerlegt zu haben. „Dem Führer allein gebührt der Ruhm, denn ohne seinen Willen wäre es zu solchem Handeln nie gekommen", schrieb der Generalquartiermeister Wagner nach Hause. Fraglos war die innere Übereinstimmung der traditionellen deutschen Führungsschichten, namentlich des Militärs, mit dem NS-Regime niemals stärker als zwischen Frankreichfeldzug und Rußlandkrieg. Ausdruck dessen sind auch die wichtigen „Richtlinien für die weltanschauliche Erziehung des Heeres" (mit Schwerpunkt auf den Themen „Rasse" und „Lebensraum"), die Brauchitsch im Oktober 1940 gab. – Man kann der Heeresführung allerdings nicht nachsagen, daß sie zu einem Krieg mit der Sowjetunion gedrängt habe. Doch hat sie gegen Hitlers Entschluß zum Angriff auf diese auch keinen ernsthaften Widerspruch erhoben, zumal sie ja an einen raschen Sieg glaubte: Brauchitsch rechnete mit „heftigen Grenzschlachten" von einer „Dauer bis zu vier Wochen", „dann aber nur noch mit geringerem Widerstand".

War das Offizierkorps den „Maßnahmen" der SS-Formationen in Polen noch mit scharfer Kritik begegnet, so verhielt sich das gleiche Offizierkorps – also die Angehörigen ein und derselben sozialen Gruppe – jetzt sehr anders, weil der Sieg über Frankreich die psychologische Lage verändert hatte und weil der Kampf sich nun gegen den Bolschewismus richtete. Die in Propaganda und Schulungsarbeit jahrelang betriebene und jetzt zum äußersten gesteigerte Verteufelung des Bolschewismus und die geflissentliche Identifizierung von *Bolschewismus und Judentum* kam dem Drängen Hitlers auf aktive Mitwirkung des Heeres an seinem Vernichtungsprogramm im Rußlandkrieg zugute. War doch außer der Heeresführung selbst offenbar auch ein beträchtlicher Teil des höheren Offizierkorps für Hitlers Parole eines Entscheidungskampfes der beiden Weltanschauungen ebenso empfänglich wie für die von ihm vertretene Auffassung, daß der Kampf mit einem Gegner wie dem bolschewistischen Rußland nicht nach den herkömmlichen Normen von Kriegs- und Völkerrecht geführt werden könne.

Tatsächlich wurde das Heer in die gegen die Sowjetunion von Hitler beabsichtigte weltanschauliche Kriegführung verstrickt: *Mittelbar,* indem seine Führung den erneut aufgestellten Einsatzgruppen in Absprache mit Heydrich wiederum erlaubte, im besetzten Gebiet „in eigener Verantwortung Exekutivmaßnahmen gegenüber der Zivilbevölkerung zu treffen"; dies ermöglichte den Einsatzgruppen, dort ihrem von Hitler erhaltenen Auftrag gemäß die Hunderttausende von jüdischen Männern, Frauen und Kindern zu erschießen. Die meisten nachgeordneten Heereseinheiten duldeten ohne weiteres seine Durchführung und verboten Kritik an ihr; viele haben sie auch technisch unterstützt; einzelne hielten sich betont zurück. Die antijüdische und antibolschewistische Grundeinstellung und ein allgemeines Sicherheitsbedürfnis der in den russischen Riesenraum vorstoßenden Truppe haben bei einem großen Teil des Offizierkorps eine Atmosphäre der Sympathie oder doch des „Verständnisses" für die Aufgabenstellung der Einsatzgruppen geschaffen. Daneben ließ sich das Heer aber auch *unmittelbar* in Hitlers verbrecherische Kriegführung verstricken, nämlich *erstens* durch den sog. Gerichtsbarkeitsbefehl Barbarossa. Dieser hob im Falle von Vergehen oder Verbrechen deutscher Soldaten gegen russische Zivilisten praktisch jeden Rechtsschutz für die Zivilbevölkerung auf. Vor allem aber konnten danach Landeseinwohner, die der Freischärlerei auch nur verdächtig waren, auf Anordnung des „nächsten" Offiziers ohne gerichtliches Verfahren erschossen werden. Zweitens ist hier zu nennen der Befehl zur Erschießung der politischen Kommissare der Roten Armee. Entgegen anderslautenden Behauptungen ist dieser „Kommissarbefehl" geraume Zeit hindurch befolgt worden, woran ein anschließender Erlaß zur Wahrung der Disziplin wenig änderte. In zahlreichen Fällen wurden ergriffene Kommissare und feindseliger Handlungen Verdächtige von der Truppe allerdings auch dem nächsten Einsatzkommando übergeben, womit ihr Schicksal gleichfalls besiegelt war. Nur in der Behandlung der jüdischen Soldaten, die als Angehörige der Roten Armee gefangengenommen waren, hat das Oberkommando des Heeres den Wünschen der SS-Führung bzw. Hitlers längere Zeit widerstrebt. So haben die Einsatzkommandos, die in den übrigen Kriegsgefangenenlagern mit der Erschießung der sogenannten „untragbaren Elemente" einschließlich aller Juden beauftragt waren, zu den Gefangenenlagern des Operationsgebietes, d. h. denen des Heeres, zunächst keinen Zutritt erhalten – wenn auch leider nicht ohne Ausnahmen. Am 7. Oktober 1941 hat die Heeresführung jedoch den betreffenden Kommandos der Sicherheitspolizei und des SD gestattet, die „Aussonderung" der „untragbaren Elemente", d. h. einschließlich der jüdischen Kriegsgefangenen, nunmehr auch in den Lagern des Operationsgebiets vorzunehmen – „in eigener Verantwortlichkeit", wie es wieder einmal fadenscheinig und selbstbetrügerisch hieß, obendrein mit dem fatalen Zusatz, daß die besagten „Aussonderungen" und die Erschießungen „möglichst unauffällig" erfolgen sollten.

Überdies ist es eine bezeichnende Tatsache, daß sich hohe Kommandeure des Heeres wiederholt genötigt sahen, „jedes eigenmächtige Erschießen von Landeseinwohnern, auch von Juden [so wörtlich!], durch einzelne Soldaten sowie jede Beteiligung an Exekutivmaßnahmen der SS- und Polizeikräfte" mit „mindestens" disziplinarischer Bestrafung zu bedrohen. Tatsache ist aber auch, daß die Mordaktionen bei vielen Offizieren und Soldaten Unwillen ausgelöst haben. Als Beleg dafür sei nur der folgende Abschnitt aus dem Front-Reisebericht eines Stabsoffiziers der Heeresgruppe Mitte vom Dezember 1941 zitiert:

„Bei allen längeren Gesprächen mit Offizieren wurde ich, ohne darauf hingedeutet zu haben, nach dem Judenerschießungen gefragt. Ich habe den Eindruck gewonnen, daß die Erschießung der Juden, der Gefangenen und auch der Kommissare" – man beachte die Dreigliederung – „fast allgemein im Offizierkorps abgelehnt wird, die Erschießung der Kommissare vor allem auch deswegen, weil dadurch der Feindwiderstand besonders gestärkt wird. Die Erschießungen werden als eine Verletzung der Ehre der Deutschen Armee, insonderheit des Deutschen Offizierkorps betrachtet. Je nach Temperament und Veranlagung der Betreffenden wurde in mehr oder weniger starker Form die Frage der Verantwortung hierfür zur Sprache gebracht. Es ist hierzu festzustellen, daß die vorhandenen Tatsachen in vollem Umfang bekannt geworden sind und daß im Offizierkorps der Front weit mehr darüber gesprochen wird, als anzunehmen war."

Auch in anderen Teilen der besetzten Ostgebiete, jedenfalls im Süden, äußerten Offiziere Kritik an den Judenmorden. Dies war für mehrere hohe Kommandeure des Heeres Anlaß genug zur Ausgabe von Befehlen, deren vielzitierter erster von Hitler für „ausgezeichnet" befunden und von Brauchitsch mit Erfolg zur Nachahmung empfohlen wurde: er verlangte vom Soldaten „für die Notwendigkeit der harten, aber gerechten Sühne am jüdischen Untermenschentum *volles* Verständnis".

IV.

Die letzte Phase des Verhältnisses von Wehrmacht und Nationalsozialismus wurde vor allem durch die zunehmend kritische Entwicklung der Lage an der Ostfront bestimmt. Unter ihrem Eindruck wurde es bei Hitler förmlich zu einer fixen Idee, daß die wichtigste Voraussetzung für den Sieg die Durchdringung der Wehrmacht mit dem nationalsozialistischen „Gedankengut" sei; womit letzten Endes niemals etwas anderes gemeint war als ihre „Befreiung" von allen der Erreichung des proklamierten nationalen Endziels irgendwie abträglich erscheinenden moralischen Hemmungen. Nach dem schweren Winter 1941/42 kamen solchen Tendenzen aber auch Wünsche von Truppenführern nach Festigung der Widerstandskraft ihrer Soldaten durch „Aufklärung" ihrer Soldaten über „Sinn und Ziel des Kampfes im Osten" entgegen. „Divisions-" und „Armee-Betreuungsoffiziere" hatten sich daher um „nationalsozialistische Erziehung und gedankliche Führung" der Truppe zu bemühen. Im Juli 1942 befahl sodann Keitel, bei allen Kommandobehörden jeweils einen Offizier der Abteilung Ic als „Bearbeiter für wehrgeistige Führung" zu bestimmen, um „innerhalb des Offizierkorps einheitliche Auffassungen in allen politisch-weltanschaulichen Fragen ... sicherzustellen". Laut einer Verfügung vom Mai 1943 sollten sich im Ersatzheer diese bis zu den Bataillonen herab einzusetzenden „Sachbearbeiter" künftig als „Offiziere für geistige Führung" ausschließlich mit dieser „aus der revolutionären Umgestaltung unseres Zeitalters" erwachsenen „politischen Führungsaufgabe" befassen. Im folgenden Monat erließ die Heeresführung, anscheinend nicht unbeeinflußt von der politischen Erziehung in der Roten Armee, neue Richtlinien zur „wehrgeistigen Führung", deren auf die „politisch-weltanschauliche Führung" bezüglicher Teil besonders die „Vermittlung der Grundbegriffe der nationalsozialistischen Weltanschauung" verlangte! Eine staunenswerte Forderung: denn hatte man sich nicht seit Jahren hierum bemüht? Am 28. November 1943 wurde dann die Bezeichnung „Offizier für wehrgeistige Führung" in programmatischer Absicht in „Offizier für nationalsozialistische Führung", abgekürzt „NS-Führungsoffizier" (NSFO) geändert. Inzwischen hatte sich nämlich Hitler selbst eingeschaltet und befahl am 22. Dezember 1943 die Bildung eines „NS-Führungsstabes" unter einem so zuverlässigen Nationalsozialisten wie dem General Reinecke. Dieser sollte in seinem „unmittelbaren Auftrage" handeln und hatte hierbei – „das Einvernehmen mit der NSDAP als der Trägerin des politischen Willens herzustellen"! Allerdings sollte der NSFO keinesfalls als eine Art „Kommissar" erscheinen, sondern dem jeweiligen Truppenbefehlshaber als sein Sachbearbeiter „unmittelbar unterstehen"; immerhin aber sollte „die Auswahl der NSFO's in Zusammenarbeit mit dem Leiter der Partei-Kanzlei" – Martin Bormann – erfolgen! Unter Beiseiteschiebung Alfred Rosenbergs nahm sich ein besonderer „Arbeitsstab" der Partei-Kanzlei nicht nur dieses Auftrages, sondern überhaupt der Aufgabe einer „engen" und umfassenden Zusammenarbeit mit dem NS-Führungsstab im OKW mit Eifer an. Bormann verlangte sogar ausführlich begründete Personalvorschläge für die NSFO's von den örtlichen Dienststellen der Partei.

Unter den gegebenen Umständen begrüßte natürlich ein Mann wie der genannte General Reinecke das Scheitern der Aktion vom 20. Juli 1944 als die „erwünschte Beseitigung der letzten Widersacher einer entscheidenden Politisierung der Wehrmacht". Himmler seinerseits sprach von der Entlarvung namentlich dieser „letzten", „1933/34 von uns nicht aufgelösten Freimaurerloge" Generalstab, die an den Sieg nicht geglaubt, ihn ja auch gar nicht gewünscht habe. Diese angeblich unpolitischen Offiziere hätten Adolf Hitler nicht anders gegenübergestanden als Friedrich Ebert, und sie hätten nie begriffen, daß der Nationalsozialismus sämtliche Lebensbereiche erfasse!

Natürlich sollte jetzt auch Hitlers seinerzeitige Formel von Partei und Wehrmacht als den beiden Säulen des nationalsozialistischen Staates aus dem amtlichen Sprachgebrauch verschwinden. Die Begründung: das deutsche Volk bestehe nicht aus Säulen. In Wahrheit sei die Wehrmacht – „was 1934 als Parole noch unverstanden geblieben wäre, ... *Funktionsträgerin der Partei*" und stehe nicht als Säule abgesetzt neben ihr. Das war nun allerdings deutlich genug. Im letzten Kriegsjahr, so hat ein Sachkenner treffend gesagt, konnte die Partei beginnen, auch organisatorisch die frühere autonome Position der Wehrmacht in Führungsfragen systematisch zu unterlaufen.

Noch immer jedoch meinte man auf Widerstände, ja auf Sabotage zu stoßen. Wie könne man, so fragte ein Funktionär, nach anstrengendem Geländedienst die betreffenden Lehrgruppen noch eine Stunde zum Schulungsraum marschieren lassen, so daß mindestens die Hälfte bei den Kursen laut schnarchend schlafe? Und „dies", so entrüstete sich der Berichterstatter, „bei Vorträgen über die Grundlagen der nationalsozialistischen Weltanschauung!". Offenbar war es immer noch nicht ganz gelungen, aus dem nationalsozialistischen Heer ein Heer von Nationalsozialisten zu machen. Kein Zweifel kann freilich darüber bestehen, daß der Glaube an den Führer beim Großteil der Soldaten bis zuletzt weitgehend unerschüttert blieb.

Erst als das Dritte Reich seinem Untergang nahe war, hatte Hitler sein Ziel der Unterwerfung des Heeres unter den Totalitätsanspruch des Nationalsozialismus weitgehend erreicht. Zuvor aber hat immerhin eine Reihe von Offizieren „genügend geistige und moralische Substanz" bewiesen, um nicht nur „ihre politische Vorstellungswelt zu revidieren", wie treffend gesagt worden ist, sondern auch um die Schranken der für normale Zeiten und Umstände gültigen militärischen Überlieferung zu überwinden und sich gemeinsam mit Angehörigen so gut wie aller Schichten unseres Volkes gegen eine verbrecherische Staatsführung zu erheben. Tresckow und Stauffenberg planten dies ernstlich seit 1943, andere suchten schon früher – vergeblich – nach Möglichkeiten der Realisierung ihres Widerstandes. Einer von diesen, Helmuth Groscurth, hat das Problem des Soldaten, der auch staatsbürgerliche Pflichten kennt, bereits im Oktober 1939 mit den Worten umrissen: „Emil [Hitler] will ja diesen Krieg. Und wir halten das Maul, trotzdem das ganze Volk den Frieden will und von uns ein Handeln erwartet. Der deutsche Offizier gehorcht und weiter nichts." Das gleiche, hier sich in einer Art drastischer Selbstkritik äußernde Bewußtsein einer staatsbürgerlichen Mitverantwortlichkeit auch des Uniformträgers in einer Situation nationaler wie mitmenschlicher Notwehr hat später Stauffenberg sagen lassen: Schlimmer als ein Mißlingen sei, der Schande tatenlos zu verfallen. Wer bedenkt, daß wir in Deutschland jahrhundertelang eine militarisierte Gesellschaft hatten, wird solch selbständigem Denken und Handeln gerade von Soldaten den verdienten Respekt nicht versagen.

Ino Arndt

Antisemitismus und Judenverfolgung

Das Vorsatzblatt eines der zahllosen Bücher über die nationalsozialistische Judenverfolgung gibt eine Karte des europäischen Festlands wieder, auf der schwarze, sechseckige Sterne jene Länder kennzeichnen, deren jüdische Bevölkerung von der Rassenpolitik des Dritten Reiches betroffen worden ist. Auf dieser Karte gibt es sechs Länder ohne schwarze Sterne: Schweden und Finnland, die Schweiz, Spanien und Portugal und die (europäische) Türkei: Sechs, *nur* sechs von 24 europäischen Ländern. Dies ist die geographische Dimension des dunkelsten Kapitels der deutschen Geschichte, das im Folgenden darzustellen ist. Der Vollständigkeit halber ist zu erwähnen, daß die Landkarte der Judenverfolgung bis Nordafrika reichen müßte: auch die Juden Algeriens, Marokkos und Tunesiens unterlagen der antijüdischen Gesetzgebung der Vichy-Regierung, blieben aber von der ,,Endlösung" verschont. In 18 europäischen Ländern aber wurde die jüdische Bevölkerung von dem Vorgang der Judenverfolgung in beinahe jedem Bereich ihrer Existenz betroffen, in einem Ausmaß, das für Millionen schließlich physische Vernichtung bedeutete und fast in jedem dieser Länder die historische Kontinuität jüdischen Lebens und jüdischer Geschichte jäh abriß.

Handelnde waren entweder die Exponenten des NS-Regimes selbst, die – in Deutschland seit 1933 an der Macht – antisemitische Programmpunkte in Regierungspolitik und, nach Beginn des Zweiten Weltkrieges, in Besatzungspolitik umsetzen konnten, oder willfährige Kollaborateure in verbündeten oder besetzten Ländern, die sich der ,,Lösung der Judenfrage" als Handlanger zur Verfügung stellten. Betroffen wurde die jüdische Bevölkerung aber auch durch Handlungen aller derjenigen, die ohne Auftrag oder freiwillig im Sinne eben dieses Regimes das Ihre taten oder ein übriges meinten tun zu sollen, um dem von Staats wegen gebotennen, gepredigten und vorgemachten Antisemitismus zu entsprechen.

Am 30. Januar 1933 hatte in der fast zweitausendjährigen Geschichte der Verfolgung der Juden eine neue, singuläre Phase begonnen. Was man seit der Antike als Judenfeindschaft bezeichnet hatte, war national, religiös und im 19. Jahrhundert vor allem auch wirtschaftlich motivierte Gegnerschaft gegen das in der Diaspora lebende Volk Israel gewesen, eine Gegnerschaft, die sich auf verschiedene, häufig sehr aggressive Weise äußerte, denkt man z. B. an die blutigen Ausschreitungen zur Zeit der Kreuzzüge, an die Mauren *und* Juden im Spanien und Portugal des ausgehenden 14. Jahrhunderts angedrohte Alternative ,,Taufe oder Tod", die Austreibung der Maranen von der iberischen Halbinsel durch die Inquisition ein Jahrhundert später, die falschen aber zählebigen Beschuldigungen des Ritualmordes und der Brunnenvergiftung, die Pogrome im Rußland des 19. Jahrhunderts.

Neu aber war der wissenschaftlich verkleidete und rassisch motivierte Antisemitismus, der, ausgehend von Gobineaus Essay über die Verschiedenartigkeit der Rassen, daraus ihre Höher- oder Minderwertigkeit ableitete und ,,Rasse" als entscheidenden Faktor für Aufstieg und Niedergang von Völkern ansah, woraus dann die Gobineau'schen Epigonen die Überlegenheit der ,,arischen Rasse" konstruierten.

Daraus entwickelten sich in Deutschland bereits im letzten Drittel des 19. Jahrhunderts Bestrebungen des völkisch-rassisch geprägten Antisemitismus, die sich während des Ersten Weltkrieges erheblich verstärkten. Zu nennen wäre die diskriminierende Judenstatistik, die zu erheben das Kriegsministerium sich im Oktober 1916 veranlaßt sah, nachdem antisemitische Kreise die Juden der ,,Drückebergerei" bezichtigt hatten. Das nach dem Kriege veröffentlichte Ergebnis dieser Statistik hat klar bewiesen, daß die jüdische Bevölkerung in Deutschland ,,restlos den auf sie entfallenden Anteil an Kriegsteilnehmern gestellt hat". Egmont Zechlin hat das Weiterbestehen antisemitischer Tendenzen und ihr Eindringen in die militärische Führung hinreichend belegt. Ihm ist auch die Erkenntnis der Rolle zu verdanken, die der einflußreichste Mitarbeiter Ludendorffs, Oberst Max Bauer, als Vertrauensmann der Alldeutschen bei der Obersten Heeresleitung dabei spielte. In der Sozialdemokratie und dem „jüdischen Liberalismus", der „jüdisch-sozialdemokratischen Presse", der „rotgoldenen Internationale" sah Bauer und sahen die Alldeutschen den „Feind". Was Wunder, daß bei den Alldeutschen noch vor 1918 die Forderung laut wurde, die Juden „als Blitzableiter für alles Unrecht zu benutzen" und sie zu den für den Zusammenbruch Schuldigen zu stempeln.

Die von den Alldeutschen, ihnen verwandten völkischen Organisationen – es waren über 400 –, von den antisemitischen Zeitschriften – es gab an die 700 – bei Kriegsende geschaffene judenfeindliche Atmosphäre stand in krassem Gegensatz zu der patriotischen und loyalen Einstellung, die die meisten deutschen Juden während des Krieges und auch angesichts der Niederlage Deutschland gegenüber zum Ausdruck brachten. Der in großen Teilen des deutschen Judentums vorhandene Wille zur Identifizierung mit ihrem Vaterland, ihr deutsch-nationales Empfinden, ihre Hoffnung auf konkrete politische und gesellschaftliche Gleichberechtigung stießen auf eine zunehmend antisemitische Grundhaltung in völkischen aber auch nationalen Kreisen, die dem „zersetzenden Einfluß" des Judentums, seiner angeblichen „Vorherrschaft" den Kampf ansagten.

Zu den vielen völkischen Gruppierungen, die sich nach dem Kriege mit unterschiedlichen Programmen bildeten, gehörte die Anfang 1919 in München gegründete „Deutsche Arbeiterpartei", der Hitler im September jenes Jahres beitrat. Für Hitler war das Judentum „Rasse und nicht Religionsgenossenschaft". Er zog daraus den Schluß, daß ein sogenannter „Antisemitismus der Vernunft" zur „planmäßigen Bekämpfung" vermeintlicher „Vorrechte des Juden" notwendig sei: „Letztes Ziel aber muß unverrückbar die Entfernung des Juden überhaupt sein." Bekämpfung des „Rassefeindes", des „internationalen Judentums" und was dergleichen Forderungen im Parteiprogramm der NSDAP oder im elften Kapitel von „Mein Kampf" oder in Reden und Schriften führender Nationalsozialisten mehr sein mochten: seit dem 30. Januar konnten diese Programmpunkte als Regierungspolitik in die Tat umgesetzt werden.

Eine 1981 erschienene Zusammenstellung von Maßnahmen und Richtlinien unter dem Titel „Das Sonderrecht für Juden 1933–1945" verzeichnet ohne Anspruch auf Vollständigkeit nicht weniger als 1970 einschlägige Bestimmungen, die ihren Ursprung in Reichs- und Länderministerien, ihnen nachgeordneten Behörden, Gauleitungen, Wirtschaftsgruppen, Reichsstellen, Polizeipräsidien u. ä. hatten. Die Zahl der Beamten, Angestellten und Parteifunktionäre, die im Lauf von zwölf Jahren diese summa iniuria konzipiert, formuliert, in Kraft gesetzt und ihre Ausführung überwacht hat, muß in die Tausende gehen. Nach der Machtergreifung lebten die deutschen Juden unter dem Diktat einer Flut pseudolegaler diskriminierender Bestimmungen. Selbst die wenigen Anordnungen, die scheinbar zugunsten der Juden zur Abwehr individueller Übergriffe ergangen waren, zeigen, daß ihr Zweck nicht etwa Schutz von legitimen Rechten und Interessen der jüdischen Minderheit war, sondern der Staat sich nur vorbehielt, ihm geeignet erscheinende antijüdische Maßnahmen selbst zu ergreifen oder dafür Normen zu setzen.

Der Ablauf des Geschehens in Deutschland ist weitgehend bekannt und sei im Folgenden nur kurz rekapituliert. Dem von der Parteileitung für den 1. April 1933 befohlenen Boykott jüdischer Geschäfte, Rechtsanwälte und Ärzte waren schon in den ersten Wochen nach der Machtergreifung in vielen Städten des Reiches ähnliche gewaltsame Aktionen vorausgegangen. Mit ihrem ersten antijüdischen Gesetz vom 7. April 1933, dem „Gesetz zur Wiederherstellung des Berufsbeamtentums", wurde das schon geschehene Unrecht nachträglich sanktioniert: Aus dem Staatsdienst war zu entlassen, wer künftig nicht den Ariernachweis erbringen konnte oder nicht „Gewähr bot, jederzeit rückhaltlos für den nationalen Staat einzutreten". Die Möglichkeit oder Unmöglichkeit, die Abstammung von vier arischen, d. h. nicht der jüdischen Religion angehörenden Großeltern nachzuweisen, entschied wenig später auch über die berufliche Weiterexistenz von Künstlern, Notaren,

Hebammen, Zahntechnikern, Tanzlehrern, Apothekern. Damit aber nicht genug: der Ariernachweis entschied auch über Mitgliedschaft in Sportvereinen, Prüfungszulassung, Wehrdienst, Adoptionen, Namensänderungen, Einbürgerungen, Gewährung von Darlehen. Es ist dies nur eine fast beliebig zu ergänzende Auswahl der bis September 1935 von amtlichen und nichtamtlichen Stellen getroffenen Maßnahmen. Sie hatten zum Ziel und Ergebnis, die Juden immer weiter aus dem öffentlichen und kulturellen Leben Deutschlands zu verdrängen. Eine Zeitlang wurden noch gewisse Konzessionen an Kriegsteilnehmer und deren Hinterbliebene gemacht.

Neben der Ausschaltung auf dem Verordnungswege betrieb der in der Parteiführung keineswegs unumstrittene „Frankenführer" Gauleiter Streicher mit seinem seit 1923 erscheinenden Hetzblatt „Der Stürmer" und besonders den allenthalben aushängenden Stürmerkästen eine an primitivste Instinkte appellierende Diffamierungskampagne. Wöchentlich einmal geschah dies unter dem Motto: „Die Juden sind unser Unglück". Wenn auch die Auflagenhöhe dieses üblen Machwerks – sie betrug rund eine halbe Million – nur bedingt einen Rückschluß auf Wirkung und Verbreitung zuläßt: man wird von einer bestimmten Stürmer-Mentalität sprechen können, wie sie in zahlreichen Zuschriften, einschließlich Feldpostbriefen, an den „lieben Stürmer" zum Ausdruck kommt. Daß etwas „hängenblieb" von dieser ständigen Verteufelung und zur sozialen Verfemung der Juden beitrug, insbesondere in der Provinz, in traditionell antisemitischen Gegenden, z. B. in Hessen oder Mittelfranken, dafür mag ein Beispiel für viele stehen: Am Palmsonntag 1934 inszenierte ein SA-Führer aus Gunzenhausen einen pogromähnlichen Zwischenfall, bei dem zwei Juden zu Tode kamen und über 30 Juden und Jüdinnen schwer verletzt wurden.

Was taten die Juden, wie reagierten sie auf das ihnen geschehene Unrecht?

Die Reaktion der einzelnen Betroffenen reichte von äußerster Resignation bis zur Resistenz, vom Selbstmord bis zum Warschauer Ghetto-Aufstand oder dem Aufstand des Sonderkommandos in Birkenau im Oktober 1944. Dazwischen lag eine Vielzahl von

Verhaltensmöglichkeiten, die mit unterschiedlichem Erfolg, weil von Zeit und Umständen abhängig, praktiziert wurde. Viele wählten den Freitod: Allein in den ersten zwei Jahren des nationalsozialistischen Regimes gab es bei den Juden 50% mehr Selbstmorde als bei der übrigen deutschen Bevölkerung. 1933 flüchteten viele Juden panikartig aus Deutschland: von den ca. 37000 im ersten Jahr nach der Machtergreifung Geflohenen ging aber nur ein Viertel weiter nach Übersee; im Zwiespalt zwischen Furcht und Hoffnung – Hoffnung auf den Zusammenbruch des Regimes oder auf Besserung der Situation – blieben 75% in Europa, um gegebenenfalls zurückkommen zu können. Daß sich die Rückkehrer nur eine Galgenfrist, meist zum Preis einer KZ-Haft, erkauft hatten, konnten sie 1934/35 nicht wissen.

Einen endgültigen Trennungsstrich zogen die Emigranten. Aber sie mußten für die Auswanderung ein mehrfaches Opfer bringen: 25% Reichsfluchtsteuer, die schon seit 1931 auf Vermögen über 200000 RM bzw. Jahreseinkünften über 20000 RM zu zahlen war; aufgrund der Devisenbestimmungen war außerdem die Mitnahme von nur RM 50,– in fremder Währung erlaubt. Weit gravierender aber war das existentielle und psychologische Moment: der für die alteingesessenen und assimilierten Juden schwere Entschluß, Heimat und Existenz für eine ungewisse Zukunft in einem fremden Land aufzugeben. Zusätzlich erschwert war die Auswanderung aufgrund der allgemeinen, durch die Weltwirtschaftskrise verursachten Arbeitslosigkeit und die dadurch einsetzende Rückwanderung aus der Neuen in die Alte Welt. Man hat in diesem Zusammenhang von einer ,,Politik der geschlossenen Tür" gesprochen, und diese Kritik entbehrt nicht der Grundlage. Es ist bekannt, daß die amerikanischen Konsulate die Ausstellung von Einreisevisen sehr dilatorisch gehandhabt und auch Bewerber mit sicheren Bürgschaften abgewiesen haben. Die von jüdischer Seite erhoffte Signalwirkung einer kooperativen Einstellung der amerikanischen auf andere überseeische Konsulate blieb aus.

Ein weiteres Problem bei der Auswanderung bestand in der Alters- und Berufsstruktur der deutschen Juden. Eine Statistik von 1933 zeigt, daß 49% der jüdischen Bevölkerung in Deutschland über 50 Jahre alt waren und daß weniger als 25% der berufstätigen Juden in Landwirtschaft und Industrie, mehr als 60% aber im Handel und Verkehrswesen tätig waren, also Berufe ausübten, für die in den potentiellen Immigrationsländern geringe Nachfrage bestand. Die Umschulung der auswanderungswilligen und die Ausbildung der jüngeren Juden in handwerklichen und landwirtschaftlichen Berufen wurden so zur vordringlichen Aufgabe der jüdischen Hilfsorganisationen. Große jüdische Kultusgemeinden errichteten Ausbildungsstätten aus eigenen Mitteln, ähnliche Lager entstanden in Nachbarländern mit Unterstützung der dortigen jüdischen Gemeinden, auf Initiative der „Reichsvertretung".

Die Gründung dieser „Reichsvertretung der deutschen Juden" im September 1933 war selbst eine Reaktion auf die Judenpolitik des nationalsozialistischen Regimes. Zum erstenmal in der Geschichte der deutschen Juden hatten sich – wenn auch unter dem Zwang der politischen Situation – Vertreter der verschiedenen Richtungen innerhalb des deutschen Judentums – vom Reichsbund jüdischer Frontsoldaten bis zu den Zionisten – freiwillig zusammengefunden zur Wahrung der Interessen der in Bedrängnis geratenen Glaubensgemeinschaft. Den Vorsitz führte Rabbiner Leo Baeck. Fünf Monate früher hatten Vertreter der gleichen Gruppen den ersten Schritt zur Selbsthilfe getan und den „Zentralausschuß für Hilfe und Aufbau" gebildet, der auch unter Leitung von Leo Baeck stand. Man wollte helfen und aufbauen, so Baeck, „ehe die Not ans Tor schlägt". Der Ausschuß sorgte für die berufliche Umschichtung tausender durch den April-Boykott berufs- und existenzlos gewordener Juden und beschaffte die dafür notwendigen finanziellen Mittel.

Ein weiterer Akt jüdischer Selbsthilfe war Mitte Juni 1933 die Gründung des Reichsverbandes der jüdischen Kulturbünde, dessen primäre Aufgabe es war, den arbeitslos gewordenen Künstlern eine neue Existenz zu schaffen. Die mit der Gründungsgenehmigung verbundene ministerielle Auflage sah vor, daß nur Juden Mitglieder des Verbandes und nur Juden Besucher der sonst geschlossenen Veranstaltungen sein durften.

Für die Juden in Deutschland war die Zukunft damals nicht

vorhersehbar. Die ersten Jahre des nationalsozialistischen Regimes waren für sie eine Zeit der Unsicherheit und der Ungewißheit, eine Zeit des „zwar – aber", der Hoffnung auf Abflauen des Terrors der Straße und auf eine weitere Entwicklung des deutschjüdischen Zusammenlebens in geordneten, wenn auch künftig eingeengten Bahnen. Man erhoffte sich „verständnisvollen Beistand der Behörden" und die „Achtung der nichtjüdischen Mitbürger", denen man in „Liebe und Treue zu Deutschland" begegnete. Daß es eine trügerische Hoffnung war, konnten die deutschen Juden nicht wissen. Ihnen ex post einen Vorwurf daraus zu machen, daß sie 1933 eine Reichsvertretung gegründet haben, die sechs Jahre später zu einem Ausführungsorgan der Gestapo gemacht wurde, wird den Gegebenheiten des Jahres 1933 nicht gerecht. Die überwiegende öffentliche Meinung des westlichen Auslands hat seinerzeit die Politik Hitlers nicht wesentlich anders eingeschätzt als die Juden selbst. Man sollte fairerweise die „offizielle" jüdische Reaktion ex tunc interpretieren.

1934/35 war die Zahl der jüdischen Auswanderer zurückgegangen, etliche der panikartig Geflüchteten waren sogar zurückgekehrt. Das führte Anfang 1935 zu heftigen Reaktionen der NS-Presse und auch zu antijüdischen Ausschreitungen. 1935 errichteten lokale NS-Exponenten an Ortseingängen Tafeln mit Aufschriften wie „Der Vater der Juden ist der Teufel", „Juden betreten den Ort auf eigene Gefahr", „Vor Juden und Taschendieben wird gewarnt".

Aus Parteikreisen wurden seit Mai 1935 Forderungen nach „Befreiung des deutschen Volkes vom Fremdenkörper der Juden", nach „Todesstrafe für Rassenschänder" laut, in Berlin kam es im Juli 1935 zu pogromähnlichen Zwischenfällen.

Anfang August wies der Stellvertreter des Führers die Parteidienststellen an, „wilde Einzelaktionen" zu unterbinden. Es wird mit guten Gründen argumentiert, daß außenpolitische Erwägungen dabei eine Rolle spielten: Mit England war das Flottenabkommen unterzeichnet worden, mit Frankreich waren Wirtschaftsverhandlungen im Gange.

Gleichzeitig aber ließ Heß erklären, die Partei habe ihre „grund-

sätzliche Einstellung zur Judenfrage nicht geändert". Der Reichsinnenminister Frick versprach, die „Judenfrage" „langsam aber
sicher auf vollkommen legalem Wege zu lösen", wies auf in Vorbereitung befindliche weitere Judengesetze hin und hatte schon
vorher angeordnet, Eheschließungen zwischen Ariern und Nicht-
ariern vorerst zurückzustellen:

Ein scheinbarer Stillstand im September 1935 vor dem Hintergrund steten Drängens der Eiferer der Partei, in der Judenfrage
„voranzukommen".

Warum drängten die Eiferer? Die Partei war in einer Art Bring-
schuld gegenüber ihren Anhängern. Die nationalsozialistische Revolution auf gesellschaftlichem und rechtspolitischem Gebiet war
ausgeblieben, den radikalen Flügel der Partei hatte man im Juni
1934 weggeschossen. Für die versprochene aber ausgebliebene Erneuerung mußte sie einen Ersatz bieten und fand ihn – zu verschiedenen Zeiten des Regimes – in Kampagnen gegen die Juden, die
durch die Nazi-Ideologie längst zum Hauptfeind gemacht worden
waren.

Ein entscheidender weiterer Schritt geschah, als am 15. September 1935 auf dem jährlichen Reichsparteitag die sogenannten
Nürnberger Gesetze beschlossen wurden, auch bekannt unter ihren Kurztiteln „Reichsbürgergesetz" und „Blutschutzgesetz".
Das erste verwirklichte, was die Partei seit 1920 gefordert hatte:
„Träger der vollen politischen Rechte" konnten nur „Staatsbürger
deutschen oder artverwandten Blutes" sein, das zweite entsprach
der von der NSDAP lange propagierten und im März 1930 von
ihrer Reichstagsfraktion in einem Gesetzentwurf postulierten
„Reinhaltung der Rasse". Es verbot unter Androhung von Zuchthausstrafe Ehe und außerehelichen Verkehr zwischen Juden und
„Staatsangehörigen deutschen oder artverwandten Blutes", Ge-
fängnis- oder Geldstrafe drohte den Juden, die eine weibliche Staats-
angehörige deutschen oder artverwandten Blutes unter 45 Jahren beschäftigten oder die Reichs- und Nationalflagge hißten.
Mitte November 1935 wurden die zwischen dem Reichsinnenministerium und dem Stellvertreter des Führers ausgehandelten ersten Durchführungsbestimmungen erlassen, die den seit 1933 ge-

bräuchlichen Begriff „Nichtarier" etwas modifizierten: Jude war nun, wer von „mindestens drei der Rasse nach volljüdischen Großeltern" abstammte. Um die jüdische Rasse zu definieren, griff man auf die Religionszugehörigkeit zurück und führte damit die „wissenschaftliche" Rassenlehre ad absurdum.

Spätestens seit Herbst 1935 war sich die Reichsvertretung bewußt, daß „die heranwachsende jüdische Generation in Deutschland überwiegend den Weg der Auswanderung gehen muß"; in den Büros des Palästina-Amtes und des Hilfsvereins drängten sich täglich Tausende von Auswanderungswilligen. Dennoch hofften viele, mit dem Erlaß der Gesetze würden die illegalen Maßnahmen aufhören und sie könnten, wenn auch in künftig begrenztem Rahmen, in Deutschland weiterleben. Hatte nicht Hitler in Nürnberg davon gesprochen, „vielleicht doch eine Ebene schaffen zu können, auf der es dem deutschen Volk möglich sein wird, ein erträgliches Verhältnis zum jüdischen Volk zu finden"? Hitler hatte aber auch erklärt, wenn der Versuch einer gesetzlichen Regelung abermals scheitern würde, dann müßte das Judenproblem „durch Gesetz der endgültigen Lösung der nationalsozialistischen Partei übertragen werden".

Dem „Problem" widmete sich nach Erlaß der Nürnberger Gesetze vor allem eine Institution, die in zunehmendem Maße für die weitere Entwicklung der nationalsozialistischen Judenpolitik entscheidend werden sollte: die SS, genauer gesagt, Heydrichs Gestapo und das Judenreferat des SD-Hauptamtes, in das Eichmann im Oktober 1934 eingetreten war. Die Arbeit dieses Referats begann Ende 1935, und sie war orientiert an der Vorstellung Himmlers, „daß uns [den Deutschen] im Juden, im Untermenschen, und seinen Hilfsorganisationen ... Gegner gegenüberstehen, die besser erkannt haben als wir, daß es ... keine Friedensschlüsse gibt, sondern nur Sieger und Besiegte und das Besiegtsein in diesem Kampf für ein Volk Totsein heißt".

Zur „Bekämpfung des Judentums" gehörte auch dessen „Erfassung", dazu bediente man sich der Mitgliederlisten der jüdischen Vereinigungen, und dessen „Beobachtungen", damit wurden auf besonderen Schulungskursen die einzelnen SD-Oberabschnitte beauftragt. Die Beobachtungen waren termingemäß und detailliert dem SD-Hauptamt zu berichten, das diese Berichte auswertete. Aus einer solchen, von Eichmann stammenden Auswertung vom Sommer 1936 kann man deutlich die Schwerpunkte der Observierung herauslesen: Wanderungsbewegung, Übertritte zu den christlichen Konfessionen, Rassenschande-Prozesse, Praxis der Behörden bei der Vergabe von Reisepässen und Wahrnehmungen über „jüdische Nachrichtendienste", denn man stellte sich das Judentum als weltweit organisiert vor. Über die Nachrichtendienste konnte „nichts Nennenswertes" berichtet werden, im übrigen wurde eine „stetige Abwanderung der Juden aus der Provinz in die Großstädte" und – mit Genugtuung – außerdem festgestellt, daß der „assimilatorische Gedanke ... nicht überhand zu nehmen scheint": Der SD förderte schon seit Anfang 1935 zionistische Auswanderungstendenzen und -pläne und forcierte die Dissimilation, indem er die Assimilanten, die sich für das Verbleiben der Juden in Deutschland einsetzten, mit Versammlungsverboten strafte.

Relativ ruhig waren auch die Jahre 1936 und 1937, selbst die Ermordung des Landesgruppenleiters der NSDAP in der Schweiz durch einen Juden im Februar 1936 führte, von örtlichen Krawallen abgesehen, die mit einem Runderlaß Fricks unter Kontrolle gebracht wurden, zu keinen Repressalien: Rheinlandbesetzung und Olympiade standen ja noch bevor.

Die latente Diskriminierung ging freilich weiter, bestimmte jüdische Vereinigungen wurden verboten, jüdische Hilfsbedürftige nicht mehr vom Winterhilfswerk unterstützt.

Nach Beendigung der Olympiade wurde die Agitation wieder schärfer: Goebbels sprach in seiner Rede auf dem Nürnberger Parteitag von „Peitschenhieben in das haßerfüllte Gesicht des Judentums".

Im April 1937 hatte Hitler von der Kennzeichnung der jüdischen Geschäfte gesprochen; sie wurde für die jüdischen Gewerbebetriebe im Juni 1938 eingeführt; ihr folgte eine weitere diskriminierende Maßnahme, die auf eine Intervention des Chefs der Schweizerischen Bundespolizei zurückging: er hatte bei der deutschen Gesandtschaft in Bern gegen die „Überflutung" seines Landes durch Wiener Juden protestiert, für die die Schweiz nicht mehr Verwendung habe als Deutschland. Daraufhin wurden im Oktober die Pässe der Juden eingezogen und erst wieder gültig mit einem eingestempelten roten „J".

Im August wurde – mit Wirkung zum 1. Januar 1939 – dekretiert, daß die Juden den zusätzlichen Vornamen Israel bzw. Sara führen mußten. Im April 1938 entzog man durch ein rückwirkendes Gesetz den jüdischen Kultusvereinigungen die Stellung von Körperschaften des öffentlichen Rechts, sie wurden zu Vereinen des bürgerlichen Rechts, was praktisch bedeutete, daß sie keine Steuern mehr erheben, sondern nur noch freiwillige Beiträge von ihren Mitgliedern fordern konnten. Außerdem traten sie in ein Abhängigkeitsverhältnis zum Staat: Beschlüsse der Kultusgemeinden mußten von der Aufsichtsbehörde genehmigt werden, gegen die Berufung von Mitgliedern der Organe konnten staatliche Stellen Einspruch erheben. Damit ist die Aufzählung der im Jahre 1938 ergangenen Anordnungen keineswegs erschöpft; erwähnt sei aber noch die Zerstörung der Münchner Synagoge im Juni, der Nürnberger im August 1938, noch vor der sogenannten Kristallnacht.

Zentrales Thema der offiziellen Judenpolitik im Jahre 1938 wurde die Verdrängung der Juden aus der Wirtschaft. Was vorher, bis etwa Ende 1937, geschehen war, kann man als schleichende Arisierung bezeichnen, die – und hier bediene ich mich der Definition von Helmut Genschel – „die verschiedensten Formen hatte, vom völlig freiwilligen Verkauf des Geschäftes bis zur terroristischen Erpressung. Im Regelfalle erfolgte sie unter dem ungesetzlichen Druck seitens der Partei, unter wissentlicher Duldung oder Mithilfe untergeordneter Behörden. Innen- und außenpolitische Rücksichten sowie Widerstand im Reichswirtschaftsministerium verhinderten bis 1937 weitergreifende Maßnahmen." Betroffen von der „schleichenden Arisierung" waren vor allem wirtschaftliche Unternehmen in der Provinz und dabei in erster Linie die Textilbranche und Privatbanken.

Der Widerstand im Wirtschaftsministerium wich nach der Entlassung Schachts Ende November 1937. Bis zur Ernennung seines

Nachfolgers, Mitte Februar 1938, hat Göring die Geschäfte geführt und während dieser zehn Wochen das Ministerium zu einem „Exekutivorgan zur Durchführung des Vierjahresplans" umgewandelt. Zwischen Ende 1937 und Herbst 1938 wurde durch Gesetze und durch eine Vielzahl von – zum Teil geheimen – Erlassen und Verordnungen des Wirtschaftsministeriums und des Beauftragten für den Vierjahresplan nach und nach der Arierparagraph in der Wirtschaft eingeführt, wodurch den Juden die Betätigung in den Berufen, in denen sie stark vertreten waren, untersagt wurde. Jüdische Ärzte wurden zu „Krankenbehandlern", jüdische Rechtsanwälte zu „Konsulenten", die nur noch für Juden tätig sein durften. Scheinverkäufe jüdischer Betriebe wurden unter Androhung von Freiheitsstrafen untersagt. Das gesamte in- und ausländische Vermögen, das 5000 RM überstieg, mußte angemeldet werden (einschließlich Schmuck und Kunstgegenstände), der Beauftragte für den Vierjahresplan, also Göring, konnte Maßnahmen treffen, um den Einsatz dieses Vermögens „sicherzustellen", Verkauf und Verpachtung eines gewerblichen, land- oder forstwirtschaftlichen Betriebes – d. h. auch jede „Arisierung" – waren genehmigungspflichtig.

Man schätzt, daß von April bis November 1938 über 4000 Betriebe arisiert wurden.

Erwünschter Anlaß, die Ausschaltung der jüdischen Minderheit weiter voranzutreiben, war das im Zusammenhang mit der sogenannten Polenaktion vom Oktober 1938 stehende Attentat des 17jährigen Herschel Grynspan auf einen Angehörigen der Pariser deutschen Botschaft. Bei der Polenaktion handelte es sich um die Zwangsausweisung von ca. 17000 schon seit Jahren in Deutschland ansässigen Juden polnischer Staatsangehörigkeit – auch Grynspans Eltern gehörten zu den Betroffenen –, denen aufgrund einer Bestimmung der Warschauer Regierung die Ausbürgerung drohte.

Was nach Bekanntwerden des Attentats mit Einzelaktionen am 8. November begonnen hatte, wurde zu dem von Goebbels in der Nacht zum 10. November ausgelösten und in Zusammenwirken von Partei, SA und Teilen aufgestachelter Bevölkerung ausgeführten Massenpogrom, der unter dem Schlagwort „Reichskristallnacht" in die Geschichte eingegangen ist. Es waren blutige, z. T. tödliche Affektentladungen gegen die Juden, Orgien des Antisemitismus, wie es sie in Deutschland seit dem Mittelalter nicht mehr gegeben hatte, die in einigen Orten bis zum 13. November andauerten. Heydrich meldete Göring schon am 12. November, es seien 7500 Geschäfte zerstört, 191 Synagogen in Brand gesteckt, 76 völlig demoliert, 36 Juden getötet, ebenso viele verletzt, über 20000 verhaftet worden. Tatsächlich hatte man über 26000 in die Konzentrationslager Dachau, Buchenwald und Sachsenhausen gebracht. Ihre Entlassung wurde meist von der Vorlage der Auswanderungspapiere abhängig gemacht. Den Gesamtschaden schätzte Heydrich auf mehrere 100 Mill. Mark. Der Pogrom blieb eine „Schuld ohne Sühne". Strafen wurden nur in den Fällen ausgesprochen – immerhin waren entgegen Heydrichs anfänglicher Meldung insgesamt 91 „Fälle von Tötungen" bekannt geworden – in denen Juden ohne Befehl oder befehlswidrig getötet worden waren. Man unterstellte den Tätern auch keine „unlauteren Motive" und bestrafte sie überaus nachsichtig – mit Verwarnung oder Aberkennung der Ämterfähigkeit – nicht wegen Mordes, sondern wegen Disziplinlosigkeit.

Von Hitler mit der einheitlichen Zusammenfassung der „so oder so zur Erledigung" zu bringenden Judenfrage beauftragt, hielt Göring am 12. November mit Vertretern der zuständigen Behörden eine Konferenz ab, auf der unter anderem beschlossen und danach verordnet wurde: den Juden die Zahlung von einer Milliarde Reichsmark als „Sühneleistung" aufzuerlegen und die ihnen zustehenden Versicherungsgelder zugunsten des Reiches zu kassieren. Die ihnen entstandenen Gebäudeschäden mußten sie auf eigene Kosten beheben lassen. Die Beseitigung der Ruinen der zerstörten Synagogen, so schlug das Reichskirchenministerium vor, sollten die jüdischen Gemeinden besorgen. Billigung fand außerdem Heydrichs Vorschlag, im Reich eine Judenauswanderungszentrale einzurichten, ähnlich der, die in Wien seit Sommer 1938 unter Leitung von Eichmann bestand. Heydrichs Erfolgsmeldung, man habe 50000 Juden aus Österreich „herausgebracht", aus Deutschland in der gleichen Zeit aber nur ca. 19 000, wurde von Göring mit dem Hinweis auf die Vertreibung der burgenländischen Juden gedämpft, so daß der Chef der Sicherheitspolizei schließlich noch von ,,mindestens 45 000 durch legale Maßnahmen herausgebrachten Juden" sprach.

Eine Fülle weiterer Restriktionen trat in den folgenden Monaten in Kraft. Sie bedeuteten Zwang, Verbot, Entziehung und betrafen das kulturelle Leben der Juden, ihre Berufsausübung, ihr Eigentum und ihre Freizügigkeit.

Nach dem November 1938 begann – verkürzt formuliert – das Ende der legalen Existenz der Juden in Deutschland, Österreich, der Tschechoslowakei und seit September 1939, mit dem Vorrükken der Wehrmacht, auch das der Juden im übrigen Europa.

Ab 1939 wurde in Berlin die Auswanderung forciert. Göring errichtete Ende Januar im Reichsministerium des Innern die ,,Reichszentrale für jüdische Auswanderung" und übertrug Heydrich die Leitung. Aufgabe dieser Zentrale war, die Emigration, insbesondere der armen Juden, zu beschleunigen. Quasi als Ausführungsorgan wurde auf dem Verordnungswege im Juli 1939 die ,,Reichsvereinigung der Juden in Deutschland" errichtet; sie wurde auch Träger des jüdischen Schulwesens und der jüdischen Wohlfahrtspflege und mußte alle drei Aufgaben aus eigenen Mitteln finanzieren. Alle deutschen und staatenlosen Juden gehörten dieser Vereinigung zwangsweise an, Aufsichtsbehörde war das Reichsministerium des Innern, bzw. wiederum Heydrich. Damit war – und darin liegt die Bedeutung dieser Verordnung – die Kompetenzfrage für die künftige Judenpolitik des Regimes geklärt. Der Gestapo-Chef Heydrich war zuständig, und oberste Instanz war der Reichsführer-SS, Himmler.

Nach Kriegsbeginn schloß sich der Ring um die noch in Deutschland verbliebenen Juden immer enger. Man verhängte eine nächtliche Ausgangssperre, beschlagnahmte ihre Radios, sperrte ihre Telefonanschlüsse, setzte sie bei minimalem Lohn und verdoppelten Sozialabgaben zur Zwangsarbeit in der Rüstung ein, kennzeichnete sie seit Mitte September 1941 mit dem Judenstern. Ihren Wohnort durften sie ohne polizeiliche Erlaubnis nicht verlassen, und schon seit Herbst 1940 waren sie bei der örtlichen Gestapo in einer Judenkartei erfaßt. Eine unvollständige Liste all dessen, was ihnen verboten, verweigert und vorgeschrieben wurde, umfaßt 90 Punkte.

Ende Juli 1941 hatte Göring Heydrich beauftragt, „alle erforderlichen Vorbereitungen in organisatorischer, sachlicher und materieller Hinsicht zu treffen für eine Gesamtlösung der Judenfrage im deutschen Einflußbereich in Europa und in Bälde dafür einen Gesamtentwurf vorzulegen". Mitte September berief sich Himmler auf den Wunsch Hitlers, „möglichst bald das Altreich und das Protektorat vom Westen nach dem Osten von Juden geleert und befreit" zu sehen: Seit diesem Zeitpunkt hatten die Juden in Deutschland eigentlich nur noch das Recht, auf ihre Deportation zu warten. Um daraus auch noch den maximalen materiellen Nutzen für das Reich zu ziehen, erging im November 1941 eine Verordnung, nach der ein Jude, der „seinen gewöhnlichen Aufenthalt im Ausland nimmt" – womit die Deportation zynisch umschrieben wurde –, seine Staatsangehörigkeit verlor. Mit dem Verlust der Staatsangehörigkeit aber verfiel das Vermögen des Juden dem Staat. Auch auf dem Verordnungswege wurde den Juden der letzte Rechtsschutz genommen: Seit Anfang Juli 1943 standen sie unter Polizeirecht, d. h. strafbare Handlungen wurden nicht mehr durch ein Gericht, sondern durch die Polizei geahndet.

Mit Kriegsbeginn war die Möglichkeit, die „Judenfrage" durch mehr oder minder erzwungene Auswanderung zu lösen, blockiert. Das Ziel, Deutschland, das mittlerweile „Großdeutschland" geworden war, und das Protektorat Böhmen und Mähren „judenfrei" zu machen, mußte also auf eine andere Weise erreicht werden. Das gleiche galt für die eingegliederten Reichsgaue Wartheland und Danzig-Westpreußen, denn Hitler wollte in diesen Gebieten „einen harten Volkstumskampf führen" und sie von „Juden, Polacken und anderem Gesindel säubern". Gedacht war zeitweilig an die Bildung eines großen jüdischen Reservats in Ostpolen, im Distrikt Lublin. Es mußte nun ein Deportationsprogramm großen Stils entwickelt werden, womit Heydrich den inzwischen routinierten Judenreferenten des Reichssicherheitshauptamts,

Eichmann, beauftragte. Das Säuberungsprogramm begann im Warthegau und dauerte, trotz mehrfacher Proteste der deutschen Besatzungsbehörden in Polen, z. B. mit dem Hinweis auf die schlechte Ernährungslage in dem „an sich schon völlig überfüllten Gebiet", bis März 1941. In dieser Zeit trafen auch schon Transporte aus Wien, dem Protektorat und Stettin ein, mit denen einige tausend Juden in den Distrikt Lublin deportiert wurden.

Wenn auch bis zum März 1941 ca. 365000 Juden und Polen aus den annektierten Ostgebieten ins Generalgouvernement verschleppt worden sind, so hat Heydrich sein Planziel vom September 1939, nämlich innerhalb eines Jahres eine Million Menschen zu deportieren, nicht erreicht. Zwar ist der Gau Danzig-Westpreußen weitgehend von Juden entvölkert worden. Im Wartheland dagegen lebten im Großghetto Lodz und in anderen Ghettos und Zwangsarbeitslagern noch 250000 Juden unter katastrophalen Bedingungen, die eine immer größer werdende Verelendung und Massensterblichkeit zur Folge hatten.

Ohne Chance einer Realisierung war der zur gleichen Zeit – wie ernsthaft, steht dahin – erörterte Plan, in Madagaskar ein Reservat für Juden zu errichten.

Im Jahr 1941 liegt der Wendepunkt der nationalsozialistischen Judenpolitik, der Übergang von der Phase der Verfolgung mit all ihren Elementen wie Ausschaltung, Enteignung, Kennzeichnung, Versklavung und Austreibung, zur Phase der Vernichtung. Der Gedanke der physischen Vernichtung war von Hitler und seinen Anhängern seit langem immer wieder in Worte gefaßt worden, 1941 wurde mit seiner Realisierung begonnen.

Über den genauen Zeitpunkt, zu dem dieser Entschluß gefaßt worden ist, gehen die Meinungen der Historiker auseinander. Die Zeitspanne, die hierfür in Frage kommt, reicht vom Frühjahr bis zum Spätherbst oder Winter 1941.

Damit hängt eine andere Frage zusammen, nämlich die, ob Hitler eine Art Globalbefehl zur Tötung aller Juden im deutschen Machtbereich gegeben hat, oder ob nacheinander Entschlüsse zur Tötung erst der russischen, dann der polnischen und schließlich der westeuropäischen Juden getroffen wurden. Wenn das letztere der Fall ist, dann ist die Suche nach *dem einen* Befehl und die Bestimmung *des* Zeitpunkts nicht sehr relevant, ebensowenig wie die Suche nach einem *schriftlichen* Befehl für die Vernichtung. In seinen nachgelassenen Memoiren hat Eichmann zu dieser Frage unumwunden erklärt, daß nur im kranken Gehirn eines Dummkopfes die Vorstellung entstehen könne, Himmler habe schriftlich einen Erlaß herausgegeben, in dem die physische Vernichtung befohlen worden sei.

Es liegen zahlreiche Anzeichen dafür vor, daß der Befehl Hitlers, alle im deutschen Einflußgebiet lebenden Juden in die Vernichtung einzubeziehen, im Sommer oder Herbst 1941 ergangen ist. Dabei ist es nur von sekundärer Bedeutung, ob, wie einige Historiker meinen, die nationalsozialistische Führung 1941 schrittweise vom Plan der Deportation zum Plan der Tötung der europäischen Juden gelangt ist, oder ob dieser Entschluß erst dann gefaßt worden ist, als drei Faktoren zusammenkamen:

der militärische Stillstand an der Ostfront,

die Erkenntnis, daß die in Polen vorhandenen Aufnahmekapazitäten der Lager und Ghettos für die schon deportierten Juden nicht ausreichen,

der Wunsch oder die Anweisung Hitlers, die Deportation der reichsdeutschen Juden noch im Jahre 1941 durchzuführen.

Martin Broszat hat die Ansicht vertreten, die physische Vernichtung der Deportierten sei zunächst nur eine Alternative, quasi ein ,,Ausweg" aus einer Sackgasse gewesen, in die das Regime sich selbst hineinmanövriert habe. Die Judenvernichtung sei anfänglich improvisiert, nicht von langer Hand vorbereitet und erst im Winter 1941/42 faktisch zum Programm geworden. Auch er aber geht davon aus, daß dies weder Hitler als Befehlsgeber, noch Himmler oder Heydrich als Ausführende entlastet. Dieser Hypothese gegenüber hat der amerikanische Autor Christopher Browning auf folgendes hingewiesen:

Zwar habe Hitler schon im Herbst die Deportation der reichsdeutschen Juden noch im Jahre 1941 gewollt, für die sofortige Vernichtung der schon Deportierten seien zu diesem Zeitpunkt aber noch keine Anlagen vorhanden gewesen, weshalb provisorische Zwischenlösungen notwendig geworden seien. Dadurch habe der Eindruck einer scheinbaren Unklarheit der Absicht der nationalsozialistischen Führung entstehen können.

Aber, so argumentiert Browning – und diese Argumentation ist m. E. schlüssig – es sei sehr unwahrscheinlich, daß Mitte Oktober 1941 die Massendeportation der Juden eingesetzt habe, *ohne daß* bei den Urhebern Klarheit darüber geherrscht habe, was mit diesen deportierten Juden geschehen solle. Außerdem, auch dieser Hinweis von Browning ist wichtig, ist mit der Errichtung der ersten Vernichtungslager in Polen nachweislich schon im Oktober/November 1941 begonnen worden und dies konnte unmöglich ohne Billigung Hitlers geschehen. Anfang Dezember 1941 hat in Chelmno die erste Vernichtungsaktion mit Hilfe von Gaswagen stattgefunden.

Es ist in diesem Zusammenhang auch an folgendes zu erinnern: schon etliche Zeit vor dem Rußlandfeldzug hat das Regime Möglichkeiten der Massenvernichtung erfolgreich erprobt und Personal dafür ausgebildet, vor allem bei der fälschlich als Euthanasie bezeichneten Tötung von unerwünschten Personen, vor allem Geisteskranken, im Reichsgebiet im Winter 1939/40. Sowohl die Methoden der Tötung wie das Personal wurden für die Vernichtungsaktionen seit 1941 übernommen. Daß die Euthanasie-Aktion, die trotz aller Geheimhaltung unter der Bevölkerung große Beunruhigung ausgelöst hatte, im August 1941 offiziell – aber nicht tatsächlich – eingestellt wurde, hat seinen Grund nicht etwa darin, daß die NS-Führung anderen Sinnes geworden wäre. Grund war vielmehr die Erkenntnis, daß eine Massenvernichtung im Reichsgebiet nicht möglich war. Heydrich war – wie wir hörten – beauftragt worden, eine „Gesamtlösung für die Judenfrage im deutschen Einflußgebiet" vorzubereiten. In diesem Einflußgebiet lebten mehrere Millionen Juden. Eine „Gesamtlösung" konnte nicht mehr in den von den Einsatzgruppen durchgeführten Erschießungen bestehen. Es mußte eine sozusagen technisch-fabrikmäßige Lösung gefunden werden. Man griff auf die Methode zurück, die bei der Beseitigung der Geisteskranken im Reichsgebiet angewendet worden war: Vergasung.

Im September 1941 ist in Auschwitz erstmals das Blausäurepräparat Zyklon-B zur Ermordung von kranken Häftlingen und sowjetischen Kriegsgefangenen benutzt worden.

Nach dem Vernichtungslager Chelmno im Warthegau, in dem Gaswagen eingesetzt wurden, entstanden drei weitere Lager, in denen die Juden in stationären Gaskammern getötet wurden: in Belzec seit März 1942, in Sobibor seit Mai und in Treblinka seit Juli 1942.

Auschwitz-Birkenau und Lublin-Majdanek waren Konzentrations- und Vernichtungslager. Dort wurde selektiert, d. h. es wurden aus den ankommenden Transporten mit Juden der Länder im deutschen Einflußgebiet zwei Gruppen gebildet. Die einen wurden sofort in die Gaskammern geschickt. Die anderen, die arbeitsfähigen Juden, wurden in den in der Nähe eingerichteten Rüstungsbetrieben unter schwersten Bedingungen solange zur Zwangsarbeit eingesetzt, bis sie physisch zusammenbrachen. Die Vernichtung durch Arbeit, wie diese Methode genannt wurde, war Teil des Programms der „Endlösung", wie es im Wannsee-Protokoll formuliert war. Auf dieser Konferenz vom 20. Januar 1942, zu der Heydrich unter Berufung auf seinen Auftrag vom 31. Juli 1941 Vertreter der Reichsbehörden eingeladen hatte, wurde die „Endlösung" nicht etwa erst beschlossen. Der Entschluß dazu war bereits gefaßt und die Vernichtung schon angelaufen. Die Konferenz diente dazu, den Ablauf der geplanten Maßnahmen mit den zuständigen Stellen zu koordinieren, z. B. mit dem Auswärtigen Amt und dem Verkehrsministerium.

In dem Konferenz-Protokoll, das Eichmann verfaßt hat, sind drei Passagen entscheidend:

„Unter entsprechender Leitung sollen nun im Zuge der Endlösung die Juden in geeigneter Weise im Osten zum Arbeitseinsatz kommen. In großen Arbeitskolonnen, unter Trennung der Geschlechter, werden die arbeitsfähigen Juden straßenbauend in diese Gebiete geführt, wobei zweifellos ein Großteil durch natürliche Verminderung ausfallen wird."

„Der allfällig endlich verbleibende Restbestand wird, da es sich bei diesem zweifellos um den widerstandsfähigsten Teil handelt, entsprechend behandelt werden müssen, da dieser, eine natürliche Auslese darstellend, bei Freilassung als Keimzelle eines neuen jüdischen Aufbaues anzusprechen ist."

Das in diesem Passus stehende Schlüsselwort: „entsprechend behandelt" bedeutete die Ausrottung der eventuell Überlebenden, denn ein „neuer jüdischer Aufbau" konnte, entsprechend der Parteiideologie und ihrer Rassedoktrin, nicht zugelassen werden.

„Abschließend wurden verschiedene Lösungsmöglichkeiten besprochen ..."

Hinter dieser Definition verbirgt sich, was der Mehrzahl der Konferenzteilnehmer bekannt war und was Eichmann 1961 in Jerusalem auf Befragen bestätigte: die Erörterung verschiedener Tötungsmöglichkeiten.

Die Zahl der Opfer des nationalsozialistischen Vernichtungsfeldzugs läßt sich nur annähernd feststellen. In Lagern wie Auschwitz und Majdanek wurde der Vernichtungsvorgang soweit wie möglich nach außen abgeschirmt. Die Spuren sind bei einigen Vernichtungsstätten, z. B. in Belzec und Treblinka, noch vor Kriegsende verwischt worden, d. h. man riß die Gebäude ab und planierte das Gelände. Bei den Großaktionen gegen die polnischen und ungarischen Juden haben die Täter weder Namen noch Zahlen registriert. Die Größenordnung ist gleichwohl bekannt: über 300 000 Juden ungarischer, an die 3 Millionen polnischer Nationalität. Über die Zahl der Opfer aus den westeuropäischen Ländern sind wir sogar gut orientiert: 250 000 Juden aus Deutschland, Österreich, Böhmen und Mähren, 100 000 aus den Niederlanden, 75 000 aus Frankreich, 70 000 aus der Slowakei. Aus der laufenden und relativ genauen Berichterstattung der in Rußland tätigen Einsatzgruppen nach Berlin ergibt sich ferner, daß auf sowjetischem Gebiet allein im ersten Dreivierteljahr der nationalsozialistischen Besatzungsherrschaft etwa 750 000 Juden erschossen wurden. Die Gesamtzahl der in Rußland getöteten Juden muß auf über zwei Millionen geschätzt werden. Durch Addition ergeben sich Bilanz und Dimension des Weltanschauungs- und Rassekriegs gegen die europäische Judenheit, zu dem die biologistischen Theoreme und Programme des fanatischen Antisemitismus vielleicht nicht planmäßig, wohl aber mit innerer Logik geführt hatten: Mindestens fünf, eher aber sechs Millionen Opfer.

Werner Röder

Emigration nach 1933

Die Abwanderung ins Ausland war für Gegner und Verfolgte des Nationalsozialismus *eine* der möglichen Reaktionen auf die Kriminalisierung politischer Opposition, die geistig-kulturelle Gleichschaltung und die kollektive Ächtung gesellschaftlicher Gruppen. Für die über eine halbe Million Menschen zählende jüdische Bevölkerung, nach der organisierten Arbeiterbewegung die zweitgrößte „Feindgruppe" aus der Sicht der NSDAP, erwies sich die Auswanderung als einzige Alternative zu Entrechtung, geistiger und psychischer Erniedrigung und Bedrohung von Leib und Leben, da die Rassenideologie ein Arrangement selbst nationalkonservativ gesinnter Juden mit dem Regime ausschloß. Die Juden aus Deutschland zu vertreiben war das eigentliche Ziel der antisemitischen Politik in den Vorkriegsjahren des Dritten Reichs. Daß die jüdische Auswanderung mit Quoten von wenig mehr als 20 000 Emigranten jährlich eine für die Machthaber unbefriedigende Entwicklung nahm und ihnen auch deshalb immer umgreifendere Diskriminierungsmaßnahmen und terroristische Aktionen notwendig erschienen, ist nur zum Teil auf die Hindernisse zurückzuführen, die von der deutschen Bürokratie und, mehr noch, von den möglichen Einwanderungsländern einer Massenemigration in den Weg gelegt wurden: der schrittweise Rückzug auf immer beschwerlichere Positionen des Ausharrens in der Heimat war auch für viele deutsche Juden die einzige ihnen möglich erscheinende Form des Widerstands gegen das NS-Regime. Wenn sich schließlich nach dem Entzug auch der letzten Existenzgrundlagen und nach jahrelang sich steigerndem sozialen und psychischen Druck die Emigration als unvermeidlich, als einziger Ausweg neben dem von vielen gewählten Freitod erwies, war in der Regel auch das Potential an Identifikationsmöglichkeiten mit dem Heimatland und den Deutschen erschöpft. Die Auswanderung wurde zu einem Akt der Trennung, die Erinnerung an Deutschland zur Leidensgeschichte. Diese Haltung nahm bei der Mehrheit der jüdischen Emigranten Endgültigkeit an, als das zuvor für die meisten Juden und Deutschen Unvorstellbare unbezweifelbar geworden war – die Ablösung der nationalsozialistischen Verdrängungspolitik durch den Versuch, im Verlauf des 2. Weltkriegs das Judentum im besetzten Europa physisch zu vernichten. Wer – vor allem unter den jüngeren – auf die NS-Rassenlehre durch das Bekenntnis zum Zionismus geantwortet hatte, begriff seine Auswanderung von vornherein als notwendigen Schritt zur Verwirklichung einer neuen jüdischen Identität. Mit ihren über 500000 Auswanderern (etwa 330000 aus dem Deutschen Reich, 150000 aus Österreich und 25000 aus den Sudetengebieten) markiert deshalb die *jüdische Emigration* aus dem Dritten Reich den Abbruch einer historisch weit gediehenen Entwicklung, das Ende der jüdischen Akkulturation im deutschsprachigen Mitteleuropa.

Fortwirkende Beziehungen zum Dritten Reich und zu seinen Nachfolgestaaten bestanden dagegen bei den beiden anderen Gruppierungen der deutschsprachigen Emigration: der *Kulturemigration* und dem *politischen Exil*. Durch das ,,Gesetz zur Wiederherstellung des Berufsbeamtentums'', die Errichtung der Reichskulturkammer als ständischer Zwangsorganisation und eine Reihe weiterer Maßnahmen gegen die Verbreitung ,,entarteter''Kultur hatte das Regime schon 1933 einer großen Zahl von repräsentativen Schriftstellern, Künstlern und Wissenschaftlern der Weimarer Jahre Arbeits- und Erwerbsmöglichkeiten entzogen. Vielen anderen stellte sich die Frage, ob sie sich in ihrem weiteren Schaffen der NS-Kulturpolitik beugen und so das Risiko der kreativen Verkümmerung und der Isolierung vom internationalen Standard der Künste und Wissenschaften auf sich nehmen sollten. Für die Entscheidung zur Emigration war die zur intellektuellen Opposition oft hinzutretende Gefährdung aufgrund jüdischer Abstammung keineswegs immer der ausschlaggebende Anlaß. Ebenso wie gesellschaftlich engagierte Schriftsteller, Künstler moderner Schulen und fortschrittliche Exponenten der Sozial- und Geisteswissenschaften primär aufgrund ihrer Werkinhalte vom Regime angegriffen wurden, sahen sich viele von ihnen auch oder doch in erster Linie als Gegner des Nationalsozialismus und ihre Emigration als einen Akt des Widerstands gegen seinen kulturellen Totalitätsanspruch. Darüber hinaus blieben viele Intellektuelle schon allein durch ihr „Produktionsmittel", die Muttersprache, an den Entwicklungen in Deutschland interessiert. Die Auswanderung von über 5000 Emigranten, die zur kulturellen Elite des deutschsprachigen Mitteleuropas zählten – unter ihnen 30 damalige und spätere Nobelpreisträger – bereitete dem Dritten Reich einen selbstverschuldeten empfindlichen Aderlaß an wissenschaftlicher und künstlerischer Kreativität. Außerdem konterkarierte die Fortführung eines dem Nationalsozialismus feindlichen deutschsprachigen Kultur- und Geisteslebens im Ausland in erheblichem Maß die internationale Propaganda des „Neuen Deutschland". Vor allem das Auftreten der über 2000 Emigranten aus literarischen und publizistischen Berufen entwickelte sich zusammen mit den Aktivitäten des eigentlichen politischen Exils zu einem nicht unwesentlichen Störfaktor für die nationalsozialistische Außenpolitik. Darüber hinaus ist die Kulturemigration zu einem kaum zu unterschätzenden Förderer der Modernisierung und Internationalisierung von Wissenschaft und Kultur in Deutschland nach 1945 geworden. Die persönliche Rückkehr einzelner und mehr noch die – in diesem Zusammenhang meist nicht bewußte – Rezeption des Werks ehemaliger Emigranten, das häufig spezifisch deutsche Ausgangspunkte mit den Erfahrungen einer Periode freien Wirkens außerhalb der NS-Diktatur verband, trugen nachhaltig zur Revitalisierung des kulturellen Lebens nach dem Ende des 3. Reiches bei.

Wenn wir hier im Interesse der methodischen Faßbarkeit von drei Hauptkategorien der Emigration sprechen, von der jüdischen Massenemigration, der Kulturemigration und dem politischen Exil, so geschieht dies mit schuldbewußtem Blick auf Lion Feuchtwangers Bemerkungen über die „Größe und Erbärmlichkeit des Exils". Er schreibt 1947:

„[Unter den aus Deutschland Verjagten gab es] nicht nur Menschen jeder politischen Gesinnung, sondern auch jeder sozialen

Stellung und jeden Charakters. Jetzt, ob sie wollen oder nicht, bekamen sie alle die gleiche Etikette aufgeklebt, wurden sie alle im gleichen Topf gekocht. Sie waren in erster Linie Emigranten und erst in zweiter, was sie wirklich waren. Viele sträubten sich gegen eine so äußerliche Einordnung, doch es half ihnen nichts. Die Gruppe war nun einmal da, sie gehörten dazu, die Verknüpfung erwies sich als unlösbar."

Auch die ,,äußerlichen Einordnungen", die im Folgenden aus rückblickender Sicht getroffen werden, sind mit diesem Makel behaftet. Sie können die individuellen politischen Gesinnungen, die Gewichtungen und Modifikationen ideologischer Standorte ebensowenig in der ganzen Realität abbilden, wie es die kategoriale Dreiteilung der Emigration vermag, auch die personelle Fluktuation und die verschwimmenden Grenzen zwischen den drei Gruppen auszudrücken. Denn – so Feuchtwanger – ,,die deutsche Emigration war zerklüfteter als jede andere".

Anlaß für die erste Welle der politischen Emigration – von der im weiteren gesprochen werden soll – war die akute physische Gefährdung jener, die aufgrund ihrer Rolle bei der Gründung der Republik als ,,Novemberverbrecher" galten oder als prominente Politiker, demokratische Verwaltungsbeamte, ,,Kulturbolschewisten" und literarische Exponenten der Linken sich einen Ruf als Gegner des Nationalsozialismus erworben hatten; hinzu kam die Bedrohung vieler kommunistischer, sozialdemokratischer und gewerkschaftlicher Funktionäre, die auf lokaler Ebene als militante Antifaschisten bekannt waren und nun persönliche Racheakte örtlicher Nationalsozialisten befürchten mußten. Vor allem nach dem Reichstagsbrand überschritten Tausende als Touristen getarnt oder illegal die jeweils nächsten Grenzen. Ihre Flucht war auch innerhalb der großen Parteien noch unorganisiert. SPD, KPD und die Splittergruppen der Linken sahen sich angesichts zunehmender Behinderung ihrer Organisations- und Pressearbeit ab Frühjahr 1933 gezwungen, ihren Aktionsspielraum durch Vertretungen und Stützpunkte im benachbarten Ausland zu vergrößern. Zunächst unter der Leitung von einigen wenigen Beauftragten stehend, erweiterten sie sich ab Sommer 1933 durch die Ausreise gefährdeter

Spitzenfunktionäre, bis sie nach den endgültigen Parteiverboten im Reich den Charakter von Auslandsleitungen bzw. Parteivorständen im Exil annahmen. Im Rahmen einer dritten Abwanderungsphase, die von 1934 bis in die Kriegsjahre hinein andauerte, erhielt die ,,Parteiemigration" Zuzug durch geflüchtete Mitglieder der innerdeutschen Widerstandsorganisationen. Neben den Parteien, Gruppen und Verbänden, die das Gesamtspektrum der Linken in der Weimarer Republik verkörperten, fanden sich auch Vertreter der bürgerlichen Politik in der Emigration wieder – so die früheren Reichskanzler Joseph Wirth und Heinrich Brüning, die Reichsminister Gottfried Reinhold Treviranus und Erich Koch-Weser oder hohe Ministerialbeamte wie Carl Spiecker und Fritz Demuth; auch ehemalige Nationalsozialisten wie Otto Straßer, Hermann Rauschning oder Ernst Hanfstaengl zählten zu den politischen Kräften des deutschen Exils. Die Zahl der sozialdemokratisch und gewerkschaftlich organisierten Emigranten aus dem Deutschen Reich wurde Ende 1933 auf 3500 Personen geschätzt. 1935 befanden sich neben etwa 65000 ,,rassisch" verfolgten Emigranten aus Deutschland 5000–6000 Sozialdemokraten, 6000 bis 8000 Kommunisten und fast 5000 Oppositionelle anderer Richtungen als Flüchtlinge im Ausland. Im Laufe seiner Arbeiten für das ,,Biographische Handbuch der deutschsprachigen Emigration nach 1933" hat das Institut für Zeitgeschichte 27 ehemalige Mitglieder von Reichs- und Länderregierungen und 267 Reichs- und Landtagsabgeordnete als Exilanten dokumentiert. Nach dem 12. Februar 1934 gesellten sich zu den politischen Emigranten aus Deutschland mehrere Tausend Verfolgte des österreichischen Ständeregimes, also Aktivisten der verbotenen Linksparteien und der aufgelösten Freien Gewerkschaften Österreichs. Mit dem ,,Anschluß" im März 1938 kam neben einer weiteren, unbekannten Zahl von sozialistischen und kommunistischen Illegalen auch eine kleine Gruppe konservativer NS-Gegner aus Österreich hinzu. Ab Herbst 1938 wurde das deutschsprachige Exil schließlich noch durch die politischen Flüchtlinge aus der ČSR erweitert. 4000–5000 Sozialdemokraten und etwa 1500 Kommunisten gelang die Emigration aus den angegliederten Sudetengebieten. Bis kurz vor Beginn des Kriegs dürften annähernd 30 000 Menschen das Deutsche Reich, Österreich und die deutschsprachigen Teile der Tschechoslowakei als politische Emigranten verlassen haben.

Zentren des Exils waren in der Vorkriegszeit Frankreich (mit etwa 9000 politischen Flüchtlingen) und die Tschechoslowakei (ca. 1500), nach 1939 Großbritannien (ca. 5000), Schweden (ca. 1500), die Schweiz (ca. 3000) und – für die kommunistischen Parteien – die Sowjetunion (ca. 2000). Mehrere Tausend politische Flüchtlinge fanden während des Krieges in Nord- und Südamerika, vor allem in Mexiko, Argentinien, Chile, den USA und in Bolivien Asyl.

In der Vorkriegsphase stand bei allen Exilorganisationen der Kontakt zum Widerstand im Inland an erster Stelle der Bemühungen. Dem gemeinsamen Anspruch, Repräsentanten des inneren Widerstands zu sein, wurden in der Praxis am ehesten die Exilvertretungen der alten Arbeiterbewegung und die von ihnen abgespaltenen Gruppen gerecht: Die einen aufgrund ihrer tatsächlichen Anhängerschaft in der Heimat und mit Hilfe parteiähnlicher Organisationen, die sich auf gerettete Verbandsgelder und Zuwendungen aus ausländischen Quellen stützen konnten; die Splittergruppen – vor allem die Gruppe Neu Beginnen und der Internationale Sozialistische Kampfbund (ISK) – dank ihrer frühzeitigen Vorbereitung auf Konspiration und Illegalität, die ihnen nun eine relativ erfolgreiche Zusammenarbeit mit Gesinnungsfreunden in der Heimat ermöglichte. Mit Hilfe von Grenzfunktionären in der ČSR, in Dänemark, den Niederlanden, in Belgien, Luxemburg, Frankreich und in beschränktem Maße auch von Polen, Österreich und der Schweiz aus versuchte man, Informations- und Propagandamaterial in Umlauf zu bringen oder an illegale Gruppen zur weiteren Verbreitung zu liefern. Kuriere und Instrukteure bemühten sich um Verbindungen zu den Widerstandskreisen im Inland, um den Aufbau neuer Organisationen und um Nachrichten über politische und wirtschaftliche Entwicklungen. Aufgrund der zunehmenden Erfolge der Gestapo bei der Aufrollung illegaler Organisationen im Reich war der Höhepunkt dieser Tätigkeit 1935 schon überschritten.

Daß ein erheblicher Teil meist kommunistischer Parteiarbeiter – vermutlich an die 5000 deutsche und österreichische Emigranten – dann an einer geographisch verschobenen Front gegen den Faschismus eingesetzt worden sind und als Soldaten der Internationalen Brigaden in Spanien kämpften, sollte in Deutschland damals auf Anweisung des Reichspropagandaamts unbekannt bleiben.

Die enge Verbindung zwischen Exil und innerdeutschem Widerstand hatte für beide Seiten vor allem subsidiäre Bedeutung: Für die Emigrantenpresse war der Nachrichtenfluß aus dem Reich Voraussetzung, auch jenseits der eigenen Reihen als Informationsquelle ernstgenommen und damit politisch wirksam zu werden. Exilorganisationen, die bei den Bruderparteien und Unterstützungskomitees im Ausland und bei den jeweiligen Partei- oder Gewerkschaftsinternationalen im Konkurrenzkampf der Fraktionen um politische Anerkennung und materielle Hilfe einkamen, taten gut daran, ihre Eigenschaften als Leitzentralen antifaschistischer Aktionen in Deutschland durch illegale Kontakte glaubhaft zu machen. Auf der anderen Seite waren die teilweise in höchsten Auflagen ins Reich transportierten Zeitungen, Broschüren und Flugblätter der Exilorganisationen durch eigene Bemühungen der innerdeutschen Gruppen kaum zu ersetzen: Weit eher als ihre in stets gefährdeter Kleinarbeit vervielfältigten Untergrundschriften schienen die technisch perfekten und oft geschickt camouflierten Propagandamittel der Auslandsvertretungen geeignet, bei Freund und Feind das Gefühl einer ungebrochenen Präsenz ,,der Partei" aufkommen zu lassen. Dieser Effekt einer mit entsprechend hohen Opfern verbundenen Verbreitung von Massendrucksachen wurde vielfach zum eigentlichen Motiv beim Aufbau von Untergrundorganisationen im Reich. Ihm gegenüber traten die politisch-ideologischen Inhalte des illegalen Schrifttums, die den Parteizentralen im Exil als Beleg ihrer innerdeutschen *Führungs*funktionen dienten, in aller Regel in den Hintergrund.

Eine gewiß größere Beeinträchtigung nationalsozialistischer Interessen als die Organisationstätigkeit der Exilgruppen ins Reich hinein bewirkte dementsprechend die ,,Offensive der Wahrheit", der publizistische Kampf gegen das Regime im Ausland. Obwohl er im Verständnis der Exilorganisationen der illegalen politischen Arbeit in der Heimat untergeordnet war, bildete er in der Tat die Hauptaktivität der Gruppen. Weit über 400 Zeitungen, Zeitschriften, Nachrichtendienste, Rundbriefe und Bulletins konnten bisher allein für die reichsdeutsche Emigration namhaft gemacht werden, in ihrer Mehrheit Kampfblätter der Parteien und ideologischen Richtungen. Die wichtigsten Periodika, oftmals Fortsetzungen der ehemaligen Parteiorgane oder von reputierten politisch-kulturellen Zeitschriften, erreichten neben einem deutschsprachigen Publikum in der Tschechoslowakei, in Polen, in der Schweiz, im Saargebiet und in Österreich auch Politiker, Behörden und Redaktionen des Auslands. Pressedienste, Verlautbarungen, Rednerauftritte, die Beiträge emigrierter Journalisten in Presse und Rundfunk der Asylländer, Buchveröffentlichungen prominenter Politiker und bekannter Autoren sowie Erlebnisberichte von Verfolgten trugen des weiteren dazu bei, daß sich die Emigration auf dem Gebiet der internationalen Meinungsbildung zu einem ernstgenommenen Gegner entwickeln konnte.

Die intensiven Abwehrmaßnahmen bewiesen, daß das Dritte Reich zumindest die potentielle Gefährdung seiner Ziele durch die politische Emigration recht hoch eingeschätzt hat. Die schon im Mai 1933 angeordnete listenmäßige Erfassung der politischen Emigranten führte zu einer detaillierten Datensammlung im Reichssicherheitshauptamt, die durch systematische Ausspähung mit Hilfe der diplomatischen Vertretungen, der NSDAP-Auslandsorganisation, von Gestapo-Agenten und nebenberuflichen „V-Leuten" bis Kriegsende laufend ergänzt worden ist. Infiltrations- und Bestechungsversuche, Entführungs- und Mordaktionen jenseits der Grenzen, gezielte Gegenpropaganda, diplomatische Interventionen und auch die kollegiale Zusammenarbeit der Gestapo mit Polizei- und Ausländerbehörden der Asylstaaten sollten den Aktivitäten des Exils die personellen, materiellen und politischen Grundlagen entziehen. Eine besondere Wirkung erhoffte man sich von dem am 14. Juli 1933 erlassenen Gesetz über den Widerruf von Einbürgerungen und über die Aberkennung der deutschen Staatsbürgerschaft, auf dessen Grundlage bis in die letzten Kriegsmonate hinein annähernd 40000 Personen namentlich zu Staatenlosen erklärt wurden. Es richtete sich zunächst ausschließlich gegen emigrierte politische Gegner. Bis April 1939 wurden aufgrund der Recherchen von Gestapo und Auswärtigem Amt etwa 9000 Emigranten der relativen Bewegungsfreiheit beraubt, die ihnen ein gültiger deutscher Reisepaß weiterhin gesichert hätte.

Die Diskussionen, Konflikte und theoretisch-ideologischen Überlegungen innerhalb der politischen Emigration konzentrierten sich zunächst auf die Frage nach den Gründen für das Scheitern der eigenen Bewegung in der Heimat. Mit Ausnahme der kommunistischen Partei, die den Sieg der Reaktion als weiteren Schritt der kapitalistischen Gesellschaft in ihre unvermeidbare Krise und die Sozialdemokratie nach wie vor als Hauptfeind begriff, führte die Niederlage zur Selbstkritik an den politischen Strategien seit dem Ersten Weltkrieg und damit auch zur Infragestellung der ideologischen Theoreme dieser Periode. Unmittelbare Folgen waren in der Regel eine Rückwendung zu linken Traditionen des politischen Denkens und radikale Forderungen an eine künftige Innen-, Wirtschafts-, Sozial- und Kulturpolitik. Dieser ersten Reaktion schlossen sich jedoch bald schon Versuche an, durch Faschismus-Analysen die politische Entwicklung des zurückliegenden Jahrzehnts zu reflektieren. Die Besinnung auf die ,,objektiven Faktoren'' für das Aufkommen und den Sieg des Nationalsozialismus förderte die ideologische Stabilisierung vor allem der sozialdemokratischen Parteileitung und ihre Rückkehr zu den grundsätzlichen Zielvorstellungen und politischen Mitteln der Vor-Exilzeit. Zu den weiterführenden Ergebnissen der historischen Aufarbeitung gehörte in fast allen Lagern des Exils die Erkenntnis, daß der Sieg der Diktatur wesentlich auf die Isolierung der eigenen Bewegung, also auf Fehler in der gesellschaftlichen Bündnispolitik, zurückzuführen sei. Neben gewissen gedanklichen Experimenten unter dem Eindruck der faschistischen Erfolge in Richtung auf einen ,,Volkssozialismus'' förderten diese Überlegungen zunächst aber nur die höchst theoretischen Ansprüche der einzelnen Linksparteien, die politische Einheit der Arbeiterbewegung jeweils unter Führung der eigenen Gruppierung herzustellen.

Der oppositionelle Sozialdemokrat Max Sievers hatte wohl recht, als er in seiner Wochenzeitung „Freies Deutschland" resümierte: „[Die deutsche Emigration] tritt immer nur als die Verkörperung der Vergangenheit auf. Sie weiß nur, woher sie kommt, nicht aber, wohin sie will."

Zu organisatorischen Ansätzen gediehen die Bündnistheorien des Exils erst, nachdem die Komintern auf dem 7. Weltkongreß im Sommer 1935 ihren „ultralinken" Kurs nicht nur durch die Forderung nach der Einheitsfront der Arbeiterbewegung, sondern darüber hinaus durch den Ruf nach einer Volksfront aller Hitlergegner ersetzt hatte. Es zeigte sich jedoch bald, daß die taktische Annäherung der KPD an parlamentarisch-demokratische Prinzipien ohne ein glaubwürdiges Abgehen vom Ziel der Diktatur des Proletariats den Gegensatz zur Sozialdemokratie nicht überbrücken konnte: Die zeitweilige Kooperation zwischen Vertretern der KPD und einzelnen bürgerlichen und sozialdemokratischen Exilpolitikern – so vor allem in Paris innerhalb der Deutschen Volksfront – scheiterte am Führungsanspruch der kommunistischen Partner ebenso wie an der durch Erfahrung gestützten Ablehnung des Parteivorstands der Exil-SPD.

Ähnlich wie für die Germanistik, die die Exil-Literatur immer noch kontrovers bewertet, stellt sich auch der Geschichtswissenschaft die Frage, welche Leistungen und Wirkungen der deutschen politischen Emigration sie – über die notwendige Chronik eines erfolglosen Versuchs zum Sturz der NS-Diktatur und die moralisch pflichtgemäße Würdigung ihrer Bemühungen und Opfer hinaus – als Gegenstand historischer Forschung qualifizieren. Oder ist jener Schlußstrich gültig, den der Emigrant Karl Otto Paetel 1947 resignierend in der *Deutschen Rundschau* gezogen hat? „Die deutsche Emigration hat die Flamme aller antihitlerischen deutschen Ideen, die vor dem ‚Umbruch' in Deutschland Menschen durchglühten, gehütet und bewahrt; 13 Jahre lang. Aber sie hat – scheint es heute – keine neue verpflichtende Vision herausgestellt, sie hat in keiner gültigen Formulierung die Schwerkraft der alten Organisationen zu brechen, die Starrheit der alten Dogmen zu lösen vermocht ... Es gibt inmitten eines Dschungels von Programmerklärungen und Analysen der Zeit kein einziges Dokument, das zur Plattform einer neuen geistigen und politischen Standortbestimmung dienen könnte."

Paetels Feststellung trifft zweifellos zu für all jene Gruppen und Richtungen, die mit der Zerstörung der Weimarer „Zwischenkultur", durch die von den Nationalsozialisten vollzogene Auflösung der „Republik der Außenseiter" ihre spezifische soziale und intellektuelle Basis verloren hatten. Ihre Emigration war zwar – wie das Exil der großen Arbeiterparteien – zunächst nur ein als temporär empfundenes Ausweichen vor der Diktatur. Anstelle einer historischen „Umleitung", die andere Gruppierungen schließlich wieder in den Strom innerdeutschen Geschehens zurückführte, erwies sich das Exil hier jedoch als versickernder Nebenarm, sozusagen als „River of No Return". Dies gilt für Paetels eigene Wahlverwandtschaft, die Nationalrevolutionären, ebenso wie für die zahlreichen Sondergruppen der Linken, die zwischen KPD und SPD den revolutionären „Dritten Weg" verfolgten. Und es gilt vor allem auch für jene rechts- und linksintellektuellen Kritiker der Weimarer Demokratie, die mit ihrer scharfsichtigen Krisendiagnostik die Lust am Untergang der Republik und der saturierten Bürgerlichkeit verbunden hatten. So ist die gleichermaßen verwirrende wie intellektuell und biographisch faszinierende Landschaft der Vorkriegs-Emigration in der Tat ein interessantes Feld organisations- und ideengeschichtlicher Archäologie und unverzichtbar für den Historiker, der *dieses* Milieu der ersten deutschen Republik auch über den Machtantritt der Nationalsozialisten hinaus mit Erkenntnisgewinn verfolgen will. Was Paetel wie viele andere Emigranten in den ersten Nachkriegsjahren zur tief pessimistischen Beurteilung der geschichtlichen Leistung des Exils veranlaßt hat, dürfte jedoch in erster Linie die Erkenntnis gewesen sein, daß die ideelle Einheit im Kampf für Deutschland und gegen Hitler, die proklamierte – wiewohl in der Praxis nie repräsentativ vollzogene – *antifaschistische* Gemeinsamkeit der politischen Emigration noch vor dem Ende der NS-Herrschaft endgültig zerbrochen war und sich spätestens seit 1943 das „Andere Deutschland" in zwei gesonderten Lagern gesammelt hatte. Dort, also in der Trennung, die zu jeweils neuen Qualitäten geführt hat – so lautet die These dieser Überlegungen –, ist die eigentliche, in der Realität fortwirkende Bedeutung der Exilgeschichte aufzusuchen. Der mit der Entwicklung des westdeutschen Staates eng verbundene Traditionsstrang soll hier abschließend skizziert werden.

Ausgangspunkt, wenn nicht Voraussetzung dieses Prozesses war die Zerstörung der seit 1933 gewachsenen Sozialstruktur der Emigration durch die deutsche Besetzung Westeuropas. Auch die ehemals so vielfältige Publizistik des Exils hatte damit ihr Ende gefunden. Außerhalb der Sowjetunion hielten sich nur noch in New York und in einigen lateinamerikanischen Staaten Exilzeitschriften und Buchverlage mit erwähnenswerter Resonanz. Ein direkter Kampf gegen den Nationalsozialismus war in der Regel nur noch im Rahmen der alliierten Kriegsanstrengungen möglich. Außerhalb der kommunistischen Emigration haben einzelne Mitglieder und Funktionäre der Exilparteien und eine Reihe ihnen nahestehender Intellektueller und Publizisten in dieser Weise einen persönlichen Beitrag zur Niederwerfung des NS-Regimes zu leisten versucht: als Mitarbeiter von Propagandaeinrichtungen, als Berater bei kriegswichtigen Behörden oder im Dienst der alliierten Streitkräfte. Die Parteien und Gruppen selbst machten dagegen eine organisierte Zusammenarbeit mit den militärischen Gegnern Hitlers von einem Mindestmaß deutschlandpolitischer Zielidentität bzw. einem gewissen Freiraum für eigenständige Aktionen abhängig. Da Amerikaner und Briten aus grundsätzlichen Erwägungen eine auch nur einigermaßen selbstbestimmte Mitwirkung deutscher Organisationen als Verbündete im Kampf gegen das Dritte Reich ablehnten, waren deren Handlungsmöglichkeiten äußerst begrenzt.

Das ambivalente Verhältnis des Exils zu den Kriegszielen der Alliierten war schon in seinen Positionsschriften zu Ende der 30er Jahre vorgezeichnet. Neben den deutschen Kommunisten mit ihrer bis 1941 von der Komintern bestimmten Definition des „imperialistischen Krieges" sahen auch die übrigen politischen Gruppen die militärische Auseinandersetzung mit dem Dritten Reich mehr oder weniger als traditionellen Interessenkonflikt zwischen imperialistischen Mächten und nicht ausschließlich als „Bürgerkrieg zwischen Demokratie und Diktatur". Andererseits gingen sie aber auch davon aus, daß die Kette der äußeren Erfolge des Regimes nur durch den militärischen Widerstand des Auslands gebrochen werden könne und dem Sturz des Nationalsozialismus durch die deutsche Opposition Rückschläge an den Fronten als auslösendes Moment vorangehen müßten. Nach dem Wahlspruch „Für Deutschland, gegen Hitler!" ergab sich daraus eine zwangsläufige Solidarität mit dem militärischen Kriegsziel der Alliierten.

Zunächst sahen die Exilgruppen in den Friedenszielen der britischen Labour Party, in der Atlantik-Charta, den Erklärungen Stalins vom November 1941 und vom Mai 1942 oder in der Rundfunkrede Churchills vom Mai 1943 durchaus Voraussetzungen für den Aufbau eines unabhängigen demokratischen Deutschlands innerhalb einer europäischen Staatengemeinschaft. Es galt deshalb, in der Öffentlichkeit, bei Parteien und Politikern der Gastländer um Vertrauen für die selbstregenerativen Kräfte des „Anderen Deutschland" zu werben. Der Kampf gegen die „vansittartistische" These von der grundlegend autoritären, militaristischen, imperialistischen und humanitätsfeindlichen Natur des deutschen Volkes und seiner Kollektivschuld an Aufstieg und Verbrechen des Nationalsozialismus wurde zu einem der Hauptanliegen des Exils. Nachdem auf der Konferenz von Teheran Ende 1943 das Einverständnis der Mächte mit der Abtretung deutscher Gebiete an Polen bekanntgeworden war und Pläne zur Aufteilung des Reichs in den Diskussionen auftauchten, versuchten die nichtkommunistischen Exilgruppen, durch Protest, Memoranden und Stellungnahmen den Plänen für Gebietsabtrennungen, Bevölkerungstransfer, Entindustrialisierung und staatliche Zerstückelung Deutschlands entgegenzutreten. Mit der Einsicht in die Vergeblichkeit solcher Aktionen wurde die antifaschistische Periode des Exils von einer Phase des demokratischen Patriotismus abgelöst, der zwar weiterhin den Nationalsozialismus als Hauptfeind begriff, in erster Linie aber die politische Selbstbestimmung, die territoriale Unversehrtheit und die materiellen Existenzmöglichkeiten des deutschen Nationalstaats in den Mittelpunkt seiner Überlegungen stellte.

Für die auf Heimkehr wartenden Exilpolitiker bekam nunmehr die Devise „Mit dem Gesicht nach Deutschland!" einen anderen Gehalt. Hans Vogel, der letzte Vorsitzende des sozialdemokratischen Parteivorstands im Exil, bekannte im Oktober 1944 bei einer Trauerfeier für die deutschen Opfer des NS-Regimes:

„Wir deutschen Sozialdemokraten wünschen trotz der Nichtanwendung der Atlantik Charter auf Deutschland noch immer den Zusammenbruch des Dritten Reiches. Aber mit unverhohlener Sorge betrachten wir die Umstände, unter denen dieser Zusammenbruch vor sich zu gehen scheint. Der Sieg über Hitler ist nicht gleichzeitig ein Sieg der Demokratie ... Wir sind nur für die bedingungslose Kapitulation der Nazis und ihrer Generale. Aber wir sind gegen die bedingungslose Kapitulation des deutschen Volkes ... Wenn die Pläne über die Behandlung Deutschlands, die jetzt im alliierten Lager vorgeschlagen werden, Wirklichkeit werden, dann ist es schwer zu sehen, wie Deutschlands Schicksal verschieden sein sollte von dem düsteren Bilde, das die Nazis entwerfen. Dagegen werden wir kämpfen, selbst wenn sich wie jetzt die ganze Welt gegen uns zu wenden scheint!"

Die Haupttätigkeit der Exilorganisationen galt ab 1943 der Ausarbeitung von politischen, sozialen und wirtschaftlichen Plänen und Programmen für eine autonome deutsche Nachkriegsrepublik. Sie sollten den demokratischen Kräften in der Heimat eine einsatzfähige Konzeption in die Hand geben und den Westmächten nach dem erwarteten Fiasko ihrer Besatzungspolitik als Alternative dienen. Denn trotz aller harten Bedingungen, die Washington und London dem besiegten Deutschland zu diktieren gedachten, sah die sozialdemokratische Führung die langfristige Zukunftsperspektive im deutschen Bündnis mit den westlichen Demokratien: Zum einen setzten sie ihre Erwartungen in den wirtschaftlichen und politischen Zwang zu einer Föderation der mittel- und westeuropäischen Staaten, die früher oder später auch zur Eingliederung des auf diese Weise zum Partner aufsteigenden deutschen Gemeinwesens führen müsse. Zum anderen aber sah man voraus, daß die Westmächte sehr bald in Konflikte mit der expansiven Sowjetunion gerade in der europäischen Kernzone verwickelt sein würden. Gewisse Revisionen des Kriegsergebnisses zugunsten eines demokratisch orientierten Deutschlands sollten dann in den Bereich des Möglichen rücken. Während mehrjähriger interner Beratungen, die vor allem in London zwischen der Exil-SPD und den linken Sondergruppen SAP, Neu Beginnen und ISK stattfanden, ergaben sich die Konturen einer sozialdemokratischen Einheitspartei, die die zentrale Frage des künftigen politischen Bündnisses von der traditionellen Fixierung der Linken auf die Konkurrenz um die Führung einer geeinten Arbeiterklasse ablöste: Nur durch das Zusammenwirken der freiheitlichen Arbeiterbewegung mit dem demokratisch gesinnten Teil des Bürgertums werde die Verwirklichung einer zeitgemäßen Sozialordnung möglich sein. Als gemeinsame Basis konnte die allgemeine Überzeugung gelten, daß Privat- und Staatskapitalismus durch die ökonomischen und politischen Erfahrungen der dreißiger Jahre und die Instrumentalisierung der Wirtschaft für die Kriegspolitik des Dritten Reiches endgültig diskreditiert worden waren. An ihre Stelle sollte eine sozialistische Planwirtschaft treten, die ihre Produktionsziele am Konsumbedürfnis der Mehrheit ausrichten würde; Werktätigen und Verbrauchern sollte ein wirtschafts- und rätedemokratisches Verfahren weitgehende Mitbestimmung garantieren. Während die Linksgruppen anfangs noch forderten, diese Neuordnung gegebenenfalls auch mit den Mitteln einer revolutionären Kampfpartei zu verwirklichen, sahen die Sozialdemokraten ihre Aufgabe darin, die Bevölkerungsmehrheit im Rahmen einer künftigen pluralistischen Demokratie von dem Gemeinwohlcharakter dieser Politik zu überzeugen. Um so mehr schien es geboten, das Wiedererstehen klassenmäßiger Parteischranken zu verhindern, die den erstrebten politischen Grundkonsens der Gesamtnation gefährden würden. Die geeinte sozialdemokratische Partei sollte nicht nur in der Lage sein, die Interessen einer Mehrheit jenseits der traditionellen Industriearbeiterschaft zu vertreten, sondern sich auch in ihrem weltanschaulichen Selbstverständnis dem pluralistischen Prinzip öffnen. Was vor 1939 nur feste Position der sozialdemokratischen Führung gewesen war, wurde bis Kriegsende einigender Grundsatz aller sozialistischen Gruppierungen im Exil: die Ablehnung jedes Bündnisses mit einer unter sowjetischem Einfluß stehenden kommunistischen Partei. Ihrerseits hatte die KPD in der Kriegszeit ihr Bündniskonzept auf die Zusammenarbeit mit bürgerlichen Kräften reduziert. Es erlebte einen vorübergehenden Aufschwung durch die Moskauer Gründung des Nationalkomitees „Freies Deutschland" im Juli 1943, nach dessen Muster bald Freie Deutsche Bewegungen in den westlichen Exilländern entstanden. Entscheidendes Moment waren dabei die weitgehenden Zugeständnisse, die die Sowjetunion einer wirksamen deutschen Widerstandsbewegung einzuräumen bereit schien. Angesichts der zu erwartenden harten Haltung der Westmächte gegenüber einem besiegten Deutschland weckte der sowjetische Schritt gerade bei den nationalgesinnten Kreisen des Exils Hoffnungen auf ein neues Tauroggen. Die Moskauer Deutschlandpolitik ab 1944 entzog schließlich auch dieser Koalition jede Grundlage. Nach 1945 wurde die „Blockpolitik" mit bürgerlichen Organisationen unter Gleichschaltung oder Ausschluß der sozialdemokratischen Parteien zu einem konstitutiven Element der kommunistischen Strategie in Ost- und Mitteleuropa.

Fünf konstituierende Elemente westdeutscher Nachkriegsentwicklung sind in den relativ kurzen Kriegsjahren, die wir hier als die post-antifaschistische Periode des politischen Exils bezeichnet haben, von deutschen Emigranten in den Grundlinien formuliert worden:

1. Die sozialdemokratische Volkspartei, deren weltanschauliche und soziale Bandbreite groß genug sein sollte, um sozialistische und bürgerliche Demokraten unter einer politischen Zielsetzung zu vereinigen;

2. Die unabhängige Einheitsgewerkschaft zur Vertretung der ökonomischen Interessen der Lohnabhängigen auf wirtschaftspolitischer Ebene und mit wirtschaftspolitischen Mitteln;

3. Der positive politische Fundamentalkonsens von Parteien und Bevölkerung als Grundlage einer lebensfähigen Republik nach Hitler; damit verbunden

4. Die Absage an ein Klassenbündnis oder eine politische Aktionseinheit mit einer leninistischen Grundsätzen folgenden Kommunistischen Partei; und

5. schließlich die politische, wirtschaftliche und kulturelle Orientierung des künftigen Deutschlands nach Westeuropa hin.

Der direkte Wirkungsstrang zwischen diesen Konzeptionen der Jahre 1943 bis 1945 und der Geschichte der Bundesrepublik wird wohl teilweise Gegenstand von Vermutungen bleiben müssen. Andererseits hat aber die Tatsache doch Aussagekraft, daß wohl über die Hälfte der politischen Emigranten nach Kriegsende zurückgekehrt ist, daß zwischen 1945 und 1971 in Westdeutschland 28 Mitglieder von Bundes- und Länderregierungen, 159 Parlamentarier und 90 Mitglieder zentraler Partei- und Gewerkschaftsvorstände aus dem politischen Exil gekommen sind. Ähnliche Zahlen wären für Mitteldeutschland und die DDR zu nennen. Zumindest beweist dieser Befund die von den Exilanten getragene Kontinuität, die ein Stück nicht-nationalsozialistischer deutscher Geschichte zwischen 1933 und 1945 außerhalb Deutschlands begründet hat.

Günter Plum

Widerstand und Resistenz

Der Nationalsozialismus hat sich zweimal, am Anfang und gegen Ende seiner Herrschaft, einem Widerstand bedrohlichen Ausmaßes gegenübergesehen. Von der Machtübernahme an und über die Phase der Machtsicherung hinaus haben Sozialdemokraten, Gewerkschaftler, vor allem aber Kommunisten und Angehörige der politisch zwischen KPD und SPD angesiedelten kleinen Parteien und politischen Gruppen wie die Sozialistische Arbeiterpartei, die KPD-Opposition, oder „Neu Beginnen", ohne Rücksicht auf die Folgen für die eigene Person, sich gegen die nationalsozialistische Herrschaft aufgelehnt und illegalen Widerstand organisiert. Angesichts des nationalsozialistischen Machtapparates hätte dieser Widerstand nur dann eine Chance gehabt, wenn sein Ziel, die Deutschen – allen voran die Arbeiterschaft – gegen den Nationalsozialismus zu mobilisieren, erreichbar gewesen wäre. Die überwiegende Mehrheit der Deutschen, vor allem des Bürgertums und auch der aristokratischen Oberschicht waren aber in dem doppelten Irrtum befangen, daß die Nationalsozialisten so etwas wie Vollender der eigenen konservativen bis reaktionären politischen Ordnungsvorstellungen seien, und daß ganz allgemein von der politischen Linken und speziell der KPD Gefahren für den Bestand des Deutschen Reiches ausgingen. Diese Mehrheit der Deutschen, darunter auch manche, die dem Nationalsozialismus skeptisch gegenüberstanden, hat aus solchen Gründen der brutalen Verfolgung der Linken fast ganz kritiklos zugesehen und sie als vielleicht bedauerlichen aber notwendigen Reinigungsprozeß beurteilt. In einem – nicht quantifizierbaren – Teil des Bürgertums und des Adels ist dann mit wachsender Einsicht in die verbrecherischen Praktiken des Nationalsozialismus die Skepsis größer geworden und die anfängliche Zustimmung schrittweise verlorengegangen. Nur einige wenige Frauen und Männer sind allerdings über diese passive Ablehnung hinausgegangen und zur tatbereiten Gegnerschaft vorgestoßen. Daraus erwuchs dann die zweite für den Nationalsozialismus bedrohliche Widerstandsbewegung, deren Aktionen im Aufstandsversuch des 20. Juli 1944 kulminierten.

Diese politische und aufgrund unterschiedlicher Beurteilung des Nationalsozialismus auch zeitliche Trennung der Widerstandsbewegungen war ein Resultat des politischen und sozialen Bruchs, der die Gesellschaft in Deutschland durchzogen hatte; Ansätze zur Überwindung, wie sie durch die Mitarbeit von Sozialdemokraten und Gewerkschaftlern in den Widerstandsgruppen im Umkreis des 20. Juli und durch deren Versuche der Kontaktaufnahme mit kommunistischen Gruppen gegeben waren, scheiterten zusammen mit dem Attentatsversuch. So nimmt die Trennung vielleicht mehr als nur symbolisch die Diskrepanzen in der Historiographie des Widerstandes in Deutschland vorweg.

Zwar ist die in Deutschland erschienene Literatur über den Widerstand Legion, sie umfaßt wohl einige tausend Titel. Obgleich jedoch darin ein weites Spektrum von Widerstandsgruppen, -kreisen und -zirkeln aller politischen und ideologischen Richtungen vorgestellt, politische Anschauungen und Ziele, Organisations- und Aktionsformen des Widerstandes beschrieben wurden, ist der Wissens- und Forschungsstand nur scheinbar gut; denn die Widerstandsforschung in Deutschland stand und steht im Zeichen einer (schon in der Besatzungszeit einsetzenden) politisch motivierten „Aufteilung" des Widerstandes zwischen der Geschichtswissenschaft in der Bundesrepublik Deutschland und in der Deutschen Demokratischen Republik. Dienten doch Widerstand und Widerstandsforschung in beiden Teilen Deutschlands teils offen, teils mehr oder weniger unbewußt der Legitimation der jeweils neuen staatlichen Ordnung.

Bereits die ersten Veröffentlichungen Deutscher über den Widerstand im nationalsozialistischen Deutschland verfolgten neben historischen auch politische Absichten. Die westlichen Alliierten hatten gegen Ende des Zweiten Weltkrieges den bürgerlich-militärischen Widerstand und den Aufstandsversuch des 20. Juli 1944 in ihr Bild vom deutschen Militarismus eingeordnet. Sie neigten dazu, Hitlers Diktum von der „kleinen Clique ehrgeiziger Offiziere" zu übernehmen und in den Akteuren des 20. Juli vom Nationalsozialismus politisch nur graduell unterschiedene Militaristen zu sehen, die durch Opferung Hitlers nur einen relativ milden Verhandlungsfrieden erreichen, die Alliierten um den vollen Sieg betrügen und den deutschen Militarismus vor der Katastrophe retten wollten. Solange der Krieg andauerte, schienen der politischen und militärischen Führung der westlichen Alliierten Nachrichten über deutschen Widerstand generell unerwünscht; Kenntnisse von der Existenz einer größeren Zahl konsequenter Gegner des Nationalsozialismus in Deutschland könnten, so fürchtete man, der Kampfmoral der alliierten Truppen und dem Durchhaltewillen der Bevölkerung abträglich sein. Von dieser propagandistischen Linie abzugehen, taten sich die Besatzungsmächte auch nach Kriegsende schwer, sei es aus Furcht vor Relativierungen des Nonfraternisation-Grundsatzes, sei es angesichts der Kollektivschuld-These. Die daher in der Schweiz und in England veröffentlichten ersten Darstellungen über den deutschen Widerstand mußten auch gegen dieses politische Tabu geschrieben werden.

Diejenigen, welche sich „im Westen" zunächst zum Thema Widerstand zu Wort meldeten, waren meist Beteiligte oder den Ereignissen Nahestehende; ihren Schilderungen lagen die eigenen Erinnerungen zugrunde. Obgleich darin die Darstellungen des bürgerlich-militärischen Widerstandes quantitativ überwogen, erfuhr doch auch der Widerstand von Kommunisten und Sozialdemokraten eine angemessene – wenngleich Hintergründe und Zusammenhänge nur begrenzt aufhellende – Würdigung. Allerdings zeigten sich schon früh bezeichnende Einschränkungen: Kommunistischer Widerstand, schrieb z. B. Rudolf Pechel, sei nur zu berücksichtigen, soweit er sich zur großen Gemeinschaft aller Hitlergegner zähle. Das war wohl kaum ideologisch gemeint, denn die kommunistische Widerstandsgruppe um Anton Saefkow und Franz Jacob, die Pechel meinte, war für einen bürgerlichen Autor ideologisch kaum positiv zu werten. Saefkow und Jacob waren aber *die* Kommunisten, mit denen Julius Leber – im Einverständnis mit Claus Schenk von Stauffenberg – im Juni/Juli 1944 Kontakt aufgenommen hatte. Die Gemeinschaft aller Hitlergegner wurde dadurch auf den Umkreis des 20. Juli perspektivisch verkürzt, eine Tendenz, die sich in der Folgezeit verschärfte. Dazu hat das für die historische Wertung des gesamten Widerstands problematische Kriterium des „Erfolgs" beigetragen. Da der Aufstandsversuch des 20. Juli aufgrund der konkreten Umsturzplanung die einzige Aktion bildete, die dem Ziel, Hitler zu beseitigen, nahe gekommen war, wurde er zum Symbol für den gesamten Widerstand. Angesichts seines Scheiterns jedoch wurde „Erfolg" als Beurteilungskategorie generell für den Widerstand von den ethischen Motiven verdrängt, welche die am 20. Juli Beteiligten in den Widerstand getrieben hatten, insbesondere ihre Überzeugung, unbeschadet des Erfolgs oder Mißerfolgs und damit auch des persönlichen Schicksals durch das Attentat die Fortexistenz moralischer Substanz in Deutschland beweisen zu müssen. Der so ins Zentrum der Beurteilung gerückte „Vorstoß zum Prinzipiellen", ein Wandlungsprozeß, der von anfänglicher Kollaboration oder unpolitischem Desinteresse erst im Zuge wachsender Einsicht zum Widerstand hinführte, war vor allem für die bürgerlich-militärische Opposition typisch. Je mehr man aber diesen Prozeß zum Merkmal von Widerstand überhaupt machte, um so weniger wurden diejenigen oppositionellen Kräfte erfaßt, die keinen Wandlungsprozeß hatten durchlaufen müssen.

Parallel zu dieser historiographischen Entwicklung wurde die Beurteilung des Widerstandes auch in die vom „Kalten Krieg" beeinflußten Konsolidierungsprobleme der Bundesrepublik hineingezogen. Deren Lage Anfang der fünfziger Jahre, angesichts des Kommunismus in der DDR und des Kommunismus wie auch des Neo-Nazismus in der Bundesrepublik, schien es nötig zu machen, den historischen Gegnern des Nationalsozialismus ein Recht auf Widerstand nur in einer Form zuzugestehen, die eine Ableitbarkeit in die Gegenwart ausschloß. *Rechtmäßiger* Widerstand wurde als Wiederherstellung einer rechtlichen Urordnung umschrieben, als Handeln in Grenzsituationen oberhalb „alltäglicher" politisch-sozialer Prozesse. Revolutionärer Widerstand „nur" gegen soziale

Unterdrückung oder autoritäre Entwicklungen war somit kein rechtmäßiger Widerstand, eine Theorie, die sich deutlich gegen Widerstand von der Basis der Gesellschaft her richtete. Dabei war auch die im Aufbau befindliche Bundeswehr im Blick, wenn dem Hochverrat, dem Landesverrat oder einem Eidbruch Widerstandsqualität nur zur Wiederherstellung der rechtlichen Urordnung zugebilligt wurde, von Desertion gar nicht zu reden. Diesen rechtstheoretischen Anspruch schienen nur die bürgerlich-militärischen Widerstandskreise zu erfüllen, die daher zunehmend als Teil der Tradition der Bundesrepublik und Legitimationsfaktor herangezogen wurden. Zwar ist diese Tendenz in Teilen der Literatur dadurch gestützt worden, daß die Neuordnungspläne dieser Kreise dem etwas unscharfen Begriff „freiheitliche Demokratie" zugeordnet wurden; das schließlich in den fünfziger Jahren ins öffentliche Bewußtsein projizierte Bild des Widerstandes, in dem Kommunisten keinen und Sozialdemokraten nur wenig Platz hatten, ist dann doch wesentlich ein Produkt der gesellschaftspolitischen Intentionen der Führungsschicht in der Bundesrepublik gewesen.

Der antifaschistische Widerstand gegen das Dritte Reich – Gegenstand der Geschichtswissenschaft in der DDR – ist Teil des revolutionären Kampfes der Arbeiterklasse unter Führung der kommunistischen Partei und hat die Funktion, die Kontinuität dieses Kampfes zu belegen. Sehen sich die DDR und die weiteren nach 1945 entstandenen sozialistischen Staaten in dieser Kontinuität und als Vollendung der politischen Ziele der Arbeiterklasse, so beziehen die kommunistischen Parteien als jeweils „führende Kraft" im antifaschistischen Widerstand daraus ihre Führungslegitimation. Da Existenz und antifaschistisch-demokratische Verfassung der DDR die Kontinuität und Richtigkeit der Politik der KPD beweisen, bezieht daraus die der KPD nachfolgende Einheitsfrontorganisation SED *ihre* Legitimation und die Bestätigung ihres Führungsanspruchs. Diese Terminologie läßt bereits erkennen, daß die Geschichtswissenschaft in der DDR speziellen Ansprüchen zu genügen hat. Sie hat nicht im wenig oder unbekannten Geschehen der Vergangenheit nach Fakten zu suchen, die neue Erkenntnisse vermitteln oder vorhandene Kenntnisse zurechtrücken. Sie hat vielmehr für das aus der Ideologie abgeleitete Wissen weiteres Beweismaterial beizubringen.

Dementsprechend ist der Gegenstand der Forschung nicht einfach Widerstand gegen den Nationalsozialismus, sondern antifaschistischer Widerstand, also spezifisches Handeln im Rahmen des anhand der kommunistischen Faschismustheorien definierten Antifaschismus. Dieser ist seiner Qualität nach international und tritt überall dort auf, wo sich Faschismus bemerkbar macht oder zur Macht gelangt. Der Übergang zum antifaschistischen Widerstand ist fließend und wird bestimmt von den Organisationsformen des Kampfes und dem Ausmaß der notwendigen Illegalität. Antifaschismus/antifaschistischer Widerstand ereignete sich nur im Umfeld des organisierten Kommunismus, sei es innerhalb der kommunistischen Partei, sei es im Verbund mit ihr, insbesondere aber nur in Verfolgung der von der Parteiführung vorgegebenen politischen Strategie. Da nun die Legitimation der SED und ihrer Führung davon abhängig ist, daß die KPD und ihr Zentralkomitee die richtige antifaschistische Politik betrieben und das Zentralkomitee den antifaschistischen Widerstand erfolgreich geleitet haben, beginnen an diesem Punkt die Probleme der Geschichtswissenschaft in der DDR.

So hatte die KPD – den theoretischen Einschätzungen der Kommunistischen Internationale blind folgend – die Qualifizierung als Faschismus inflationistisch auf alle politischen Gegner ausgeweitet: sie agitierte gegen Zentrumsfaschismus, Brüningfaschismus, Papenfaschismus und – mit politisch katastrophalen Folgen – gegen den Sozialfaschismus ihres „Hauptfeindes", der SPD; ihr schienen endlich Parlamentarische Demokratie und Faschismus nur graduell unterschieden. Aus diesen Fehlbeurteilungen folgte notwendig die völlige Unterschätzung der NSDAP, ihrer Anhängerbasis und der möglichen Beschaffenheit ihrer Herrschaftspraxis. Entsprechend waren die ohnehin bescheidenen Vorbereitungen auf die Illegalität inadäquat. Allerdings lag es wohl auch an der jeglicher innerorganisatorischen Demokratie ermangelnden Struktur der Kommunistischen Internationale im allgemeinen und der KPD im besonderen, daß die zentralistische Organisationsstruktur und Organisationspraxis in der Illegalität weitergeführt und auch angesichts der immer erneuten Zerschlagung der mittleren und unteren Parteiorganisation durch die Gestapo beibehalten wurden. Aus den Fehlbeurteilungen resultierte auch die Illusion, daß der Nationalsozialismus schnell abwirtschaften werde, daß die ökonomische Krise in Deutschland zunehme und daß daher der Einfluß der KPD auf die werktätigen Massen im schnellen Tempo wachse. Die der illegalen Organisation von der Parteiführung aufgrund dessen abgeforderten Kampfformen, Streiks und Demonstrationen zu organisieren sowie mit Flugblättern und Zeitungen Agitation zu betreiben, waren so selbstmörderisch wie illusionär; sie stießen nicht auf Resonanz, zumal der Kampf gegen die Sozialdemokratie unvermindert fortgesetzt wurde, sie hinterließen der Gestapo leicht verfolgbare Spuren und überforderten die durch dauernde Verhaftungen zunehmend dezimierten Kader völlig. Dennoch wurde diese Strategie erst 1934 allmählich in Frage gestellt und 1935 vom VII. Weltkongreß der Kommunistischen Internationale für falsch erklärt.

Da nun für Theorie und Praxis der Politik kommunistischer Parteien und ihrer Führung wissenschaftlich begründete und begründbare Gradlinigkeit und Richtigkeit postuliert wird, da also grundlegende politisch-strategische Fehler der kommunistischen Parteiführung die auf der grundsätzlichen Unfehlbarkeit von Parteiführungen basierende Legitimation der SED-Führung fraglich machen konnten, mußte die Geschichtswissenschaft in der DDR den Nachweis führen, daß die Beurteilung durch den VII. Weltkongreß zwar richtig, die verurteilte Strategie aber zumindest nicht falsch war. Bis in die sechziger Jahre – aber gelegentlich auch wieder in jüngster Zeit – verfolgten Historiker in der DDR dazu die Tendenz, die theoretischen und praktischen Umorientierungen des VII. Weltkongresses (Schaffung der Einheitsfront von KPD und SPD auf der Basis von Abkommen mit der SPD-Führung, Organisierung einer Volksfront aller Gegner des Faschismus) zurückzuprojizieren und die Kontinuität der Politik gegenüber dem Faschismus durch Übergehen oder Auslassen andersartiger Praxis vor 1935 – z.B. durch Ignorieren von Personen – herzustellen.

Später geschah dies durch Verlagerung des Problems zunächst in die Ebene der wissenschaftlichen Analyse. In der komplizierten Klassenkampf-Situation am Ende der zwanziger Jahre habe als vorrangige Aufgabe die Klassennatur des Faschismus theoretisch bestimmt werden müssen. Ergebnis der Analyse sei die Erkenntnis gewesen, daß Faschismus und Parlamentarische Demokratie die gleiche Klassennatur besitzen. Diese Gleichartigkeit habe auf der einen Seite die praktizierte Strategie zunächst als richtig erscheinen lassen, denn ein Systemwechsel sei 1933 nicht erfolgt; sie habe andererseits erschwert, das Außergewöhnliche der faschistischen Herrschaftsform sofort zu durchschauen, zumal ultralinke Sektierer im Zentralkomitee (Schuberth, Schulte) es verzögert hätten, aus der theoretischen Erkenntnis die richtigen Schlüsse zu ziehen. Schließlich habe dann die richtige Analyse der Klassennatur des Faschismus dem VII. Weltkongreß ermöglicht, die neue Einheits- und Volksfront-Strategie zu erarbeiten.

Ein anderes Beispiel hat zu tun mit dem Anspruch der SED-Führung auf Leitung und Anleitung aller politischen und gesellschaftlichen Bereiche, oder umgekehrt mit der Ablehnung abweichender politischer Vorstellungen, abweichender gesellschaftlicher Verhaltensweisen oder individueller Lebensgestaltung. Der Anspruch wird auf den antifaschistischen Widerstand projiziert; seine Aktionen seien zur Gänze unter Anleitung des ZK der KPD erfolgt, dessen Beschlüsse, Resolutionen, Plattformen Ansporn und Maßstab für die antifaschistische Praxis gewesen seien. Auch hier hat die Geschichtswissenschaft in der DDR die Richtigkeit der Vorgabe zu beweisen, was wiederum nur durch Übergehen und Auslassen geschehen kann; denn zahlreiche kommunistische Widerstandsgruppen existierten nach 1935 nach der Zerschlagung der alten Organisation isoliert, ohne Verbindung zur Emigrationsleitung, weiter und richteten ihre Aktionen – da ohne Kenntnis der neuen Generallinie – nach der früheren Strategie aus. Auch die drei bedeutenden Gruppen, die 1943/1944 in Sachsen (Georg Schumann, Otto Engert), in Berlin (Anton Saefkow, Franz Jacob) und Thüringen (Theodor Neubauer, Magnus Poser) vielfältige illegale Aktivitäten vollführten, blieben ohne Anleitung seitens des ZK der

KPD und vertraten – wahrscheinlich sogar in Kenntnis der offiziellen politischen Strategie – frühere kommunistische Ziele wie die „Diktatur des Proletariats". Detlev Peuckert hat die Situation der Historiker des antifaschistischen Widerstandes in der DDR dahin beschrieben: das Legitimationsinteresse der SED lasse die Produktivkräfte der Historiker an die Schranke der herrschenden Produktionsverhältnisse stoßen.

So war bis Anfang der sechziger Jahre im gespaltenen Deutschland ein Bild vom Widerstand gegen den Nationalsozialismus entstanden, das sich aus zwei scharf kontrastierenden Teilbildern zusammensetzte. Im Mittelpunkt des in der Bundesrepublik Deutschland geschaffenen Teilbilds waren die „Männer des 20. Juli 1944", die damit in Verbindung stehenden bürgerlichen Gruppen, die mithandelnden Sozialdemokraten, freien und christlichen Gewerkschaftler und der „Kreisauer Kreis" zu sehen. Auch beiden Kirchen war ein Platz zugewiesen, und die studentische Gruppe der „Weißen Rose" war besonders herausgehoben. Manche auch waren umstritten wie der „Landesverräter" Oberst Oster. Linke Gruppen, ob die Masse der Sozialdemokraten, die Kommunisten, SAP, KPD-Opposition oder „Neu Beginnen", waren aus dem Bild verbannt. Das Bild entsprach keinesfalls dem Forschungsstand, wenn es auch die Zustimmung vieler Historiker hatte; es fand sich – und findet sich zum Teil heute noch – in den politisch-legitimatorisch motivierten, vereinfachenden und verkürzenden Darstellungen von Würdigungsschriften und Schulbüchern.

Das Teilbild der Deutschen Demokratischen Republik war (und ist auch heute noch) anders gestaltet; es sind nicht nur die „Guten", sondern exemplarisch auch einige „Böse" dargestellt. Im Zentrum stehen die KPD mit ihren Nebenorganisationen (KJVD, Rote Hilfe, Rote Gewerkschafts-Opposition usw.) und ihre Führung, daneben die zur Einheitsfront gestoßenen Sozialdemokraten und die bürgerlichen Hitlergegner, die in der Volksfront mitgearbeitet haben. Bleibt man im „Bild", so ist festzustellen, daß Sozialdemokraten und bürgerliche Hitlergegner dünn und schemenhaft geraten sind; denn Einheits- und Volksfront sind in der Realität des Widerstandes Forderung und Wunschvorstellung der Parteiführung geblieben, woran auch die nachträglichen Versuche, etwa Stauffenberg, Trott zu Solz, die „Weiße Rose" oder etliche Katholiken und Protestanten für die Volksfront zu reklamieren, nichts zu ändern vermögen. Unter den „Bösen" finden sich vor allem sozialdemokratische Parteiführer, die sich dem Einheitsfrontangebot verweigert haben, und die pauschal als Gestapo-Spitzel diffamierten Trotzkisten, worunter nicht nur die eigentlichen trotzkistischen Gruppen, sondern auch Abtrünnige wie die KPD-Opposition, der Leninbund oder die „Roten Kämpfer" subsumiert wurden.

Aus der Gegenüberstellung ist schon deutlich geworden, daß die „Arbeitsteilung" nicht allen, die sich den Nationalsozialisten widersetzt hatten, zum Nutzen ausgeschlagen ist. Peinlich sind die wechselweisen Diffamierungen: der Kommunisten und ihrer „Sympathisanten" als totalitär und vom „braunen Totalitarismus" nur graduell unterschieden, der bürgerlich-militärischen Widerständler (die für die Volksfront Reklamierten ausgenommen) als imperialistische Clique, welche die „eigene Klassenposition aus der drohenden Katastrophe des faschistischen Regimes zu retten" suchte (Berthold). Auch sind wesentliche Gruppen entweder nur als „Bösewichter" verzerrt (KPD-Opposition u. a.) oder gar nicht dargestellt worden. So wurde die „Rote Kapelle" in der Bundesrepublik als landesverräterische Organisation unbeschadet einiger Differenzierungen beiseite geschoben (die sonst selbstverständliche Motivforschung wurde kaum versucht), in der DDR wurde sie solange (bis Mitte der sechziger Jahre) verschwiegen, wie die SED das Nationale als Mittel der Integration nichtsozialistischer politischer Kräfte benötigte. Andere Gruppen, wie die Sozialistische Arbeiterpartei oder der Internationale Sozialistische Kampfbund, die den ideologischen Rahmenbedingungen keiner Seite entsprachen, blieben lange Zeit unbeachtet.

Aus dem Legitimationsinteresse beider deutscher Staaten resultiert wohl, daß die Teilbilder vom Widerstand in Deutschland eines gemeinsam haben: sie erzählen die Geschichte von Helden und Märtyrern, die aus banalen geschichtlichen Zusammenhängen herausgelöst und in die Zeitlosigkeit erhoben erscheinen. Damit sind auch Maßstäbe für die Qualifizierung von Verhalten als Widerstand formuliert. In der DDR sind dies Opferbereitschaft, Sich-Einfügen in die Organisationsformen des antifaschistischen Widerstandes, widerspruchslose Unterwerfung unter die politische Strategie der KPD-Führung – oder mindestens Handeln im Sinne des von der KPD gewiesenen „Auswegs aus der faschistischen Barbarei". In der Bundesrepublik gelten diejenigen, die ihr Leben geopfert haben oder dazu bereit waren, und ihre ethische Motivation zum Kampf gegen das totalitäre System des Nationalsozialismus (und letztlich totalitäre Systeme überhaupt) als Maß.

Schließlich werden mit der Darstellung als Helden und Märtyrer in beiden deutschen Staaten – allerdings gegensätzliche – Ansprüche an die nachfolgenden Generationen gestellt. In der Bundesrepublik erwachsen sie aus dem Vermächtnis derjenigen, deren Handeln als historisch einmaliger Vorgang verstanden wird: Den Männern und Frauen des Widerstandes soll Respekt bezeugt, ihre moralische Motivation und antitotalitäre Überzeugung sollen zum Vorbild genommen werden. In der DDR dagegen werden die Ansprüche aktualisiert; das Vorbild der Kämpfer des antifaschistischen Widerstandes soll Ansporn im aktuellen Kampf gegen Imperialismus und Faschismus sein. Da dieser Kampf jedoch nur außenpolitisch konkret ist, wird der antifaschistische Widerstand in gewisser Weise in die Kontinuität zu sich selbst gestellt; denn die Kenntnis des Widerstandskampfes muß insbesondere bei der jungen Generation das Erlebnis des „direkten Klassenkampfes zwischen Arbeiterklasse und Bourgeoisie" ersetzen.

Es sei an dieser Stelle unterstrichen, daß die offiziellen bis offiziösen Bilder vom Widerstand gegen den Nationalsozialismus zwar nicht ohne die Historiker in beiden deutschen Staaten zustande kamen, letztlich aber doch in beiden Fällen Mischungen aus wissenschaftlich fundierter Kenntnis und Intention der politischen Führungsschichten darstellten. Gerade wenn man die wissenschaftspolitische Situation der Geschichtswissenschaft in der DDR in Rechnung stellt, wird man festzuhalten haben, daß sie – im Rahmen der Vorgaben und daraus resultierenden Einschränkungen – hervorragende Forschungsarbeit geleistet hat.

Noch deutlicher war diese Diskrepanz in der Bundesrepublik. Wer immer sich auf die Geschichte des Widerstandes einließ, konnte dies nicht ohne Betroffenheit tun: betroffen von den Untaten des Nationalsozialismus, von den Taten derer, die Widerstand leisteten, und dem davon ausgehenden hohen politisch-moralischen Anspruch. Aus einer vom Miterleben besonders geprägten Betroffenheit heraus haben Historiker nach 1945 die ersten Versuche unternommen, die Ereignisse des 20. Juli 1944 und die bürgerlich-militärische Widerstandsbewegung von den nationalsozialistischen Propagandalügen zu befreien und zu beschreiben; eine Beschreibung, die – auch im Stil – notwendig Würdigung sein mußte. Zweifellos standen solche Darstellungen (wie z. B. von Rothfels und Zeller) auch der Monumentalisierung und Heroisierung Pate, waren aber selbst hervorragende Forschungsleistungen, die aufgrund der wissenschaftlichen und stilistischen Fähigkeiten ihrer Autoren der Gefahr platter Heldenverehrung entgingen und ihrerseits wieder Anregung für weitere solide Forschung gaben.

Als seit dem Ende der fünfziger Jahre Historiker in der Bundesrepublik sich anschickten, kritische Fragen zu stellen, setzten sie sich auf der einen Seite Kritik und Mißfallen derjenigen aus, die das monumentale Bild erhalten wissen wollten – unter ihnen (um Hans Buchheim und Walter Schmitthenner zu zitieren) ,,allzu viele", die ,,an der Opposition teilgehabt haben [wollten], und im Ruhm der Helden priesen, was ihnen selbst versagt worden war"–, hatten andererseits für sich selbst die methodische Balance zu finden zwischen einer historisch-kritischen Durchleuchtung des bürgerlich-militärischen Widerstandes und dem Gelten-lassen seines unbestreitbaren politisch-ethischen Ranges. Ihr Forschungsinteresse richtete sich auf die Binnenstrukturen, auf Motive und Ziele der Handelnden, auf politische und geistesgeschichtliche Traditionen. Margret Boveri hatte Ende der fünfziger Jahre den Widerstand als Teilphänomen des – als internationale, das 20. Jahrhundert zeitlich übergreifende Erscheinung verstandenen – Verrats diskutiert und dabei dem gängigen Begriff des natürlichen Vaterlandes das ideologische Vaterland entgegengesetzt. Die für ein ideologisches Vaterland Engagierten standen, ihrer These zufolge, in der Tradition des Rationalismus und der Französischen Revolution, die sie bis hin zum Sozialismus weiterführen wollten; die für das natürliche Vaterland Engagierten handelten dagegen aus der Tradition der Romantik und der „Konservativen Revolution", waren Gegner einer Herrschaft des Dritten Standes und erstrebten entweder restaurativ vorrevolutionäre Zustände oder suchten neue Lebensformen, die ihrem neuen Menschenbild entsprachen. Boveris Beurteilung des konservativen Widerstandes wies in eine Richtung, die in den Untersuchungen jüngerer Historiker bald weiterentwickelt wurde (Hans Mommsen). Die bürgerlich-militärischen Widerstandskreise hatten danach Ideen von Kritikern der Weimarer Republik weitergeführt und ihren Plänen für eine Neuordnung Deutschlands nach Hitler eingefügt: die Suche nämlich nach integrierenden Menschenbildern, nach deutschen Wegen der Gesellschaftsverfassung, welche die diagnostizierte und von der westlichen Verfassungsform angeblich verursachte egalitäre Vermassung und Desintegration der Gesellschaft überwinden sollten. Der Nationalsozialismus, der als Ausfluß und Zusammenbruch der egalitären Massendemokratie verstanden wurde, schien solche Gedanken zu bestätigen und die Suche nach dem dritten Weg zu legitimieren. Das Mißtrauen gegen den Pluralismus war eine allen Gruppen gemeinsame Anschauung, von der her teils traditionsbezogene, teils gesellschaftsutopische, insgesamt aber christlich orientierte Lösungen gesucht wurden. Trugen die Pläne des Kreises um Johannes Popitz und Ulrich von Hassell autoritäre Züge, so zielten Goerdelers Vorstellungen auf Wiederbelebung der magistral strukturierten Selbstverwaltung bei starker Staatsführung und patriarchalischem Wirtschaftsliberalismus. Im Kreisauer Kreis betonte man dagegen in bewußter Ablehnung solcher restaurativer Tendenzen den Genossenschaftsgedanken, das personenhafte Zusammenwirken aller in kleinen Gemeinschaften (Hans Mommsen: „konservative Spielart des Rätegedankens"). Interessenpartikularismus, Vermassung, Zerrissenheit wollte man durch eine an christlichen Normen orientierte, organisch verstandene (Volks-) Gemeinschaft überwinden, die nach den Vorstellungen von Popitz, v. Hassell und Goerdeler administrativ hergestellt werden, nach den Plänen der Kreisauer von unten (aus den kleinen Gemeinschaften) wachsen sollte. Der Rekrutierungsmechanismus für die Führungsschichten war bei allen elitär gedacht. Die Sozialdemokraten (Reichwein, Mierendorff, Haubach, Leber, Leuschner) standen der Gedankenwelt der Kreisauer nahe: den innenpolitischen Vorstellungen mit mehr oder weniger großen Abweichungen im einzelnen, den außenpolitischen mit hohem Maß an Übereinstimmung.

Die außenpolitischen Vorstellungen dieser Widerstandskreise (Graml) divergierten in Grundlinien und im Ausmaß der innenpolitischen Gegensätze. Hatten die Kreisauer innenpolitisch Rückgriffe auf Institutionen und politische Strukturen abgelehnt, so verwarfen sie auch das nationalstaatliche Prinzip mitsamt dem europäischen Staatensystem, die sie als mitschuldig an den kriegerischen Katastrophen ansahen, neigten vielmehr dazu, ihre Konzeption der kleinen Gemeinschaften auf die zukünftige Gestalt Europas zu übertragen: ein bundesstaatliches Europa sollte sich aus kleinen, nicht souveränen staatlichen Einheiten zusammensetzen.

Die „Honoratioren" (Goerdeler, Beck, v. Hassell), innenpolitisch auf vorparlamentarische politische und gesellschaftliche Formen zurückgreifend, orientierten sich außenpolitisch am nationalstaatlichen europäischen Staatensystem, worin dem Deutschen Reich (das sie sich in den Grenzen von 1914 wünschten) nach ihrer Auffassung natürliche Führungsaufgaben zufallen würden.

Die historisch-kritische Analyse des bürgerlich-militärischen Widerstandes – die hier nur mit wenigen, vergröbernden Strichen im Hinblick auf ihre Intentionen vorgestellt worden ist – wurde in der Folgezeit fortgesetzt – zum Mißbehagen von anderen Historikern, die im moralischen Antrieb zum Widerstand (der allerdings von den „Revisionisten" gar nicht in Frage gestellt wird) „den Kern des ganzen Geschehens" und „Schlüssel" zu seinem Verständnis sehen, wie die jüngst ausgetragene Kontroverse zwischen Klaus-Jürgen Müller und (dem allerdings oft voreilig kritisierenden) Peter Hoffmann zeigt.

Seit den sechziger Jahren wurde schließlich auch in der Bundesrepublik der Widerstand der Arbeiterbewegung zunehmend Gegenstand historisch-kritischer Untersuchungen, wobei zunächst besonders von der Geschichtswissenschaft in der DDR gar nicht oder nur verzerrt dargestellte Organisationen wie „Neu Beginnen", die Sozialistische Arbeiterpartei Deutschlands, der Internationale Sozialistische Jugendbund/Internationale Sozialistische Kampfbund oder die „Roten Kämpfer" erforscht wurden, wobei logischerweise nicht nur der Widerstand im engeren Sinne Thema war, sondern neben der „Vorgeschichte" auch die dem Widerstand dienende politische Arbeit im Exil. Dem folgten Untersuchungen des Widerstandes in begrenzten Räumen (Städten wie Dortmund, Essen, Duisburg, München, Nürnberg); sie sind zwar nicht auf den Widerstand der Arbeiterbewegung beschränkt, doch steht dieser allein von der Quantität her im Mittelpunkt. Diese Arbeiten erbrachten wichtige methodische und sachliche Ergebnisse.

Die Begrenzung des Beobachtungsraumes auf ein Stadtgebiet und die Tatsache, daß Organisation und Formen des Widerstandes wie die Verhältnismäßigkeit von (Menschen-)Einsatz und Effektivität problematisiert werden, machten es möglich, die nackte Wirklichkeit von Widerstand anschaulich zu machen. Widerstand war nicht nur politische Überzeugungstreue, Mut, Zähigkeit, Erfindungsreichtum, kein von gelegentlichen Rückschlägen begleiteter Siegeszug des Antifaschismus; Widerstand war auch – für die Mehrzahl der Handelnden – illegales Leben, Angst vor Verrat, Flucht, schließlich Verhaftung und Erleiden brutaler Gewalt. Auch wird die oft von falscher Heroisierung verstellte Monotonie sich wiederholender Abläufe erkennbar: Aufbau einer Gruppe, einer Orts- oder Bezirksorganisation, die Planung und Durchführung von Aktionen, das „Aufrollen" durch die Gestapo, der (zunehmend mühseligere und schwierigere) erneute Aufbau. Dieser Basiswiderstand wird den regionalen und überregionalen Organisationen des kommunistischen und sozialdemokratischen Widerstands eingeordnet, die ihrerseits – da „Alltag" der innerorganisatorischen Beziehungen geschildert wird – „verlebendigt" und in ihren Strukturen verständlicher werden. Ein Erfolg dieser Arbeiten darf auch darin gesehen werden, gegen die gängige Vorstellung vom moralisch motivierten Widerstand einen Begriff gesetzt und wohl auch durchgesetzt zu haben, der die „politische Substanz" als legitimes Motiv einschließt.

Als Resumé dieses kurzen Überblicks über die historisch-kritischen Forschungen läßt sich feststellen, daß bis in die Mitte der siebziger Jahre gleichsam neben dem Monumentalen ein differenziertes Bild des Widerstandes gegen den Nationalsozialismus entstanden ist, dem bis in jüngste Zeit erschienene Untersuchungen weitere Erkenntnisse hinzugefügt haben.

Allerdings lassen diese Arbeiten auch die Grenzen der im wesentlichen auf Organisationen, ihre Entwicklung, Aktivitäten und ihr Schicksal gerichteten Optik sichtbar werden. Das gleiche gilt für die Arbeiten über den bürgerlich-militärischen Widerstand und ihr Interesse an Zielen, Motiven und Traditionen.

Diese Feststellung meint nicht Qualität, sondern die vom methodischen Vorgehen her notwendige Begrenzung der Aussagekraft. Den auf die Erforschung der Makrostrukturen des Arbeiterwiderstandes gerichteten Untersuchungen, die als erste Schritte auf diesem vernachlässigten Forschungsfeld allerdings unabdingbar waren, mußte der Bereich des Individuellen weitgehend verschlossen bleiben: Lebensumstände, Erfahrungen der in die Widerstandsorganisationen verwobenen einzelnen Personen oder Kleingruppen, die ganz oder teilweise Antrieb für die Handlungsbereitschaft sein mochten, blieben – wie auch die Motive für eine Verweigerung – außerhalb des Blickfeldes. Auch die – an der Flut von Prozessen ablesbaren – zahllosen Handlungen einzelner Kommunisten oder Sozialdemokraten konnten nicht untersucht, höchstens registriert werden. Neben und unterhalb des organisationsgeschichtlich erfaßten Widerstands der Arbeiterbewegung wie des mit dem Attentatsversuch vom 20. Juli 1944 verbundenen bürgerlich-militärischen Widerstands hat sich vieles ereignet, das – vorsichtig formuliert – mit dem Phänomen Widerstand in Beziehung steht; es wurde zwar wahrgenommen, gelegentlich benannt, aber kaum in die Forschung einbezogen.

In einem 1973 begonnenen Forschungsprojekt „Widerstand und Verfolgung in Bayern" hat das Institut für Zeitgeschichte methodische Wege gesucht, das Beobachtungsfeld zu erweitern. Grundlegend war die Entscheidung, sich von der bis dahin vorherrschenden Darstellung des Widerstandes von ,,oben" zu lösen und Definitionselemente wie Totalität des Widerstandes, ethische Rigorosität, Organisations- und Aktionsintensität beiseite zu lassen.

Mit der konzeptionellen Konzentration auf die Auswirkungen des Regimes auf das alltägliche Leben, das Agieren und Reagieren der Betroffenen gewann man einen Blick auf die Wechselbeziehungen zwischen Herrschaft und Gesellschaft, der Erkenntnisse vermittelte über die Ungleichförmigkeit der Herrschaftsausübung vor Ort, über den Zwang zur Anpassung nicht nur der Gesellschaft an die nationalsozialistische Herrschaft, sondern oft genug auch der Herrschaft an vorgegebene gesellschaftliche Bedingungen. Durch eine weitere Begrenzung der Forschungsperspektive auf die Konflikte und Konfliktfelder in den Wechselbeziehungen, präziser auf den Konflikt zwischen dem Durchsetzungswillen des nationalsozialistischen Regimes und den wirksamen Gegenkräften in der Gesellschaft, blieb das Projekt an der Widerstandsproblematik orientiert. Mit dieser Definition des Konflikts wurde der Aspekt der Wirkung in die Widerstandsdiskussion eingebracht und mit dem aus der medizinischen Terminologie stammenden Begriff der ,,Resistenz" gekennzeichnet.

(Es soll im Rahmen dieses Beitrages keine Begriffsdiskussion geführt, aber angemerkt werden, daß zur Wortwahl kritische Stimmen laut geworden sind, die vor allem auf Verständigungsschwierigkeiten in der internationalen Forschung hinweisen [résistance, resistenza, resistance haben die Bedeutung von Widerstand]. Mir selbst erscheint die *Wortwahl* aus zwei Gründen nicht glücklich: Einmal ist der Begriff in der Naturwissenschaft/Medizin eher negativ besetzt, da ,,Resistenz" als Beschreibung eines Besserung verhindernden Zustands von Krankheitsherden, -erregern/Schädlingen verwendet wird; zweitens ist die ,,Resistenz" hinsichtlich Entstehung wie Wirkung passiv; übrigens scheinen Projektmitarbeiter diesen Mangel gelegentlich ebenfalls empfunden zu haben, da sie in einigen Fällen bei Verwendung von Resistenz den – meines Erachtens treffenderen – Begriff Immunität/Immunisierung erklärend anhängten.)

Durch die Wahl des naturwissenschaftlichen Begriffes wurde unterstrichen, daß für die Subsumierung von Vorgängen nicht Absichten, Motive oder Ziele, sondern – in gewisser Weise wertfrei – ausschließlich Wirkung, nämlich die Abwehr, Eindämmung oder Begrenzung von nationalsozialistischer Herrschaft oder Ideologie, maßgeblich sein sollte. Die Palette der Vorgänge, welche diese Anforderungen des Begriffs erfüllen, ist weit: er erfaßt die organisierten Aktionen von Sozialdemokraten oder Kommunisten wie Streik, Sabotage, Flugblattverteilung ebenso wie die vielfältigen Formen zivilen Ungehorsams wie Verweigerung des Hitlergrußes oder der angeordneten Beflaggung, Umgang mit Juden oder Kriegsgefangenen trotz Verbot, er erfaßt öffentliche Kritik z. B. katholischer Priester an der Auflösung der katholischen Jugendorganisationen oder einzelner Personen an Maßnahmen des Regimes wie auch die Aufrechterhaltung von Gesinnungsgemeinschaften durch Anhänger der Arbeiterbewegung, er erfaßt aber auch die Gegenwehr *der* Bauern gegen das Reichserbhofgesetz, die ihr tradiertes Erbrecht bewahrt wissen wollten; und schließlich gehört in den Rahmen von Resistenz auch das Fortexistieren relativ unabhängiger Institutionen wie Kirchen, Teile der Bürokratie oder der Wehrmacht.

Darüber hinaus wurde versucht, die Bedingungen für das politische Verhalten der in den Konflikten handelnden Personen oder Gruppen, das heißt, deren politische, soziale und kulturelle Erfahrungen, ihre soziale Lage und die jeweilige politische Umfeldsituation als treibende oder hemmende Faktoren sichtbar werden zu lassen. Wo möglich wurden die Ereignisse mit längerfristig wirkenden örtlichen und regionalen Faktoren konfrontiert wie der politischen Geschichte, den Traditionen und sozialen Strukturen. Die Untersuchungen des Projekts stellen so auch ein Stück politischer Gesellschaftsgeschichte Bayerns dar.

Anhand weniger Beispiele seien die Möglichkeiten dieses Forschungsansatzes angedeutet.

Die Untersuchungen zur Situation des Nationalsozialismus in

der Provinz waren ohne Vorbild und haben die methodische Entwicklung des Projekts erheblich beeinflußt.

Das Verhältnis von nationalsozialistischer Herrschaft und ländlicher Bevölkerung in Bayern läßt sich am besten als Prozeß wechselseitiger Anpassung beschreiben, der in der Endabrechnung für den nationalsozialistischen Durchsetzungswillen eher negativ zu Buche schlug. Schon in der Phase der Gleichschaltung der Gemeindevertretungen stießen bei der Besetzung von Bürgermeisterpositionen in einer Vielzahl von Fällen der Wille der Bevölkerung, langjährig bewährte Bürgermeister im Amt zu behalten, mit dem Willen der Partei zusammen, das Amt mit einem altgedienten Nationalsozialisten zu besetzen. Die wechselseitige Anpassung trat in reinster Form da in Erscheinung, wo die Partei auf ihren Kandidaten zu verzichten bereit war, sofern sich der bisherige Bürgermeister – vielfach auf Drängen der Gemeindemitglieder – zum Eintritt in die NSDAP bereit fand. Daß rund 50 Prozent der 1935 in Bayern amtierenden Bürgermeister von Landgemeinden das Amt auch schon vor 1933 innegehabt hatten, deutet die Häufigkeit vergleichbarer Vorgänge an.

Die ländliche Bevölkerung beharrte auf der Beibehaltung ihrer gesellschaftlichen Strukturen, ihrer Traditionen und Verhaltensformen. Zwar agierte sie nicht gegen die nationalsozialistische Herrschaft, entsprach spektakulären Ansprüchen (wie Beteiligung an Wahlen und Volksabstimmungen), erwies sich aber im entscheidenden Bereich des totalen ideologischen Anspruchs als unzugänglich. Davon zeugten der bescheidene Besuch von Routineveranstaltungen der Partei und ihrer Gliederungen wie deren durchweg geringe Mitgliederzahlen; davon zeugte aber vor allem die unbeirrbare Hinwendung zur katholischen Kirche als strukturellem und traditionellem Zentrum. Deren Autorität, die Autorität der Pfarrer in den Gemeinden, blieb meist ungebrochen: ihr fühlten sich die Vertreter der NSDAP weithin unterlegen. 1936 wurde Ordensschwestern die Erteilung von Religionsunterricht in Volksschulen untersagt, die Klosterschulen wurden geschlossen. Die Bischöfe brandmarkten – sehr wirksam – die Maßnahme in einem Hirtenbrief, noch bevor sie allgemein bekannt war, wozu die Kreisleitung

Eichstätt resigniert feststellte: ,,Wir haben in Eichstätt zu wenig Freiheit, in Versammlungen oder sonstwie in der Öffentlichkeit zu diesen ‚Seelenheilserlassen' Stellung zu nehmen". Es gab einen Sturm der Entrüstung, und die Parteifunktionäre fanden in den Listen einer Unterschriftenaktion gegen die Regierungsmaßnahme – nicht nur in Eichstätt – Unterschriften von Parteigenossen, ,,alten Kämpfern" und Gemeinderäten. Zwar konnte sich die Kirche, hier wie später bei der Einführung der Gemeinschaftsschule, nicht durchsetzen; aber die öffentliche Gegenwehr und die damit bewirkte Mobilisierung der katholischen Bevölkerung trugen in hohem Maße zu deren Immunisierung bei. In der Mehrzahl vor allem der ländlichen evangelischen Gemeinden konnten die Pfarrer ihre Autorität in ähnlicher Weise erhalten, wobei der in der Regel zugunsten der ,,Bekenntnisfront" beendete Kirchenkampf weithin ein ,,Aufwachen" der Gemeindemitglieder bewirkt hat.

Zahlreiche andere Konflikte waren zwar weniger prinzipieller Natur, signalisierten aber gleichwohl die von den gesellschaftlichen Strukturen ausgehende Stärkung individueller Resistenz: so wenn Bauern bewährte Geschäftsbeziehungen zu jüdischen Viehhändlern nicht aufgaben, wenn sie sich immer wieder gegen dirigistische Maßnahmen des Reichsnährstandes wehrten, oder – immun gegen die Phrasen von der Volksgemeinschaft – es ablehnten, in die von der Nationalsozialistischen Volkswohlfahrt und anderen Verbänden dauernd hingehaltene Töpfe zu spenden. Ein gleiches gilt für die Auflehnung vieler Katholiken gegen das Verbot, Kirchenfahnen zu verwenden, gegen Einschränkungen von Prozessionen oder traditionellen katholischen Festen. Der Nationalsozialismus hat – so wird man sagen können – durch nicht immer freiwillige Mäßigung seines Durchsetzungswillens in den ländlichen Bereichen Bayerns erkauft, daß sich Resistenz nicht zum offenen Widerstand entwickelte, hat dafür aber die Fortexistenz von Strukturen in Kauf nehmen müssen, die sich für seine ideologische Indoktrination als undurchdringlich erwiesen.

Ein anders geartetes Milieu-Beispiel aus der bayerischen Provinz ist die Bergarbeiterkommune Penzberg in Oberbayern. Die umfassende Darstellung der politischen, wirtschaftlichen und sozialen

Geschichte Penzbergs (Tenfelde) auch nur grob zu skizzieren, würde den Rahmen dieses Beitrags sprengen. Die Besonderheit Penzbergs resultierte aus seiner Lage als einer von KPD und SPD politisch beherrschten Gemeinde (1933 stimmten noch 33,8 Prozent der Penzberger für die KPD, 31,7 Prozent für die SPD) in einem agrarischen, politisch von der BVP dominierten Umfeld. Sie resultierte speziell im Blick auf den Widerstand daraus, daß sich die Arbeiterbevölkerung nach 1933 in doppeltem Sinn verweigert hat: Sowohl aus ihren längerfristigen politisch- und sozialgeschichtlichen Erfahrungen, wie aus der Erfahrung der Verfolgung 1933/34 und aus der Einsicht in die besonderen Bedingungen der Gemeinde und ihrer Randlage enthielt sie sich trotz günstiger innerer Bedingungen bis zum – anders motivierten – Aufstandsversuch vom 28. April 1945 der Widerstandsaktionen (im engeren Sinne). Andererseits umgab sich die Arbeiterbevölkerung gegenüber dem Nationalsozialismus mit einer Mauer des Schweigens und der Immunität und praktizierte wirksame Formen der Solidarität und des sozialen Protests, die aus den spezifischen Erfahrungen bergmännischer Zusammenarbeit und kollektiver Verantwortlichkeit erwachsen sind.

Leider fehlen vergleichbare Untersuchungen über andere Regionen Deutschlands. Unsere bescheidenen Kenntnisse über politische Entwicklungen in den preußischen Provinzen Rheinland und Westfalen nach 1933 auch außerhalb der industriellen Zentren lassen aber vermuten, daß die Vorgänge in der bayerischen Provinz in vieler Hinsicht individuelle Züge tragen.

Als weiteres Beispiel seien einige Aspekte des Widerstandes im Umfeld von KPD und SPD in Augsburg (Hetzer) herangezogen.

Die KPD in Bayern war mit ihren 15–20000 Mitgliedern (Ende 1932), von denen 20–30 Prozent als aktive Kernmitglieder angesprochen werden können, eine marginale Partei. Hinzu kam, daß sie von einer Mitgliederfluktuation betroffen war, die noch etwas über der etwa im Ruhrgebiet (1932 Verlust von 60–70 Prozent der Zahl der Neuaufnahmen) lag. Die Augsburger KPD-Organisation war mit rund 500 Mitgliedern (davon rund 200 Aktivisten) entsprechend schwach. Die Situation der KPD in Bayern am Anfang der Verfolgungsmaßnahmen unterschied sich von der übrigen Partei in zweierlei Hinsicht; auf der einen Seite hatten sie die bayerischen Behörden bereits mindestens seit 1931 an kontinuierlicher politischer Arbeit gehindert, andererseits haben die Behörden die mit der „Reichstagsbrandverordnung" gegebenen rechtlichen Grundlagen zur Zerschlagung der KPD-Organisation nur in wenigen örtlichen Fällen sofort genützt. Offenbar hat aber die KPD in Bayern die ihr verbliebenen acht bis zehn Tage, in denen die Treibjagd auf Kommunisten insbesondere in Preußen in vollem Gange war, nicht dazu verwendet, sich voll auf die Illegalität umzustellen, wozu beigetragen haben mag, daß sie infolge der schnellen Ausschaltung und teilweisen Verhaftung der Parteiführung in Berlin ohne Anleitung blieb.

Nach der Einsetzung des Reichskommissars Epp und einer nationalsozialistischen Kommissarischen Regierung am 9. März 1933 setzte die Verfolgung der Kommunisten auch in Bayern voll ein, wobei die Verhaftungswelle in größerem Ausmaß als in den mitgliederstärkeren Bezirken auch untere Funktionäre erfaßte, wodurch der örtliche Zusammenhalt der Mitglieder verlorenging und der Neuaufbau einer Parteiorganisation in der Illegalität erheblich erschwert wurde. So wurde in Augsburg der Mitgliederstamm innerhalb von 10 Tagen so dezimiert (mindestens 250 Verhaftete), daß Versuchen einer Rekonstruktion wenig Aussicht auf Erfolg beschieden war. Zwei Versuche, der erste noch im April, der zweite ab Juni 1933, sind denn auch über Ansätze nicht hinausgekommen. Offensichtlich konnte die Polizei bei allen Versuchen sofort Spitzel einschleusen, die ihr ein Eingreifen bereits im Anfangsstadium ermöglichten. Ab Anfang 1934 befand sich die KPD in Augsburg bereits im Stadium der Bildung von Zirkeln, die auf private Initiative und unter dem Mantel privater Beziehungen zustande kamen.

Parallel zu den gescheiterten Ansätzen waren im von der Mutterpartei formal unabhängig organisierten kommunistischen Jugendverband in Augsburg (1932 rund 100 Mitglieder) Bestrebungen in Gang gekommen, die Organisation illegal weiterzuführen. Die Initiative dazu ging von einer 17-jährigen Verkäuferin aus.

Nach einer ersten Kontaktaufnahme zur Bezirksleitung im April 1933, die aber durch Verhaftungen unterbrochen wurde, unternahm sie mit einigen anderen einen weiteren Versuch, mit München, aber auch mit Gruppen in der Gegend von Augsburg in Verbindung zu kommen; das gelang auch, doch nach vier Wochen wurden die Mitglieder der Gruppe verhaftet, wobei ebenfalls ein Polizeispitzel im Spiel war. Auch der nächste und letzte Versuch, von Mitgliedern des Kommunistischen Jugendverbandes eine Organisation aufzubauen, fiel einem Spitzel zum Opfer, der schon zu den ersten Beteiligten gehört hatte. Über die beiden Gruppen wurde nicht wegen der Spitzelproblematik berichtet, obgleich offenbar nicht nur die Augsburger Polizei auf ein besonders großes Potential zurückgreifen konnte; denn – von zahlreichen anderen Fällen abgesehen – war es 1935 einem Spitzel der Bayerischen Politischen Polizei gelungen, in die Führungsposition des KP-Widerstands [Rote Hilfe] in Bayern zu kommen und die dazugehörigen Zirkel 1936 der Polizei auszuliefern, wovon auch eine in Augsburg tätige Gruppe betroffen war. Die Jungkommunisten verdienen deswegen Interesse, weil über ihre Zusammensetzung, die Rekrutierung und ihre Motive einige Informationen vorliegen.

Die Initiatorin der ersten Gruppe war Tochter eines gut verdienenden Spinnereimeisters, der – selbst unterer KPD-Funktionär – seine Tochter zum Eintritt in den Kommunistischen Jugendverband bewogen hat; der Vater hatte zu den in den ersten Verfolgungstagen Verhafteten gehört, und auch die Mutter befand sich im März/April in Schutzhaft; es liegt nahe, die Handlungsmotivation dieser jungen Frau in der Mischung von – in der Familie vermittelter – politischer Überzeugung und persönlicher Betroffenheit zu suchen. Die Mehrzahl der Mitglieder dieser Gruppe kamen aus demselben proletarischen Wohnviertel und stammten aus schwierigen familiären und sozialen Verhältnissen, waren teils arbeitslos oder hatten nicht ausgelernt. Deren Motive lassen sich vielleicht als zu radikal-kommunistischem Protest verdichteter Zorn über die soziale Deklassierung beschreiben.

Anders die zweite Gruppe, die – im Gegensatz zur ersten – auf eine Initiative von außen, vom Verbindungsbüro der KPD in der

Schweiz entstand. Deren Mitglieder waren junge Textilarbeiter und Lehrlinge, die sich zunächst wegen ihrer gleichen beruflich-sozialen Lage zusammengeschlossen hatten; denn politisch waren sie eher heterogen: einige stammten aus dem Umkreis der KPD, einige waren zeitweilig Mitglieder der HJ, einer hatte dem katholischen Gesellenverein angehört; gemeinsam war ihnen allerdings, daß sie von Nettowochenlöhnen zwischen zehn und siebzehn Reichsmark leben mußten, und daher wohl auch ein klassenkämpferisches Engagement.

Die Beispiele vermögen nicht die oft gestellte Frage zu beantworten nach der vorherrschenden Motivation unter den Kommunisten, die sich zum Widerstand gedrängt fühlten. Sie deuten aber auf die Unterschiedlichkeit der Motive hin: Kampf für eine bessere soziale Ordnung, Kampf für eigene soziale Rechte, moralische Empörung über die barbarische Behandlung von Angehörigen und Freunden; zum wenigsten offenbar Kampf für eine (abstrakte) Diktatur des Proletariats.

Die führenden Funktionäre der SPD in Augsburg hatten schon kurz nach dem 30. Januar 1933 – dem Legalitätskurs des Parteivorstandes folgend – entschieden, daß die SPD in Augsburg einen Kurs der Gewaltlosigkeit und der vorsichtigen Anpassung steuern solle, wobei die besonderen Bedingungen in Bayern – mehr noch als in Berlin – die illusionäre Hoffnung auf Überlebensmöglichkeiten für die Parteiorganisation genährt haben dürften. Gegen eine Minderheit blieben sie auch bei dieser Entscheidung, als im April auf Reichsebene die Kontroverse über Anpassung oder Widerstand aus der Illegalität und dem Exil aufbrach.

Die Widerstands-Geschichte der SPD in Augsburg weicht nicht wesentlich von der Entwicklung in der Gesamt-Partei ab. Bemerkenswert sind allerdings einmal geschickte ,,Gleichschaltungen" einiger weniger Vereine der sozialistischen Subkultur, die in Grenzen als Mittel des inneren Zusammenhalts dienen konnten, und zum anderen die ebenso geschickte, ,,gleichschaltende" Einfügung von sozialistischen Versicherungsunternehmen (Kriegsopfer- und Hinterbliebenenkassen, Sterbekassen) in nationalsozialistische Dachverbände bei weitgehender Erhaltung der personellen Struktur, wodurch lockere Verbindungen zwischen den (sozialdemokratischen) Versicherten aufrechterhalten werden konnten. Ein vergleichbarer Vorgang wird aus Penzberg überliefert.

Für unseren Zusammenhang soll aber nur eine im sozialistischen Umfeld agierende illegale Gruppe näher beleuchtet werden. Im Sommer 1933 erhielten die früheren Mitglieder der sozialistischen Arbeiterjugend, Eugen N. und Josef W., über einen ehemaligen Funktionär der SAJ eines der ersten Exemplare des vom Exilvorstand der SPD in Prag herausgegebenen „Neuen Vorwärts". Beide kamen überein, nach einem Münchener Vorbild in Augsburg eine Art Lesegemeinschaft zu bilden, die Sozialdemokraten und Anhängern der SPD die Möglichkeit zur Information eröffnen sollte. Im bald aufgebauten Kreis, der offenbar auch Möglichkeiten zur Diskussion gefunden hatte, machte sich nach einiger Zeit Unzufriedenheit über die Publikationen des Exilvorstands bemerkbar, denen man Mangel an konkreten Überlegungen über die Veränderung der politischen Verhältnisse in Deutschland vorwarf. Über Kontakte in München kamen Eugen N. und Josef W. mit dem Grenzsekretär der Exil-SPD, Waldemar von Knöringen, in Verbindung, dem sie die Kritik der Gruppe vortragen konnten. Knöringen, der sich die Strategie-Überlegungen der Gruppe „Neu Beginnen" zu eigen gemacht hatte, schlug N. und W. eine Änderung ihrer illegalen Taktik im Sinne von „Neu Beginnen" vor. Angesichts der Befestigung der Machtverhältnisse in Deutschland seien Propagandaaktionen nutzlos und gefährlich; sie sollten illegale Kader bilden, ein Informantennetz aufbauen, qualifizierte Nachrichten über wichtige Ereignisse in Deutschland an „Neu Beginnen" gelangen lassen und Öffentlichkeitsarbeit unterlassen. Beide stimmten dem zu, organisierten ihre Gruppe entsprechend um und konnten noch 1934 mit der Berichterstattung beginnen. Die Augsburger Gruppe war eine Kadergruppe von „Neu Beginnen" geworden. Im Laufe des Jahres 1935 kam allerdings ein für die Illegalität typischer Erosionsprozeß in Gang: Enttäuschung über die Stabilität der nationalsozialistischen Herrschaft, Angst und besonders Chancen der Existenzsicherung aufgrund der verbesserten Wirtschaftslage brachten die meisten Mitglieder dazu, sich zurückzuziehen. Da auch Eugen N. die weitere Mitarbeit ablehnte, führte Josef W. in den folgenden Jahren die Nachrichtenarbeit fast im Alleingang, allerdings mit vielfältigen Verbindungen, zum Beispiel zu den ,,Revolutionären Sozialisten Österreichs'', fort. Seit dem Scheitern der Angriffe der Wehrmacht auf Moskau im Winter 1941/42 war er von der absehbaren militärischen Niederlage, aber auch davon überzeugt, daß in der Endphase der nationalsozialistischen Herrschaft gut bewaffnete und ausgebildete revolutionäre Kader zur Übernahme der Macht bereitstehen müßten. Es gelang ihm, die Gruppe entsprechend zu organisieren wie auch Waffen zu beschaffen. Leichtfertigkeit bei der Anwerbung weiterer Mitglieder und Erkenntnisse aufgrund der Verhaftung von ,,Revolutionären Sozialisten Österreichs'' führten die Gestapo auf die Spur der Gruppe. Im April und Mai 1942 wurden die Mitglieder verhaftet.

An der Entwicklungsgeschichte dieser Gruppe lassen sich zwei unterschiedliche Beurteilungsweisen demonstrieren. Aus dem Blickwinkel des antifaschistischen Widerstandes wie unter dem Gesichtspunkt der Entwicklung von Organisation und Ziel ist die Gruppe mit der Entscheidung für den bewaffneten Kampf zu einer hohen Stufe des Widerstandes vorgeschritten. Unter einem wirkungsgeschichtlichen Aspekt ist sie jedoch mit diesem Ziel gescheitert, während die früheren Aktivitäten die nationalsozialistische Herrschaft wirksam beeinträchtigten; sie behaupten so gesehen neben der organisatorischen Vorbereitung des bewaffneten Widerstandes ihren eigenständigen Rang.

Vielleicht kann dieser Forschungsansatz über die wissenschaftlichen Erträge hinaus auch dazu beitragen, die vornehmlich politisch motivierten wertenden Einstufungen abzubauen, denen Widerstand bislang unterworfen ist, und stattdessen *allen,* die sich gegen die nationalsozialistische Herrschaft auflehnten, Anerkennung verschaffen.

Literaturverzeichnis

Allgemeine Literatur

Hannah *Arendt,* Elemente und Ursprünge totalitärer Herrschaft, Frankfurt a. M. 1958.

Karl Dietrich *Bracher,* Die Auflösung der Weimarer Republik, Villingen, 5. Aufl. 1971.

Karl Dietrich *Bracher,* Die deutsche Diktatur. Entstehung – Struktur – Folgen des Nationalsozialismus, Köln/Berlin 1969, erw. Neuausgabe Köln 1983.

Martin *Broszat,* Der Staat Hitlers. dtv Weltgeschichte des 20. Jahrhunderts, München, 10. Aufl. 1983.

Hans *Buchheim,* Martin *Broszat,* Hans Adolf *Jacobsen,* Helmut *Krausnick,* Anatomie des SS-Staates. 2 Bände, Olten/Freiburg 1965 (2. Aufl. dtv 1979).

Alan *Bullock,* Hitler. Eine Studie über Tyrannei, Düsseldorf 1967.

Ralf *Dahrendorf,* Gesellschaft und Demokratie in Deutschland, München 1965.

Joachim C. *Fest,* Das Gesicht des Dritten Reiches. Profile einer totalitären Herrschaft, München 1964.

Joachim C. *Fest,* Hitler. Eine Biographie, Frankfurt a. M./Berlin/München 1973.

Ernst *Fraenkel,* Der Doppelstaat, Frankfurt/Köln 1974.

Helga *Grebing,* Der Nationalsozialismus, München 1959.

Klaus *Hildebrand,* Das Dritte Reich, München/Wien 1979.

Andreas *Hillgruber,* Hitlers Strategie, Politik und Kriegführung 1940–1941, Frankfurt a. M. 1965.

Heinz *Höhne,* Der Orden unter dem Totenkopf. Die Geschichte der SS, Gütersloh 1967.

Werner *Jochmann,* Adolf Hitler, Monologe im Führer-Hauptquartier 1941–1944. Die Aufzeichnungen Heinrich Heims, Hamburg 1980.

Franz *Neumann,* Behemoth. Struktur und Praxis des Nationalsozialismus 1933–1944, Köln/Frankfurt a. M. 1977.

Ernst *Nolte,* Der Faschismus in seiner Epoche, 4. Aufl. München 1971.

Helmut *Plessner,* Die verspätete Nation. Über die politische Verführbarkeit bürgerlichen Geistes, Stuttgart 1959.

David *Schoenbaum,* Die braune Revolution. Eine Sozialgeschichte des Dritten Reiches. Mit einem Nachwort von Hans Mommsen, Köln 1980.

Klaus *Scholder*, Die Kirchen und das Dritte Reich, Frankfurt/Berlin/Wien 1977.

Gerhard *Schulz*, Der Aufstieg des Nationalsozialismus. Krise und Revolution in Deutschland, Frankfurt a. M./Berlin/Wien 1975.

Deutscher Sonderweg – Mythos oder Realität?, München/Wien 1982. Kolloquien des Instituts für Zeitgeschichte.

Horst Möller: Das Ende der Weimarer Demokratie und die nationalsozialistische Revolution von 1933

Karl Dietrich *Bracher*, Gerhard *Schulz*, Wolfgang *Sauer*, Die nationalsozialistische Machtergreifung, Köln/Opladen 1960.

Karl Dietrich *Bracher*, Die Auflösung der Weimarer Republik, 5. Aufl. Villingen 1971.

Karl Dietrich *Erdmann*, Hagen *Schulze* (Hrsg.), Weimar. Selbstpreisgabe einer Demokratie. Eine Bilanz heute, Düsseldorf 1980.

Gotthard *Jasper* (Hrsg.), Von Weimar zu Hitler 1930–1933, Köln/Berlin 1968.

Erich *Matthias*, Rudolf *Morsey* (Hrsg./MV), Das Ende der Parteien 1933, Düsseldorf 1960.

Horst *Möller*, Die nationalsozialistische Machtergreifung – Konterrevolution oder Revolution, in: Vierteljahrshefte für Zeitgeschichte 31 (1983), S. 25–51.

Ernst *Nolte*, Der Faschismus in seiner Epoche, 4. Aufl. München 1971.

David *Schoenbaum*, Die braune Revolution, Köln 1980.

Hagen *Schulze*, Weimar, Deutschland 1917–1933 (Die Deutschen und ihre Nation, Bd. 4), Berlin 1982.

Martin Broszat: Grundzüge der gesellschaftlichen Verfassung des Dritten Reiches

Ralf *Dahrendorf*, Gesellschaft und Demokratie in Deutschland, München 1965.

Friedrich *Grundmann*, Agrarpolitik im ,,Dritten Reich". Anspruch und Wirklichkeit des Reichserbhofgesetzes, Hamburg 1979.

Ian *Kershaw*, Der Hitler-Mythos 1920–1945, Stuttgart 1980.

M. Rainer *Lepsius*, Extremer Nationalismus. Strukturbedingungen vor der nationalsozialistischen Machtergreifung, Stuttgart 1966.

Seymour Martin *Lipset*, Fascism – Left, Right and Center, in: *ders.*, Political Man – The Social Bases of Politics, Garden City 1960, S. 127–179.

Timothy *Mason,* Arbeiterklasse und Volksgemeinschaft. Dokumente und Materialien zur deutschen Arbeiterpolitik 1936–1939, Opladen 1975.

Alan S. *Milward,* Die deutsche Kriegswirtschaft 1939–1945, Stuttgart 1966.

Reinhard *Neebe,* Großindustrie, Staat und NSDAP 1930–1933, Göttingen 1981.

Dietmar *Petzina,* Autarkiepolitik im Dritten Reich. Der nationalsozialistische Vierjahresplan, Stuttgart 1968.

Hans *Pfahlmann,* Fremdarbeiter und Kriegsgefangene in der deutschen Kriegswirtschaft 1939–1945, Darmstadt 1968.

Adelheid *von Saldern,* Mittelstand im „Dritten Reich". Handwerker – Einzelhändler – Bauern, Frankfurt/New York 1979.

David *Schoenbaum,* Die braune Revolution. Eine Sozialgeschichte des Dritten Reiches, Köln 1980.

Hans Gerd *Schumann,* Nationalsozialismus und Gewerkschaftsbewegung, Hannover/Frankfurt/M. 1958.

Arthur *Schweitzer,* Big Business in the Third Reich, Bloomington 1964.

Henry Ashby *Turner,* Faschismus und Kapitalismus in Deutschland. Studien zum Verhältnis zwischen Nationalsozialismus und Wirtschaft, Göttingen 1972.

Heinrich August *Winkler,* Mittelstand, Demokratie und Nationalsozialismus, Köln 1972.

Wolfgang Benz: Partei und Staat im Dritten Reich

Reinhard *Bollmus,* Das Amt Rosenberg und seine Gegner. Studien zum Machtkampf im nationalsozialistischen Herrschaftssystem, Stuttgart 1970.

Hans *Buchheim,* Martin *Broszat,* Hans-Adolf *Jacobsen,* Helmut *Krausnick,* Anatomie der SS-Staates, 2 Bde. Freiburg 1965.

Peter *Diehl-Thiele,* Partei und Staat im Dritten Reich. Untersuchungen zum Verhältnis von NSDAP und allgemeiner innerer Staatsverwaltung 1933–1945, München 1969.

Ernst *Forsthoff,* Der totale Staat, Hamburg 1933.

Ernst *Fraenkel,* Der Doppelstaat, Frankfurt/Köln 1974 (engl. 1941).

Gerhard *Hirschfeld,* Lothar *Kettenacker* (Hrsg.), Der „Führer-Staat": Mythos und Realität. Studien zur Struktur und Politik des Dritten Reiches, Stuttgart 1981.

Peter *Hüttenberger,* Die Gauleiter. Studie zum Wandel des Machtgefüges in der NSDAP, Stuttgart 1969.

Hans *Mommsen,* Beamtentum im Dritten Reich. Mit ausgewählten Quellen zur nationalsozialistischen Beamtenpolitik, Stuttgart 1966.

Franz *Neumann,* Behemoth. Struktur und Praxis des Nationalsozialismus 1933–1944, Köln/Frankfurt 1977 (engl. 1942 und 1944).

Carl *Schmitt,* Staat, Bewegung, Volk. Die Dreigliederung der politischen Einheit, Hamburg 1933.

Lothar Gruchmann: Rechtssystem und nationalsozialistische Justizpolitik

Rudolf *Echterhölter,* Das öffentliche Recht im nationalsozialistischen Staat, Stuttgart 1970. Die deutsche Justiz und der Nationalsozialismus 2.

Ernst *Fraenkel,* Der Doppelstaat, Frankfurt a. M. 1974.

Werner *Johe,* Die gleichgeschaltete Justiz. Organisation des Rechtswesens und Politisierung der Rechtsprechung 1933–1945 dargestellt am Beispiel des Oberlandesgerichtsbezirks Hamburg, Frankfurt a. M. 1967.

Bernd *Rüthers,* Die unbegrenzte Auslegung. Zum Wandel der Privatrechtsordnung im Nationalsozialismus, Tübingen 1968.

Hubert *Schorn,* Der Richter im Dritten Reich. Geschichte und Dokumente, Frankfurt a. M. 1959.

Ilse *Staff* (Hrsg.), Justiz im Dritten Reich. Eine Dokumentation, Frankfurt a. M. 1978.

Michael *Stolleis:* Gemeinwohlformeln im nationalsozialistischen Recht, Berlin 1974.

Walter *Wagner,* Der Volksgerichtshof im nationalsozialistischen Staat, Stuttgart 1974. Die deutsche Justiz und der Nationalsozialismus 3.

Hermann *Weinkauff,* Die deutsche Justiz und der Nationalsozialismus. Ein Überblick. Albrecht *Wagner,* Die Umgestaltung der Gerichtsverfassung und des Verfahrens- und Richterrechts im nationalsozialistischen Staat, Stuttgart 1968. Die deutsche Justiz und der Nationalsozialismus 1.

NS-Recht in historischer Perspektive, München 1981. Kolloquien des Instituts für Zeitgeschichte.

Hermann Graml: Grundzüge nationalsozialistischer Außenpolitik

Manfred *Funke* (Hrsg.), Hitler, Deutschland und die Mächte. Materialien zur Außenpolitik des Dritten Reiches, Düsseldorf 1977.

Klaus *Hildebrand,* Vom Reich zum Weltreich. Hitler, NSDAP und koloniale Frage 1919–1945, München 1969.

Klaus *Hildebrand,* Deutsche Außenpolitik 1933–1945. Kalkül oder Dogma?, Stuttgart 1971.

Hans-Adolf *Jacobsen,* Nationalsozialistische Außenpolitik 1933–1938, Frankfurt/Berlin 1969.

Robert *Koehl,* Feudal Aspects of National Socialism, in: The American Poltical Science Review LIV (Dez. 1960), S. 921–933.

Axel *Kuhn,* Hitlers außenpolitisches Programm. Entstehung und Entwicklung 1919–1939, Stuttgart 1971.

Wolfgang *Michalka,* Joachim v. Ribbentrop und die deutsche Englandpolitik 1933–1940, Mannheim 1976.

Wolfgang *Michalka* (Hrsg.), Nationalsozialistische Außenpolitik, Darmstadt 1978.

George L. *Mosse,* Crisis of German Ideology, New York 1964.

Jens *Petersen,* Hitler – Mussolini. Die Entstehung der Achse Berlin – Rom 1933–1936, Tübingen 1973.

Günter *Schubert,* Anfänge nationalsozialistischer Außenpolitik, Köln 1963.

Fritz *Stern,* Kulturpessimismus als politische Gefahr. Eine Analyse nationaler Ideologie in Deutschland, Bern/Stuttgart 1963.

Hellmuth Auerbach: Führungspersonen und Weltanschauungen des Nationalsozialismus

Josef *Ackermann,* Heinrich Himmler als Ideologe, Göttingen 1970.

Hellmuth *Auerbach,* Hitlers politische Lehrjahre und die Münchener Gesellschaft 1919–1923. Versuch einer Bilanz anhand der neueren Forschung, in: Vierteljahrshefte für Zeitgeschichte 25 (1977), S. 1–45.

Rudolph *Binion,* „,... daß ihr mich gefunden habt". Hitler und die Deutschen: eine Psychohistorie, Stuttgart 1978.

Ernest K. *Bramsted,* Goebbels und die nationalsozialistische Propaganda 1925–1945, Frankfurt 1971.

Martin *Broszat,* Betrachtungen zu ,,Hitlers Zweitem Buch", in: Vierteljahrshefte für Zeitgeschichte 9 (1961), S. 417–429.

Martin *Broszat,* Soziale Motivation und Führer-Bindung des Nationalsozialismus, in: Vierteljahrshefte für Zeitgeschichte 18 (1970), S. 392–409.

Gottfried *Feder,* Das Programm der NSDAP und seine weltanschaulichen Grundgedanken, München 1931.

Joachim C. *Fest,* Das Gesicht des Dritten Reiches. Profile einer totalitären Herrschaft, München 1963.

Heinrich *Fraenkel* und Roger *Manvell,* Hermann Göring, Hannover 1964.

Helmut *Heiber,* Joseph Goebbels, München 1965.

Adolf *Hitler,* Mein Kampf. Bd. 1.2., München 1933 u. öfter.

Hitlers Politisches Testament. Die Bormann-Diktate vom Februar und April 1945. Mit einem Essay von Hugh R. Trevor-Roper und einem Nachwort von André François-Poncet, Hamburg 1981.

Hitlers Zweites Buch. Ein Dokument aus dem Jahr 1928. Eingeleitet und kommentiert von Gerhard L. Weinberg, Stuttgart 1961.

Eberhard *Jäckel*, Hitlers Weltanschauung. Entwurf einer Herrschaft. Erweiterte und überarbeitete Neuausgabe, Stuttgart 1981.

Ian *Kershaw*, Der Hitler-Mythos. Volksmeinung und Propaganda im Dritten Reich. Mit einer Einführung von Martin Broszat, Stuttgart 1980.

Lothar *Kettenacker*, Sozialpsychologische Aspekte der Führer-Herrschaft, in: Der „Führerstaat": Mythos und Realität. Studien zur Struktur und Politik des Dritten Reiches, hrsg. von G. Hirschfeld und L. Kettenacker, Stuttgart 1981, S. 98–131.

Viktor *Reimann*, Dr. Joseph Goebbels, Wien 1971.

Bradley F. *Smith*, Heinrich Himmler 1900–1926. Sein Weg in den deutschen Faschismus, München 1979.

Norbert Frei: Nationalsozialistische Presse und Propaganda

Karl-Dietrich *Abel*, Presselenkung im NS-Staat. Eine Studie zur Geschichte der Publizistik in der nationalsozialistischen Zeit, Berlin 1968.

Ernest K. *Bramsted*, Goebbels und die nationalsozialistische Propaganda 1925–1945, Frankfurt 1971.

Ansgar *Diller*, Rundfunkpolitik im Dritten Reich, München 1980.

Franz *Dröge*, Der zerredete Widerstand. Zur Soziologie und Publizistik des Gerüchts im 2. Weltkrieg, Düsseldorf 1970.

Norbert *Frei*, Nationalsozialistische Eroberung der Provinzpresse. Gleichschaltung, Selbstanpassung und Resistenz in Bayern, Stuttgart 1980.

Jürgen *Hagemann*, Die Presselenkung im Dritten Reich, Bonn 1970.

Walter *Hagemann*, Publizistik im Dritten Reich. Ein Beitrag zur Methodik der Massenführung, Hamburg 1948.

Oron J. *Hale*, Presse in der Zwangsjacke. 1933–1945, Düsseldorf 1965.

Fritz *Sänger*, Politik der Täuschungen. Mißbrauch der Presse im Dritten Reich. Weisungen, Informationen, Notizen 1933–1939, Wien 1975.

Karlheinz *Schmeer*, Die Regie des öffentlichen Lebens im Dritten Reich, München 1956.

Albrecht *Tyrell*, Führer befiehl . . . Selbstzeugnisse aus der „Kampfzeit" der NSDAP. Dokumentation und Analyse, Düsseldorf 1969.

Helmut Krausnick: Die Wehrmacht im nationalsozialistischen Deutschland

Volker R. *Berghahn*, NSDAP und „geistige Führung" der Wehrmacht 1939–1943, in: Vierteljahrshefte für Zeitgeschichte 17 (1969), S. 17–71.

Waldemar *Besson*, Zur Geschichte des Nationalsozialistischen Führungsoffiziers (NSFO), in: Vierteljahrshefte für Zeitgeschichte 9 (1961), S. 76–116.

Heinrich *Brüning*, Memoiren 1918–1934, Stuttgart 1970.

Francis L. *Carsten*, Reichswehr und Politik 1918–1933, Köln 1964.

Wilhelm *Deist*, Armee und Arbeiterschaft 1905–1918, in: Militärgeschichte. Probleme, Thesen, Wege. Hrsg. vom Militärgeschichtlichen Forschungsamt. Beiträge zur Militär- und Kriegsgeschichte, Bd. 25, Stuttgart 1982, S. 171–189.

Karl Dietrich *Erdmann*/Hagen *Schulze* (Hrsg.), Weimar. Selbstpreisgabe einer Demokratie. Eine Bilanz heute, Düsseldorf 1980.

Hermann *Foertsch*, Schuld und Verhängnis. Die Fritsch-Krise im Frühjahr 1938 als Wendepunkt in der Geschichte der nationalsozialistischen Zeit, Stuttgart 1951.

Helmuth *Groscurth*, Tagebücher eines Abwehroffiziers 1938–1940. Mit weiteren Dokumenten zur Militäropposition gegen Hitler. Hrsg. von Helmut Krausnick und Harold C. Deutsch unter Mitarbeit von Hildegard von Kotze, Stuttgart 1970.

Volker *Hentschel*, Weimars letzte Monate. Hitler und der Untergang der Republik, Düsseldorf 1978.

Erasmus *Jonas*, Die Volkskonservativen. Entwicklung, Struktur, Standort und staatspolitische Zielsetzung, Düsseldorf 1965.

Helmut *Krausnick*, Vorgeschichte und Beginn des militärischen Widerstandes gegen Hitler, in: ,,Die Vollmacht des Gewissens", hrsg. von der Europäischen Publikation e. V., Bd. 1, München 1956, S. 177–380.

Helmut *Krausnick*/Hans Heinrich *Wilhelm*, Die Truppe des Weltanschauungskrieges. Die Einsatzgruppen der Sicherheitspolizei und des SD 1938–1942, Stuttgart 1981.

Manfred *Messerschmidt*, Die Wehrmacht im NS-Staat. Zeit der Indoktrination. Truppe und Verwaltung, Bd. 16, Hamburg 1969.

Klaus-Jürgen *Müller*, Das Heer und Hitler. Armee und nationalsozialistisches Regime 1933–1940, Stuttgart 1969.

Klaus-Jürgen *Müller*, General Ludwig Beck. Studien und Dokumente zur politisch-militärischen Vorstellungswelt des Generalstabschefs des deutschen Heeres 1933–1938, Boppard 1980.

Alfred *Streim*, Die Behandlung sowjetischer Kriegsgefangener im ,,Fall Barbarossa". Eine Dokumentation. Unter Berücksichtigung der Unterlagen deutscher Strafverfolgungsbehörden und der Materialien der Zentralen Stelle der Landesjustizverwaltungen zur Aufklärung von NS-Verbrechen, Karlsruhe 1981.

Christian *Streit*, Keine Kameraden. Die Wehrmacht und die sowjetischen Kriegsgefangenen 1941–1945, Stuttgart 1978.

Thilo *Vogelsang*, Reichswehr, Staat und NSDAP. Beiträge zur deutschen Geschichte 1930–1932, Stuttgart 1962.

Ino Arndt: Antisemitismus und Judenverfolgung

Uwe Dietrich *Adam*, Judenpolitik im Dritten Reich, Düsseldorf 1979.

H. G. *Adler*, Der verwaltete Mensch. Studien zur Deportation der Juden aus Deutschland, Tübingen 1974.

S. *Adler-Rudel*, Jüdische Selbsthilfe unter dem Naziregime 1933–1939, Tübingen 1974.

Ino *Arndt* und Wolfgang *Scheffler*, Organisierter Massenmord an Juden in nationalsozialistischen Vernichtungslagern, in: Vierteljahrshefte für Zeitgeschichte 24 (1976), S. 105–135.

Martin *Broszat*, Hitler und die Genesis der „Endlösung". Aus Anlaß der Thesen von David Irving, in: Vierteljahrshefte für Zeitgeschichte 25 (1977), S. 739–775.

Christopher *Browning*, Eine Antwort auf Martin Broszats Thesen zur Genesis der „Endlösung", in: Vierteljahrshefte für Zeitgeschichte 29 (1981), S. 97–109.

Helmut *Genschel*, Die Verdrängung der Juden aus der Wirtschaft im Dritten Reich, Göttingen 1966.

Fred *Hahn*, Lieber Stürmer! Leserbriefe an das NS-Kampfblatt 1924–1945, Stuttgart 1978.

Raul *Hilberg*, Die Vernichtung der europäischen Juden, Berlin 1982.

Helmut *Krausnick*, Judenverfolgung, in: Anatomie des SS-Staates, Bd. 2, München 1982.

Helmut *Krausnick* und Hans-Heinrich *Wilhelm*, Die Truppe des Weltanschauungskrieges. Die Einsatzgruppen der Sicherheitspolizei und des SD 1938–1942, Stuttgart 1981.

Monika *Richarz* (Hrsg.), Jüdisches Leben in Deutschland. Selbstzeugnisse zur Sozialgeschichte 1918–1945. Bd. 3, Stuttgart 1983.

Egmont *Zechlin*, Die deutsche Politik und die Juden im Ersten Weltkrieg, Göttingen 1969.

Werner Röder: Emigration nach 1933

Karl Hans *Bergmann*, Die Bewegung „Freies Deutschland" in der Schweiz, München 1974.

Lewis J. *Edinger*, Sozialdemokratie und Nationalsozialismus. Der Parteivorstand der SPD im Exil 1933–1945, Hannover/Frankfurt a. M. 1960.

Wolfgang *Frühwald*/Wolfgang *Schieder* (Hrsg.), Leben im Exil, Hamburg 1981.

Wolfgang *Kießling*, Alemania Libre in Mexiko, 2 Bde., Berlin (Ost) 1974.

Ursula *Langkau-Alex*, Volksfront für Deutschland? Bd. 1: Vorgeschichte und Gründung des „Ausschusses zur Vorbereitung einer deutschen Volksfront", 1933–1936, Frankfurt a. M. 1977.

Ernst *Loewy* (Hrsg.), Literarische und politische Texte aus dem deutschen Exil 1933–1945, Stuttgart 1979.

Lieselotte *Maas*, Handbuch der deutschen Exilpresse 1933–1945, 3 Bde., München/Wien 1976, 1978, 1981.

Mit dem Gesicht nach Deutschland. Eine Dokumentation über die sozialdemokratische Emigration. Aus dem Nachlaß von Friedrich Stampfer. Hrsg. v. Erich *Matthias*, bearbeitet von Werner *Link*, Düsseldorf 1968.

Helmut *Müssener*, Exil in Schweden. Politische und kulturelle Emigration nach 1933, München 1974.

Joachim *Radkau*, Die deutsche Emigration in den USA. Ihr Einfluß auf die amerikanische Europapolitik 1933–1945, Düsseldorf 1971.

Werner *Röder*, Die deutschen sozialistischen Exilgruppen in Großbritannien. Ein Beitrag zur Geschichte des Widerstandes gegen den Nationalsozialismus, Bonn-Bad Godesberg, 2. Aufl. 1973.

Werner *Röder*/Herbert A. *Strauss* (Hrsg.), Biographisches Handbuch der deutschsprachigen Emigration nach 1933 – International Biographical Dictionary of Central European Emigrés, 1933–1945. 3 Bde., München/New York/London/Paris 1980, 1983.

Hans *Teubner*, Exilland Schweiz. Dokumentarischer Bericht über den Kampf emigrierter deutscher Kommunisten 1933–1945, Frankfurt a. M. 1975.

Herbert E. *Tutas*, Nationalsozialismus und Exil, München 1975.

Hans-Albert *Walter*, Deutsche Exilliteratur 1933–1950. Bd. 1, 2, Darmstadt/Neuwied 1972, Bd. 4, Stuttgart 1978.

Patrick von *Zur Mühlen*, ,,Schlagt Hitler an der Saar!‘‘ Abstimmungskampf, Emigration und Widerstand im Saargebiet 1933–1935, Bonn 1979.

Günter Plum: Widerstand und Resistenz

Lothar *Berthold*, Der Kampf gegen das Hitlerregime für ein neues demokratisches Deutschland, in: Beiträge zur Geschichte der Arbeiterbewegung 6 (1964).

Kuno *Bludau*, ,,Gestapo – geheim!‘‘ Widerstand und Verfolgung in Duisburg 1933–1945, Bonn-Bad Godesberg 1973.

Margret *Boveri*, Der Verrat im 20. Jahrhundert. Für und gegen die Nation. Teil 1–4, Hamburg 1956–1960.

Max *Braubach*, Der Weg zum 20. Juli 1944. Ein Forschungsbericht, Köln 1953.

Martin *Broszat* u. a. (Hrsg.), Bayern in der NS-Zeit, Band I–IV, München 1977–1981.

Rudi *Goguel*, Antifaschistischer Widerstandskampf 1933–1945. Bibliographie. Hrsg. vom Komitee der Antifaschistischen Widerstandskämpfer der DDR, Berlin (Ost) 1975.

Hermann *Graml,* Die außenpolitischen Vorstellungen des deutschen Widerstandes, in: Walter Schmitthenner/Hans Buchheim (Hrsg.), Der deutsche Widerstand gegen Hitler, Köln/Berlin 1966, S. 15–72.

Gerhard *Hetzer,* Die Industriestadt Augsburg. Eine Sozialgeschichte der Arbeiteropposition, in: Bayern in der NS-Zeit, Band III, a. a. O., S. 1–234.

Ursel *Hochmuth,* Faschismus und Widerstand 1933–1945. Ein Verzeichnis deutschsprachiger Literatur, Frankfurt a. M. 1973.

Peter *Hoffmann,* Widerstand, Staatsstreich, Attentat. Der Kampf der Opposition gegen Hitler, München 1979.

Peter *Hoffmann,* Generaloberst Ludwig Becks militärpolitisches Denken, in: Historische Zeitschrift 234 (1982), S. 101–121.

Kurt *Klotzbach,* Gegen den Nationalsozialismus. Widerstand und Verfolgung in Dortmund 1930–1945, Hannover 1969.

Klaus *Mammach,* Die deutsche antifaschistische Widerstandsbewegung 1933–1939, Berlin (Ost) 1974.

Material zu einem Weißbuch der deutschen Opposition gegen die Hitlerdiktatur. Hrsg. Sozialdemokratische Partei Deutschlands, London 1946.

Hans *Mommsen,* Gesellschaftsbild und Verfassungspläne des deutschen Widerstandes, in: Walter Schmitthenner/Hans Buchheim (Hrsg.), Der deutsche Widerstand gegen Hitler, Köln/Berlin 1966, S. 73–167.

Klaus-Jürgen *Müller,* Militärpolitik, nicht Militäropposition! Eine Erwiderung, in: Historische Zeitschrift 235 (1982).

Rudolf *Pechel,* Deutscher Widerstand, Erlenbach/Zürich 1947.

Detlev *Peuckert,* Die KPD im Widerstand. Verfolgung und Untergrundarbeit an Rhein und Ruhr 1933–1945, Wuppertal 1980.

Hans *Rothfels,* The German Opposition to Hitler, Hinsdale (Ill.) 1948. Deutsche Ausgabe: Die deutsche Opposition gegen Hitler, Krefeld 1949; Frankfurt a. M. 1969.

Fabian von *Schlabrendorff,* Offiziere gegen Hitler, Zürich 1946.

Klaus *Scholder,* Die Kirchen und das Dritte Reich, Band 1. Vorgeschichte und Zeit der Illusionen 1918–1934, Frankfurt a. M. 1977.

Hans Josef *Steinberg,* Widerstand und Verfolgung in Essen 1933–1945, Hannover 1969.

Klaus *Tenfelde,* Proletarische Provinz. Radikalisierung und Widerstand in Penzberg/Oberbayern 1900–1945, in: Bayern in der NS-Zeit, Band IV, a. a. O., S. 1–382.

Eberhard *Zeller,* Geist der Freiheit. Der zwanzigste Juli, München 1952; 5. Aufl. 1965.

Zdenek *Zofka,* Dorfeliten und NSDAP. Fallbeispiele der Gleichschaltung aus dem Bezirk Günzburg, in: Bayern in der NS-Zeit, Band IV, a. a. O., S. 383–433.

Die Autoren

Ino Arndt, geb. 1930, Dr. phil., Mitarbeiterin am Institut für Zeitgeschichte. – Veröffentlichungen zu Problemen der Judenverfolgung und Konzentrationslager, u. a.: Das Konzentrationslager Ravensbrück, in: Studien zur Geschichte der Konzentrationslager, 1970; (mit Wolfgang Scheffler) Organisierter Massenmord an Juden in nationalsozialistischen Vernichtungslagern, in: VfZ 24 (1976).

Hellmuth Auerbach, geb. 1930, Mitarbeiter am Institut für Zeitgeschichte. – Veröffentlichungen u. a.: Zur Geschichte des Widerstandes gegen den Nationalsozialismus in Bayern (Ztschr. f. bayer. Landesgesch. 1962); Die Einheit Dirlewanger (VfZ 1962); Eine nationalsozialistische Stimme zum Wiener Putsch vom 25. Juli 1934 (VfZ 1964); Hitlers politische Lehrjahre und die Münchener Gesellschaft 1919–1923 (VfZ 1977); Volksstimmung und veröffentlichte Meinung in Deutschland zwischen März und November 1938 (Sammelband Internat. Colloquium Sèvres 1982, im Druck).

Wolfgang Benz, geb. 1941, Dr. phil., Mitarbeiter am Institut für Zeitgeschichte. – Veröffentlichungen u. a.: Süddeutschland in der Weimarer Republik. Ein Beitrag zur deutschen Innenpolitik 1918–1923, 1970; Politik in Bayern 1919–1933. Berichte des württembergischen Gesandten Carl Moser von Filseck, 1971; (zusammen mit G. Plum u. W. Röder:) Einheit der Nation. Diskussion und Konzeptionen zur Deutschlandpolitik der großen Parteien seit 1945, 1978; Bewegt von der Hoffnung aller Deutschen. Zur Geschichte des Grundgesetzes (dtv-Dokumente), 1979; (Hrsg.:) Rechtsradikalismus. Randerscheinung oder Renaissance?, 1980; (zus. mit I. Geiss:) Staatsstreich gegen Preußen. 20. Juli 1932, 1982; (Hrsg. zus. mit Hermann Graml:) Die revolutionäre Illusion. Zur Geschichte des linken Flügels der USPD. Erinnerungen von Curt Geyer, 1976; Aspekte deutscher Außenpolitik im 20. Jahrhundert. Aufsätze Hans Rothfels zum Gedächtnis, 1976; Sommer 1939. Die Großmächte und der europäische Krieg, 1979; Weltprobleme zwischen den Machtblöcken, 1981 (Fischer Weltgeschichte Bd. 36); Europa nach dem Zweiten Weltkrieg, 1983 (Fischer Weltgeschichte Bd. 35). – Herausgeber von Die Bundesrepublik Deutschland. Geschichte in drei Bänden. Politik. Gesellschaft. Kultur, 1983. – Zahlreiche Aufsätze.

Martin Broszat, geb. 1926, Dr. phil., Honorarprofessor an der Universität München, Direktor des Instituts für Zeitgeschichte. – Veröffentlichungen zum Themenbereich Nationalsozialismus, u. a.: Der Nationalsozialismus. Weltanschauung, Programm und Wirklichkeit, 1960; Nationalsozialistische Polenpolitik 1939–1945, 1961; Herausgeber: Kommandant in Auschwitz. Autobiographische Aufzeichnungen von Rudolf Höss, 1961; zusammen mit Ladislaus Hory, Der kroatische Ustascha-Staat 1941–1945, 1964; zusammen mit Hans Buchheim, Helmut Krausnick, Hans Adolf Jacobsen: Anatomie des SS-Staates, 2 Bände, 1965; Der Staat Hitlers, dtv 1969; Herausgeber, zusammen mit Elke Fröhlich u. a.: Bayern in der NS-Zeit. Band I bis VI, 1977–1983. – Zahlreiche Aufsätze.

Lothar Gruchmann, geb. 1929, Dr. phil., Mitarbeiter am Institut für Zeitgeschichte. – Publikationen: Nationalsozialistische Großraumordnung. Die Konstruktion einer ,,deutschen Monroe-Doktrin", 1962; Nationalsozialistisches Herrschaftssystem und demokratischer Rechtsstaat, 1962; Der Zweite Weltkrieg. Kriegführung und Politik, [7]1982; Georg Elser. Der Attentäter aus dem Volke. Der Anschlag auf Hitler im Bürgerbräu 1939, 1980 (zusammen mit Anton Hoch). – Zahlreiche Aufsätze.

Hermann Graml, geb. 1928, Mitarbeiter am Institut für Zeitgeschichte, Geschäftsführender Redakteur der Vierteljahrshefte für Zeitgeschichte. – Veröffentlichungen: Europa zwischen den Kriegen, 1969; Europa (Die Weltmächte im 20. Jahrhundert, Bd. 2), 1972; Herausgeber (zus. mit Wolfgang Benz): Aspekte deutscher Außenpolitik im 20. Jahrhundert, 1976; Sommer 1939. Die Großmächte und der europäische Krieg, 1979; Weltprobleme zwischen den Machtblöcken (Fischer Weltgeschichte, Bd. 36), 1981; Europa nach dem Zweiten Weltkrieg (Fischer Weltgeschichte, Bd. 35), 1983. – Zahlreiche Aufsätze.

Norbert Frei, geb. 1955, Dr. phil., Mitarbeiter am Institut für Zeitgeschichte. – Veröffentlichungen u. a.: Nationalsozialistische Eroberung der Provinzpresse. Gleichschaltung, Selbstanpassung und Resistenz in Bayern, 1980; (Hrsg. mit F. Friedlaender) Ernst Friedlaender: Klärung für Deutschland. Leitartikel in der ZEIT 1946–1950, 1982; (Hrsg. mit M. Broszat) Ploetz, Das Dritte Reich. Ursachen, Ereignisse, Wirkungen, 1983.

Helmut Krausnick, geb. 1905, Dr. phil., Honorarprofessor für Zeitgeschichte an der Universität München. 1951–1972 Mitarbeiter am Institut für Zeitgeschichte, 1959–1972 dessen Direktor. – Veröffentlichungen u. a.: Holsteins Geheimpolitik in der Ära Bismarck 1886–1890, 1942; (mit Hermann Mau) Deutsche Geschichte der jüngsten Vergangenheit, 1953 ff.; (mit H. H. Wilhelm) Die Truppe des Weltanschauungskrieges. Die Einsatzgruppen der Sicherheitspolizei und des SD 1938–1942, 1981. – Zahlreiche Aufsätze.

Horst Möller, geb. 1943, Dr. phil., ord. Professor für Neuere Geschichte an der Universität Erlangen-Nürnberg, 1979–1982 Stellvertretender Direktor des Instituts für Zeitgeschichte. – Veröffentlichungen u. a.: Aufklärung in Preußen, 1974; Parlamentarismus im Preußen der Weimarer Republik (i. V.); L. v. Steins Interpretation der Französischen Revolution von 1789 (in: Der Staat 18, 1979); Oswald Spengler – Geschichte im Dienste der Zeitkritik (in: Spengler heute. Hrsg. Peter C. Ludz, 1980); Die preußischen Oberpräsidenten der Weimarer Republik (in: VfZ 30, 1982); Die nationalsozialistische Machtergreifung – Konterrevolution oder Revolution? (in: VfZ 31, 1983); Ernst Heilmann – ein Sozialdemokrat in der Weimarer Republik (in: Jb. d. Inst. f. Dt. Gesch. d. Universität Tel Aviv 11, 1982). Zahlreiche Aufsätze.

Günter Plum, geb. 1931, Dr. phil., Mitarbeiter am Institut für Zeitgeschichte. – Publikationen: Gesellschaftsstruktur und politisches Bewußtsein in einer katholischen Region 1928–1933, 1972; Einheit der Nation (zusammen mit W. Benz und W. Röder), 1978; (Bearbeiter) Akten zur Vorgeschichte der Bundesrepublik Deutschland, Bd. 3, 1982; Aufsätze zu Nationalsozialismus, Widerstand/Exil, Nachkriegszeit.

Werner Röder, geb. 1938, Dr. phil., Leiter des Archivs des Instituts für Zeitgeschichte. – Zahlreiche Veröffentlichungen zur Geschichte und Quellenkunde der deutschsprachigen Emigration, u. a.: Die deutschen sozialistischen Exilgruppen in Großbritannien, 1940–1945. Ein Beitrag zur Geschichte des Widerstands gegen den Nationalsozialismus, [2]1973; Mithrsg. Biographisches Handbuch der deutschsprachigen Emigration nach 1933 – International Biographical Dictionary of Central European Emigrés 1933 – 1945, 1980, 1983; Mitverf. Einheit der Nation. Diskussionen und Konzeptionen zur Deutschlandpolitik der großen Parteien seit 1945, 1978.

Zur Geschichte der Nachkriegszeit

Alfred Maurice de Zayas
Die Anglo-Amerikaner und die Vertreibung
der Deutschen
Vorgeschichte, Verlauf, Folgen
Mit einem Vorwort von Robert Murphy
1977. 6., erweiterte Auflage. 1981. 304 Seiten mit 61 Abbildungen
auf 32 Tafeln, 4 Karten und einem Dokumentenanhang. Leinen

Hans Georg Lehmann
Der Oder-Neiße-Konflikt
1979. 294 Seiten mit 18 Abbildungen. Paperback

John H. Backer
Die Entscheidung zur Teilung Deutschlands
Die amerikanische Deutschlandpolitik 1943–1948
1981. 215 Seiten. Paperback

Benno Zündorf
Die Ostverträge
Die Verträge von Moskau, Warschau, Prag, das Berlin-Abkommen
und die Verträge mit der DDR
1979. 375 Seiten. Paperback

John H. Backer
Die deutschen Jahre des Generals Clay
Der Weg zur Bundesrepublik 1945–1949
Vom Verfasser autorisierte Übersetzung aus dem Englischen
von Hans Jürgen Baron von Koskull
1983. Etwa 400 Seiten mit 13 Abbildungen im Text. Broschiert

Verlag C. H. Beck München

*Zur Geschichte des Nationalsozialismus und
des Zweiten Weltkriegs*

Hans-Günter Richardi
Schule der Gewalt
Die Anfänge des Konzentrationslagers Dachau 1933–1934.
Ein dokumentarischer Bericht
Mit einem Vorwort von Hermann Langbein.
1983. XII, 331 Seiten mit 31 Bildern und Dokumenten
und einem Plan. Broschiert

Martin Gilbert
Auschwitz und die Alliierten
Aus dem Englischen von Karl Heinz Siber.
1982. 482 Seiten mit 34 Abbildungen auf Tafeln und
19 Karten im Text. Leinen

Ger van Roon
Widerstand im Dritten Reich
Ein Überblick
Aus dem Niederländischen von Marga E. Baumer-Thierfelder.
2., verbesserte Auflage. 1981. 252 Seiten
(Beck'sche Schwarze Reihe, Band 191)

Das andere Gesicht des Krieges
Deutsche Feldpostbriefe 1939–1945
Herausgegeben von Ortwin Buchbender und Reinhold Sterz.
2., durchgesehene Auflage. 1983. 213 Seiten mit
46 Abbildungen auf Tafeln und zahlreichen Dokumenten. Leinen

Ellic Howe
Die schwarze Propaganda
Ein Insider-Bericht über die geheimsten Operationen
des britischen Geheimdienstes im Zweiten Weltkrieg
Aus dem Englischen von Hans Jürgen Baron von Koskull.
1983. Etwa 350 Seiten mit 52 Abbildungen im Text. Broschiert

Verlag C. H. Beck München